WILEY FINANCE | 威立金融经典译丛

Corporate Financial Distress and Bankruptcy

Predict and Avoid Bankruptcy, Analyze and Invest in Distressed Debt

Edward I. Altman Edith Hotchkiss

公司财务危机与破产

——预测并规避破产，分析与投资危机债务

（美）爱德华·I.奥尔特曼
伊迪丝·霍奇基斯 著

罗菲 译

刘淑莲 审校

（第三版）

东北财经大学出版社
Dongbei University of Finance & Economics Press

WILEY

大连

图书在版编目（CIP）数据

公司财务危机与破产．第3版／（美）奥尔特曼（Altman，E. I.），（美）霍奇基斯（Hotchkiss，E.）著；罗菲译．—大连：东北财经大学出版社，2007.12
（威立金融经典译丛）
书名原文：Corporate Financial Distress and Bankruptcy：Predict and Avoid Bankruptcy，Analyze and Invest in Distressed Debt
ISBN 978-7-81122-234-0

Ⅰ．公…　Ⅱ．①奥…②霍…③罗…　Ⅲ．公司-财务管理　Ⅳ．F276.6

中国版本图书馆CIP数据核字（2007）第197754号

辽宁省版权局著作权合同登记号：图字06-2006-32号

Edward I. Altman，Edith Hotchkiss：Corporate Financial Distress and Bankruptcy：Predict and Avoid Bankruptcy，Analyze and Invest in Distressed Debt，Third Edition

东北财经大学出版社出版
（大连市黑石礁尖山街217号　邮政编码　116025）
总 编 室：（0411）84710523
营 销 部：（0411）84710711
网　　址：http：//www. dufep. cn
读者信箱：dufep @ dufe. edu. cn

大连金华光彩色印刷有限公司印刷　　东北财经大学出版社发行

幅面尺寸：170mm×240mm　字数：362千字　印张：17 1/2　插页：1
2007年12月第1版　　2007年12月第1次印刷

责任编辑：于　梅　　责任校对：赵　楠　刘咏宁
封面设计：冀贵收　　版式设计：钟福建

ISBN 978-7-81122-234-0
定价：45.00元

作者简介

爱德华 · I. 奥尔特曼（Edward I. Altman）是纽约大学 Stern 商学院 Max L. Heine 金融学教授，纽约大学所罗门中心（NYU Salomon Center）信用和固定收益研究项目（Credit and Fixed Income Research Program）主任。

奥尔特曼博士在公司破产、高收益债券、危机债务和信用风险分析方面是一名国际知名的专家。1984 年，由于其对公司危机预测模型及公司财务重组过程所做出的贡献，他被巴黎 Hautes Etudes Commerciales Foundation 授予学术桂冠；1985 年，由于他对违约率和高收益公司债务所做出的贡献，他被财务分析师联盟（Financial Analysts Federation）载入 Graham and Dodd 名册（Graham and Dodd Scroll）。

他在 2001 年进入固定收益分析师协会名人堂（Fixed Income Analysts Society Hall of Fame），并被选举为财务管理协会（Financial Management Association）主席（2003 年），2004 年被选举为 FMA 研究员。他被《国库券和风险管理》（*Treasury and Risk Management*）杂志选为金融领域最有影响力的 100 位名人之一（2005 年 6 月）。

奥尔特曼博士是多家金融机构的顾问，包括 Citigroup，Concordia Advisors，Droege & Company，Investcorp，Miller-Mathis，the New York State Common Retirement Fund 以及 SERASA，S. A.；他是 Franklin Mutual Series Funds，Automated Trading Desk L. L. C. 以及 Ascend Group 的董事会成员，是周转管理协会学术顾问委员会（Academic Advisory Council to the Turnaround Management Association）主席，他曾经在联邦和州立法机关前作证。

伊迪丝 · 霍奇基斯（Edith Hotchkiss）是 Boston 学院 Carroll 管理学院金融学副教授。她在纽约大学 Stern 商学院取得金融学博士学位，在 Dartmouth 学院取得硕士学位。在进行学术研究之前，她为标准普尔公司金融机构集团（Financial Institutions Group of Standard & Poor's Corporation）做咨询工作。

霍奇基斯博士的研究领域涉及公司财务危机和重组、第 11 章破产效率以及公司债务市场交易。她的研究成果被发表在很多杂志上，包括 *Journal of Finance*，*Journal of Financial Economics*，*Journal of Financial Intermediation* 以及 *Review of Financial Studies*。她是周转管理协会（Turnaround Management Association）的全国委员，是（美国）全国证券经销商协会（National Association of Securities Dealers，NASD）公司债券市场交易顾问。

译者序

随着公司经营内外部环境的变化以及竞争的加剧，近年来公司因财务危机而导致经营陷入困境甚至宣告破产的例子在世界范围内屡见不鲜。研究与公司发生财务危机及破产相关的问题已经迫在眉睫。

目前已经有越来越多的人加入到了对公司财务危机与破产进行研究的相关领域。而其中，作为很多大型公司破产案件的发生地、公司危机与破产研究人员聚集地的美国，不论在公司危机与破产实务方面还是在对其进行理论研究的进程中，都起到了不容忽视的重要作用。本书的两位作者都是美国知名大学的教授，长期从事公司危机、重组、破产等领域的研究工作，Altman 博士还因在公司破产、高收益债券、危机债务和信用风险分析等方面的出色工作获得过很多殊荣。两位作者在本版《公司财务危机与破产》中，详细介绍了与公司危机及破产有关的法律、经济、投资及监管问题，并且论述了公司财务危机分类和预测方法及其具体的应用。这些内容都对我国的公司管理具有非常重要的借鉴意义。

《公司财务危机与破产》一书共分为两大部分，包括 15 章内容。

第一部分包括第 1 章至第 10 章，主要论述与公司破产相关的法律、经济、投资以及危机重组问题。第 1 章，作者主要介绍了公司危机的基本概念及相关的统计数据。第 2 章探讨了美国破产程序的发展进程，并与其他国家进行了比较。第 3 章重点研究了破产重组过程的成功案例，并特别关注了在《破产法案》第 11 章中出现的公司破产后的业绩。第 4 章对公司的破产成本进行了详细的分析和研究。第 5 章和第 6 章分别从理论和实务角度研究了危机公司估价程序的重要性。第 7 章至第 9 章更深入地探讨了对于风险和危机公司非常重要的两个相关资本市场，其中第 7 章探讨的是美国高收益债券和银行贷款市场的发展和风险收益；第 8 章和第 9 章考察了危机和违约债务市场的规模及发展。在第一部分的最后，即第 10 章，作者论述了当公司遭受危机重组时对公司治理方式的改变。

第二部分探讨与公司危机分类和预测模型有关的内容。第 11 章深入探讨了对美国违约概率的估计，同时在该章的附录中还列示了美国以外 20 多个国家在危机预测模型发展和应用方面已经取得的研究成果。第 12 章论述了对出现市场违约概率的估计。第 13 章具体阐述了违约概率模型在不同情况下的应用。第 14 章进一步研究了将危机公司预测模型应用于危机公司管理的可能性。最后一章对违约债务补偿率进行了估计。

本书的特色在于它不但强调了对公司发生危机与破产时应如何进行管理，而且特别着眼于对公司财务危机进行预测，并分析了各种预测方法在不同情况下的实际应用。

专业书籍的翻译是一项艰苦的工作。感谢东北财经大学出版社及李智慧编辑对我的信任，同时感谢编辑孙冰洁、于梅等对我的关心和帮助。尽管本人在翻译的过程中作了大量的努力，但由于水平有限，书中难免存在不妥之处，敬请读者批评指正。

本书是刘淑莲教授主持的“信用缺失与信用风险度量问题的研究”（辽宁省教育厅高等学校科学研究项目，项目计划编号［05W040］）的阶段性成果。

罗 菲

2007 年 10 月

前　言

回顾前两版的《公司财务危机与破产》（1983 年版和 1993 年版），我们发现每版中美国的公司破产在影响范围上和重要性上都比以前更为突出和显著。专门对美国这一领域进行研究的专业人员人数增加之多甚至可以将其称为“破产行业”。当然，在 2005 年我们已经可以毫无疑问地称其为行业了。伴随着专门对公司危机领域进行研究的科研成果的增加，这一领域在过去的 10～15 年甚为流行。这些科研成果提供了这一领域内较为权威的、严肃的分析研究。实际上，在获得精确的、缜密的研究方面，再没有比数据更重要的了！带着日益增长的理论兴趣，特别是实证兴趣，伊迪丝·霍奇基斯加入了前两版作者当中，并共同完成了本版的写作。

目前已经非常明显，破产行业是一个巨大的产业。尽管没有人进行过处理公司危机的人数的分析，但我们可以大胆估计，全球至少有 40 000 人，大部分都在美国，但其他国家的研究人数正在增加。他们包括周转管理者（大部分是咨询师）、破产与重组律师、破产审判员和其他法庭职员、会计师和银行家以及其他专门处理危机债务的金融顾问、危机债务投资者（有时被称为“秃鹫投资者”），当然，还包括研究者。实际上，2005 年享有盛誉的周转管理协会（www. turnaround. org）的会员人数超过了 7 000 人。

在财务危机的各个不同领域有大量的专业人员与各组织合作，这与大型、复杂的破产案例数量的增加是分不开的。在美国 2001 年至 2003 年 3 年期间内，有 100 家负债超过 10 亿美元的公司申请《破产法案》（Bankruptcy Code）第 11 章的保护。这些“十亿美元公司”的名单列示在第 1 章附录中。在过去的 35 年间（1970—2005 年），在美国至少有 228 家这样的大型公司破产。在本书出版前夕，两个主要的国有航空公司——Delta 和 Northwest，已经申请破产保护。本书的第 1 章介绍了一些公司危机的相关概念和统计数据，并强调了一个日益明显的事实，即规模已经不再能够表明公司的健康程度了。

本书的写作计划在 2005 年中期本书完成之前很长时间就已经开始了，我们并没有意识到新的 2005 年《防止滥用破产及消费者保护法案》（Bankruptcy Abuse Prevention and Consumer Protection Act，BAPCPA）的最终通过会与本书的完成时间一致。大部分观察家评论说，新法案的颁布主要指的是消费者（个人）破产，但随着新法案细节的逐渐清晰，很明显，公司破产及重组程序也是非常重要的。在第 2 章，我们会探讨美国破产程序的演变过程，而且在与其他国家进行比较时，会对这些新的规定作更多的介绍。

介绍完这些背景资料之后，在本书第一部分接下来的各章中，我们提出了一些理解重组过程的关键问题。在第3章，我们研究了破产重组过程的成功案例，特别是在第11章中出现的公司破产后的业绩方面。在一些案例中，这些公司又经历了经营和经济问题的再次出现，有时会导致第二次申请，我们可以非正式地将其称为"第22章"。实际上，我们发现在1980年至2004年间，至少有157家公司进行了这样的两次申请，有7家进行了三次申请（第33章）。如果包括1978年《破产改革法案》（Bankruptcy Reform Act）之前的申请，那么甚至有一家公司（TransTexas Gas Corporation）进行了第44章申请。除这些重复申请的公司以外，很多公司减轻了其债务负担，重新取得了成功，尤其是在其核心业务是可靠的并且可以利用更少的债务进行更有效管理的情况下。

随着破产案例越来越多、越来越复杂，专业人员有必要积累更多的专业技能。例如，随着在破产浪潮中出售部分或整个公司越来越普遍，专业人员必须具有管理并购（M&A）过程的技能。随着破产案例数量及规模的增加，对破产成本的审查也相应增加。第4章总结了能够帮助我们理解这些成本本质的大量的学术研究成果。对大型公司来说，这些成本的数额可能是非常巨大的；对小型公司来说，这些成本可能是具有限制性作用的，并可能最终导致清算。

第5章和第6章从理论和实务角度研究了危机公司估价程序的重要性并进行了具体分析。实质上，危机公司命运的最重要的决定因素是：（1）该公司倒闭是否比继续存活更有价值；（2）如果继续存活更有价值，与资产请求权有关的价值是多少。第5章对危机公司估价模型进行了细致的探讨，并解释了在破产协商过程中不同主体之间对重组公司价值的意见存在重大分歧的原因。第6章主要针对的是高度杠杆重组、相关估价和资本结构理论，以及实证结果。

第7章至第9章更深入地研究了对于风险和危机公司非常重要的两个相关资本市场。第7章探讨美国高收益债券和银行贷款市场的发展和风险收益。由于高收益或"垃圾"债券是公司未来可能发生危机债务情况的来源，因此对它们的性质进行研究非常重要。与这一市场的投资者非常相关的统计资料是违约率和一旦发生违约时的补偿率。2005年，高收益公司在债券市场发行的债券达到1万亿美元，并在2005年5月通用汽车公司（General Motors）和福特公司（Ford）的债券被降级为非投资等级时超过了1万亿美元。

第8章和第9章继续考察危机和违约债务市场的规模及发展。2002年，这一市场实际上已经超过了高收益市场，危机债务（公开及私人市场）面值接近9 500亿美元，当时其在规模上几乎超过了世界上7个国家的国内生产总值（GDP）！随着2002年违约率从历史纪录的高水平上最终回落，这一规模水平也开始有所下降，但是2005年它还是相当大的，以至于危机和违约债务市场目前被普遍认为是一个独特的资产等级，并且可能是套期保值基金方面增长最快的部分。因此，我们对其规模、增长、风险回报方面以及投资战略进行了探讨。

第10章危机企业的公司治理被当作本书第一部分的圆满结束。实际上，当公司遭受危机重组时，公司治理的每一个方面都会存在某种方式的改变。在第 11 章中出现的公司管理层更换率达到了 90%。董事会规模随着公司发生危机而缩减，并且董事会成员在公司重组时经常是全部更换。更重要的是，很多重组最终涉及的是公司整个控制权的变化。

本书的第二部分探讨公司危机分类和预测模型的发展及含义。本部分深入探讨了美国违约概率的估计（第 11 章）、出现市场违约概率的估计（第 12 章）以及违约损失率的估计（第 15 章）。重点在于估价过程及其与巴塞尔协定Ⅱ对银行和其他金融机构资产适当性要求的新特点之间的关系。

在本书第 11 章的附录，我们列示了美国以外 20 多个国家在危机预测模型发展和应用方面的参考书目。这也明确地显示了全世界范围内对公司破产这一现象关注的程度越来越高。正如我们早在第 2 章中做出了解释并在第 12 章中进行了进一步说明的，公司危机是一个全球化的现象，因此，它值得进行仔细的分析，值得进行建设性的评论，值得立法机构予以重视。

用于估计违约概率的模型将在第 11 章和第 12 章中进行探讨，接下来的第 13 章将阐述其在不同情况下的应用，包括信用风险管理、危机债务投资、周转管理和其他咨询能力以及法律问题。另外，这一章还对起到这些作用的主要从业公司进行了评价。

在周转管理方面，第 14 章进一步研究了将危机公司预测模型（如我们所说的 Z-Score 方法）应用于协助危机公司自身的管理层恢复公司财务健康的可能性。在第 14 章中，我们是通过对一个实际的案例进行讨论来解释以上问题的，这一案例就是 GTI 公司及其濒临绝境后的崛起。

爱德华·I. 奥尔特曼，于纽约州，纽约市
伊迪丝·霍奇基斯，于马萨诸塞州，切斯纳特希尔
2005 年 10 月

致 谢

我们向支持和协助我们完成本书研究和撰写的实务工作者和科研人员致以诚挚的谢意，特别感谢纽约大学 Stern 商学院和 Boston 学院帮助我们建立分析模型并在我们的写作过程中及课堂上提出过评论的所有人。

在实务工作者中，Ed Altman 要感谢 Amit Arora，John Beiter，Maria Boyarzny，Brooks Brady，Bruce Buchanan，Michael Embler，Ken Emery，Holly Etlin，John Fenn，Jerry Foms，Martin Fridson，Rich Gere，Geoffrey Gold，Shelly Greenhaus，Harvey Gross，Robert Crossman，David Hamilton，Loretta Hennessey，Max Holmes，Shubin Jha，Sau-Man Kam，D. L. Kao，David Keisman，Al Koch，Martha Kopacz，Pat LaGrange，Markus Lahrkamp，E. Bruce Leonard，Bill Lutz，Judge Robert Martin，Chris McHugh，Robert Miller，Steven Miller，Wilson Miranda，David Newman，Mark Patterson，Gabriella Petrucci，Robert Raskin，Barry Ridings，Wilbur Ross，Til Scheurmann，Mark Shenkman，Dennis Smith，Christopher Stuttard，Ronald Sussman，Matt Venturi，Mariarosa Verde，Robert Waldman，Lionel Wallace，Jeffrey Werbalofsky，Bettina Whyte，David Winters 以及 Steven Zelin。他还要特别感谢他以前的两个学生，Allan Brown 和 Marti Murray。Edie Hotchkiss 要感谢 William Derrough，Joseph Guzinski，Melissa Hager，Gregory Horowitz，Isaac Lee，Brett Miller 和 Barry Ridings，感谢他们提供的有益的讨论。

Ed Altman 还要感谢多年来 NYU 所罗门中心（NYU Solomon Centre）的研究生助教和中心的一些杰出的员工，包括 Mary Jaffier，Anita Lall，Robyn Vanterpool，特别要感谢 Lourdes Tanglao。作者们还要感谢 Kimberly Thomas 对本书的帮助。同时，作者们要向 John Wiley & Sons 的编辑人员 Mary Daniello，Bill Falloon 和 Laura Walsh 致以诚挚的谢意。

Edie Hotchkiss 和 Ed Altman 感谢公司危机领域内所有学术文献和科研成果的贡献，特别是组成周转管理协会（Turnaround Management Association）学术咨询委员会（Academic Advisory Council）的 20 多名学者及其学术研究成果的合作者。

最后，Ed Altman 要感谢他的妻子 Elaine Altman，感谢他的妻子和儿子 Gregory 长时间的陪伴，并包容其对公司危机这一问题的执著和热情。Edie Hotchkiss 要感谢 Ed 作为她的博士论文指导者将她第一次引入到这一领域，并且邀请她参与这一项目。她同样还要感谢她的丈夫 Steven 和女儿 Jenny，感谢他们给予的爱的支持。

E. I. A

E. H

目　录

第一部分　公司破产的法律、经济、投资维度以及危机重组

第二部分 公司财务危机分类和预测方法及其应用

第一部分

公司破产的法律、经济、投资维度以及危机重组

第1章 公司危机：绪论及统计背景

公司危机，包括公司破产重组（《破产法案》（Bankruptcy Code）第11章）和清算（第7章）的法律过程，是一个令人清醒的经济现实，它反映了美国式公司“死亡”的独特性。商业失灵现象出现在20世纪70年代，在1980年至1982年的衰退期更为频繁，并在1989年至1991年期间的大公司破产及违约爆发期引起了更多的注意，到2001年至2002年公司崩溃和危机年份得到了空前的关注。1989年至1991年期间，有34家负债超过10亿美元的公司争相寻求《破产法案》第11章的保护，在2001年至2003年的3年间，多到100家所谓的十亿美元公司，包括排名前五位的公司，寻求该法案的保护（参见附录1—1）。

在大型的破产公司中，排在前三位的是Conseco（566亿美元负债）、WorldCom（460亿美元）和Enron（312亿美元——实际上，如果加上其大量的表外负债，其实际负债数额将是这个数字的两倍，使之成为美国最大的一宗破产案）。这三家公司中的两家破产与欺诈有关（参见第10章对危机公司进行监管的讨论）。另外，我们相信，根据申请破产时的公司负债而不是资产来列示和探讨破产公司规模应该是更为相关的。例如，WorldCom账面上有1 040亿美元的资产，但在进行破产申请时，其市场价值还不到这个数字的1/5。在破产公司中，对于其不动产以及该公司持续经营的资产价值的请求权才是最重要的。我们在附录1—1中列举了1970年至2005年间美国最大的破产公司，它们就是所谓的十亿美元公司。实际上，列举的这228家破产公司中，只有两家公司的破产是发生在1970年至1979年这10年中——Penn Central（1970）和W. T. Grant（1975）——而只有21家公司的破产是发生在20世纪80年代。1970年至2004年期间发生的大部分破产案件都发生在新世纪的前四年。甚至在对通货膨胀进行调整后，我们仍能发现，公司规模已经不能成为公司健康与否的标志。除非在极少数情况下，几乎没有证据能够验证“公司越大越不会失败”这句曾经的格言。稍后，我们还要就这一问题针对通用汽车公司（General Motors）和福特公司（Ford）的具体情况进行探讨。

对面临的经济问题进行分类，以及（或者）描述其为解决问题采取的处理方法，不成功公司的含义可以采用很多种不同的方法来进行定义。在文献中通常采用的四个术语分别是：失败（*failure*）、无力偿还（*insolvency*）、违约（*default*）和破产（*bankruptcy*）。尽管这些术语有时可以相互混用，但在正式应用中它们还是有明显区别的。

失败(*failure*)，按经济标准，是指投资于某一项目上的已实现收益率（包括对风险因素的调整）远远并且持续地低于同类投资项目的普遍收益率。也有的采用稍有差别的经济标准，包括收入不足以弥补成本以及平均投资报酬率持续低于公司的资本成本。这些经济情况都没有涉及公司主体继续存在或放弃经营的表述。放弃经营的标准化决策是基于公司的预期收益以及公司弥补其变动成本的能力而进行的。这里需要注意的是，从经济标准角度来说，一家公司也许已经失败了很多年，但它从来没有不履行其偿还现行负债的情况发生，因为这家公司没有或者几乎没有被法律要求强制执行的债务。当公司不能满足其法定强制性债权人的要求时，这种情况有时候被称为法律失败。在这里，正如以上所描述的，"法律"这一术语有可能会引起误解，因为有时它并不需要正式法庭程序的介入也会存在。

公司失败(*business failure*）这一术语已被 Dun & Bradstreet（D&B）采用了很多年，直到最近，它为商业部门提供了大量相关统计数据，用以描述不能令人满意的各种公司情况。按照 D&B 的观点，公司失败包括"以下公司，即停止经营随后转让或破产的公司；即使采取诸如没收抵押品或对财产进行扣押等行动后仍然不能偿还债权人的公司；主动撤销，因此留有未偿还债务，或者涉及法庭诉讼，例如进行破产管理、破产重组或安排的公司；以及主动与债权人妥协的公司。"①

无力偿还(*insolvency*）是用来描述负的公司业绩的又一个专业术语，它通常更多地被应用于技术层面。技术层面上的无力偿还(*technical insolvency*）存在于以下情况，即公司无法偿还它的现行债务，意味着该公司缺乏流动性。Walter（1957）针对技术层面上无力偿还的衡量方法进行了探讨，并且提出了一种观点使这一领域的研究得到了显著的改进。他提出的观点是，与流动负债有关的净现金流量才应该是用来描述技术层面上无力偿还的主要标准，而不是采用传统的营运资本衡量方法。尽管它经常会成为公司正式破产宣告的直接原因，但技术层面上的无力偿还也可能仅仅是公司暂时的情况。

破产意义上的无力偿还(*insolvency in a bankruptcy sense*）更为关键，它通常预示的是持续的，而不是暂时的情况。如果发现其负债总额超过了其总资产的公允价值，则该公司就是处于这种情况，此时，公司的实际净价值是负的。技术层面上的无力偿还是非常容易察觉的，但是更严重的破产意义上的无力偿还需要全面的估价分析，而估价分析是直到公司的资产进行清算时才可以进行的。最后，目前在司法领域出现了一个有关这种情况的新的术语，叫做深度无力偿还(*deepening insolvency*)。深度无力偿还涉及的是最终的破产公司，这种公司被宣告没有必要再继续经营下去，并且其损害了公司财产，尤其损害了债权人的利益。有关这一概念将在本书第 13 章进行详细的探讨。

另一种与危机密切相关的反映公司状况的术语是违约(*default*)。违约可以是技

① 在这本书的前几个版本（Altman 1983 和 Altman 1993）中，我们使用 D&B"失败率（failure rate）"的定义来揭示失败的宏观和微观决定因素。由于 D&B 已经终止了对公司失败的使用，我们今后也将不再集中于对这一统计数据的探讨。

术层面的，也可以是法律层面的，它通常涉及债务公司与债权阶层的关系。技术层面的违约(*technical default*) 发生于债务人违反某项与债权人所签协议的情况下，它可能构成被付诸法律行动的基础。例如，违反贷款合约的规定就是一种基础的技术层面违约，如债务人违反流动比率或负债比率的规定。在实践中，对于这种违约，通常可以通过和债权人再次协商的方式进行解决，它是表明公司业绩恶化的一种信号。这种违约通常不会构成更进一步的违约或破产程序的催化剂。

当公司没有按时履行某项贷款或合同的支付义务时，通常是定期的利息支付义务，就很可能构成法律层面上的违约，尽管在贷款的情况下，它通常并不都是最终的结果。利息支付可能没有按期进行，它可能以不公开的方式增加并记录在债权人的账上，如银行贷款，而没有必要对这一违约支付作正式的宣布。而对于公众持有的债券来说，如果公司没有支付利息或偿还本金，而这一问题又没有在宽限期(通常是30天内) 得到解决，那么这一证券就是处于违约中了。此时，这家公司仍然可以继续经营，同时着手与债权人进行危机重组(*distressed restructuring*)，以避免被正式地宣告进入破产程序。甚至还有可能就债权人的数量和应分数额达成重组协议，然后从法律上申请破产。这种情况通常叫做预先包装的第11 章(*prepackaged Chapter 11*) (在第2 章中进行探讨)。

公众持有的债券违约已经成为一种非常普遍的现象，尤其是在两大主要违约期，即1989 年至1991 年以及2001 年至2002 年。实际上，1990 年，有涉及150 家不同的公司实体、超过180 亿美元的公众持有的公司债券违约，1991 年也是同样。2002 年，违约飞升到了几乎令人难以置信的水平，涉及的金额接近1 000 亿美元。表1—1 列示了美国1971 年至2004 年间公开债券的违约历史，包括了美元金额以及该金额占发行在外总的高收益债券的百分比，即所谓的垃圾债券违约率。违约率也可以在举债的贷款基础上进行计算，它通常用于推测私人债务市场上的等级债券违约程度（参见本书第7 章)。

表1—1 **历史违约率——定息债券，不包括未清偿票面值的违约情况** (1971—2004)

金额单位：百万美元

年份	票面价值未清偿[①]	票面价值违约	违约率
2004	933 100	11 657	1.249%
2003	825 000	38 451	4.661%
2002	757 000	96 858	12.795%
2001	649 000	63 609	9.801%
2000	597 200	30 295	5.073%
1999	567 400	23 532	4.147%
1998	465 500	7 464	1.603%
1997	335 400	4 200	1.252%

续表

年份	票面价值 未清偿①	票面价值 违约	违约率
1996	271 000	3 336	1.231%
1995	240 000	4 551	1.896%
1994	235 000	3 418	1.454%
1993	206 907	2 287	1.105%
1992	163 000	5 545	3.402%
1991	183 600	18 862	10.273%
1990	181 000	18 354	10.140%
1989	189 258	8 110	4.285%
1988	148 187	3 944	2.662%
1987	129 557	7 486	5.778%
1986	90 243	3 156	3.497%
1985	58 088	992	1.708%
1984	40 939	344	0.840%
1983	27 492	301	1.095%
1982	18 109	577	3.186%
1981	17 115	27	0.158%
1980	14 935	224	1.500%
1979	10 356	20	0.193%
1978	8 946	119	1.330%
1977	8 157	381	4.671%
1976	7 735	30	0.388%
1975	7 471	204	2.731%
1974	10 894	123	1.129%
1973	7 824	49	0.626%
1972	6 928	193	2.786%
1971	6 602	82	1.242%

			标准离差
违约率算术平均数	1971—2004	3.232%	3.134%
	1978—2004	3.567%	3.361%
	1985—2004	4.401%	3.501%
违约率加权平均数②	1971—2004	4.836%	
	1978—2004	4.858%	
	1985—2004	4.929%	
违约率统计平均数	1971—2004	1.802%	

① 到年中为止。

② 以每年未清偿的票面价值金额为权数。

资料来源：Authors' compilations。

最后来看破产（*bankruptcy*）这一术语本身。以上已经描述了破产的一种类型，即以公司的净价值状态来表示的。第二种，也是更引人注目的一种，是联邦地方法院正式宣布公司破产，同时或者请求进行资产清算（法案第7章），或者请求进行转危为安的尝试（法案第11章）。后一种程序在法律上叫做破产重组（*bankruptcy reorganization*）。司法意义上的重组通常是一系列尝试补救措施中的最后一项正式程序。我们将在下一章中深入地学习美国公司破产的具体程序以及破产法案的发展历史。

1.1　破产及重组理论

在经济体系中，生产单位的持续进出是非常普通的组成部分。由于这些生产单位的失败是存在社会成本的，因此建立了相应的法律和程序，（1）以保护相关利益集团的契约权利；（2）为非生产性资产提供有序的清算过程；（3）如果确认有可能，则在某种求偿权上为公司提供延期支付的期间，以使债务公司能够有足够的时间得以恢复，并以持续经营实体的身份重新出现。在世界上大多数的国家中，清算和重组都是破产过程中可用的程序，它们基于的前提是：如果公司的内在价值或者经济价值大于其目前的清算价值，那么不论从国家政策角度还是从公司所有者角度来说，该公司都将被允许进行重组以及继续经营的尝试。但是，如果该公司的资产是“活着还不如死了”，也就是说，其清算价值超过持续经营的经济价值，那么清算将会是更好的选择。

破产中的重组理论是非常合理的，并且有其潜在的经济和社会价值。这一过程设计的初衷是使经济上遇到困难的公司能够继续经营，并且保持其原有的商誉，而不是为考虑债权人的利益而将公司的资产进行清算。进行这样尝试的理由是，继续经营将会使公司得到一个健康的持续经营的结果，而这一结果要比将其资产在市场上变卖更为值得。由于这种复原过程通常需要好几年的时间，因此必须考虑资金的时间价值，要对现金流量进行折现。在实践中，如果公司的生产性资产能够继续为社会提供大量的商品或服务，并且超过其机会成本，那么重组过程就是有益处的，更不用说它还为公司员工提供了就业机会、为供应商提供了收入，还为政府缴纳了税收等。当然，这些好处要与破产给公司以及给社会带来的成本进行权衡。我们将在第4章和第6章详细探讨这些成本。

公司的相关利益集团主要是公司的债权人和所有者。这些利益集团的经验对于评估公司的破产重组过程是极其重要的，而监管公司重组过程的法律体现的是立法者对总体社会福利的关注。重组过程最主要的责任是减轻债务人的债务负担，重组公司的资产和资本结构，以避免类似的财务和经营问题在今后再次出现。

1.2 破产案件

破产案件的两大种类是商业破产以及消费者破产。尽管绝大多数的破产都是消费者破产，其占总破产案件的比例近年来达到了将近98%（例如，2004年是97.9%），但是本书将着重介绍大型的商业破产，尤其是根据法案第11章破产的类型。表1—2a和1—2b以及图1—1列示了1980年至2004年的商业破产实体及非商业破产实体。我们的重点将是依据法案第11章进行处理的大型破产公司。值得注意的是，尽管商业破产案的绝对数值在2000年至2004年间下降到了每年35 000～40 000件，但按照负债总额衡量的破产规模还是达到了很高的纪录，尤其是2002年，涉及的负债数额超过了3 300亿美元。当然，大量的与欺诈有关的破产案件对2001年至2002年间的破产数字也是有很重要的影响的，但是我们仍然可以公正地说，破产这一术语已经不再像其曾经对大型公司所起的作用那样具有极端否定的含义了。

表1—2a　按种类划分的破产案件（1980—2004）

年份	商业破产案件	非商业破产案件	总数	非商业破产案件占总数的比重（%）
2004	34 317	1 563 145	1 597 462	97.85
2003	35 037	1 625 208	1 660 245	97.89
2002	38 540	1 539 111	1 577 651	97.56
2001	40 099	1 452 030	1 492 129	97.31
2000	35 472	1 217 972	1 253 444	97.17
1995	51 959	874 642	926 601	94.39
1990	64 853	718 107	782 960	91.72
1985	71 277	341 233	412 510	82.72
1980	43 694	287 570	331 264	86.81

资料来源：Bankruptcydata.com，www.abiworld.org/stats。

表1—2b　按破产法案章节划分的破产案件（2000—2004）

年份	第7章	第11章	第12章	第13章
2004	1 137 958	10 132	108	449 129
2003	1 176 905	9 404	712	473 137
2002	1 109 923	11 270	485	455 877
2001	1 054 975	11 424	383	425 292
2000	859 220	9 884	407	383 894

资料来源：Bankruptcydata.com，www.abiworld.org/stats。

通过以上图表可以观察到以下几点。第一，令人难以置信的非商业性（消费者）破产的增长是非常明显的，它反映了美国个人负债的大规模增长。这些个人

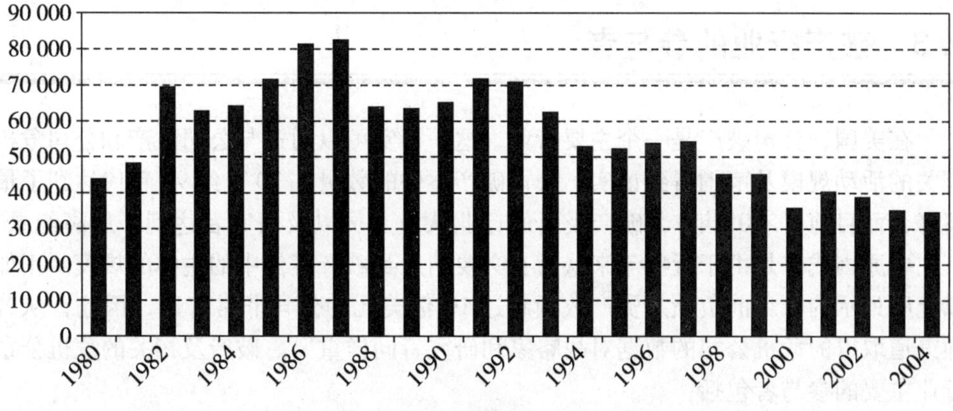

图 1—1　商业破产案件（1980—2004）

资料来源：Bankruptcydata. com。

破产在过去的 25 年中增长了将近 5 倍。按照 2005 年的《防止滥用破产及消费者保护法案》（Bankruptcy Abuse Prevention and Consumer Protection Act，BAPCPA）（参见第 2 章），消费者破产的难度越来越大，因此，大部分观察者期望在 2005 年 10 月 17 日新法案生效后破产案件会有大幅度的下降。第二，从 1991—1992 年的高峰期起（如图 1—1 所示），商业破产案件的数量实际已经呈下降趋势。第三，尽管从 20 世纪 90 年代初期开始破产案件的数量呈下降趋势，但大型商业破产案件涉及的负债金额在 2000—2004 年间非常高，达到了创纪录水平，尤其是 2001 年和 2002 年（如图 1—2 所示）。[①] 这些趋势提供了危机公司债务投资的信息，对于新的资产分类有着极其重要的影响（参见第 8 章及第 9 章的讨论）。

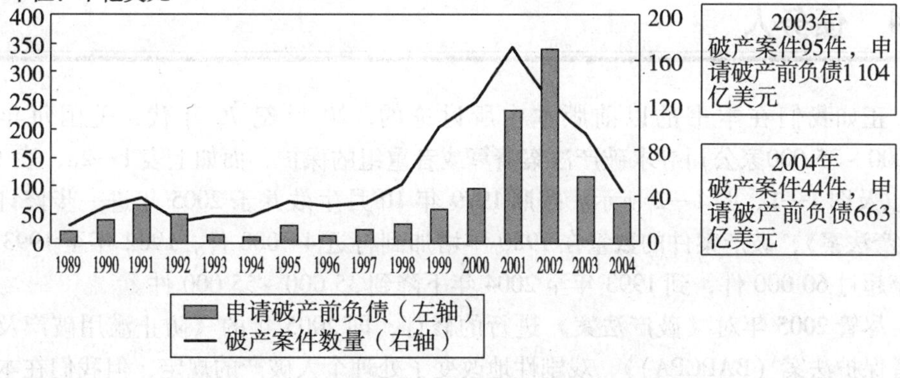

图 1—2　第 11 章的破产案件：案件数量及上市公司申请破产前的负债数额（1989—2004）

注：负债最低数额 1 亿美元。

资料来源：New York University Salomon Center Bankruptcy Filings Database。

① 图 1—2 列示了 1989 年至 2004 年按时间排列的依据法案第 11 章划分的破产负债总额的数值。这些统计数据被限制在负债数额最低为 1 亿美元的破产范围内。

1.3 破产行业的参与者

在美国，公司破产是一个主要行业，这一事实可以通过与公司破产和公司危机有关的活动规模及范围得到证实。公司破产案件的数量在20世纪90年代达到了最高峰，而目前（2005年），破产吸引的行业从业人员以及研究者达到了最高纪录，其主要原因或许是由于近些年来认为有必要纳入到破产案件中的主体的规模。正如以上所列示的，目前负债及资产数额超过10亿美元的公司非常普遍，因此，从各种渠道取得的危机公司的数据对战略家和研究者同样重要。破产及相关的危机公司行业主要的参与者包括：

（1）破产及失败的公司——债务人；

（2）破产的法律系统（审判者、托管人等等）；

（3）破产法专家；

（4）处理破产或无力偿还的会计人员及税务专家；

（5）破产公司的债权人及委员会；

（6）危机公司的证券交易商及分析师；

（7）危机公司的经营周转专家；

（8）财务重组顾问；

（9）专攻陷入困境的公司的公关公司；

（10）破产及相关资料的发布机构。

大部分的破产及危机公司的主要参与者将在本书第13章中进行探讨。

1.4 债务人

正如我们在本书的以前版本中所讨论的，20世纪70年代，美国每年有29 000~35 000家公司寻求破产法案清算或者重组的保护，而如上表1—2a、表1—2b以及图1—1、图1—2所示，按照1979年10月生效并于2005年进一步修订的《破产法案》，破产案件的数量在1980年增加到将近44 000件，1982年至1993年每年超过60 000件，到1993年至2004年下降到35 000~55 000件。

尽管2005年对《破产法案》进行的修订，即2005年的《防止滥用破产及消费者保护法案（BAPCPA）》，戏剧性地改变了处理个人破产的规定，但我们在本书中并不着重探讨消费者破产的问题。2005年的新法案也确实改变了一些公司破产的重要规定，对此我们将在下一章中进行探讨。

1.5 第22章债务人及破产成功

然而，即使公司以继续经营的实体出现，破产重组过程也并不都是成功的。重新进行经营的公司再次失败，并且寻求法案的第二次（甚至第三次或者更多）保护是极有可能的。我们首先使用“第 22 章”（Altman 1983）这一术语来表示那些两次申请保护的公司。当这些公司第一次以继续经营的实体出现时，它们承受着过多的负债，或者对公司的前景过于乐观。我们将在本书的第 3 章对破产后公司的业绩进行更深入的探讨。表 1—3 列示了自 1984 年以来每年第 22 章、第 33 章的估计数量。可以看到，这些数值都是很不寻常的，它们表明在我们的危机重组过程中还存在着若干问题。在本书的第 13 章中，我们将进一步探讨一些测试程序，以提高依据法案第 11 章进行重组成功的可能性。

表 1—3　　美国的第 22 章和第 33 章（1984—2004）

年份	第 22 章数量	第 33 章数量
1984	2	0
1985	2	0
1986	4	0
1987	1	0
1988	5	0
1989	4	0
1990	10	0
1991	9	0
1992	6	0
1993	8	0
1994	5	0
1995	9	0
1996	12	2
1997	5	0
1998	2	1
1999	10	0
2000	12	1
2001	17	2
2002	11	0
2003	17	1
2004	6	0
总额：	157	7

资料来源：E. Hotchkiss，Boston College，and the *Bankruptcy Almanac*，annually，Boston：New Generation Research。

1.6 公司失败的原因

毋庸置疑，公司陷入危机以及接下来可能失败的最普遍原因是某种管理失当。在以前发布的年度失败记录(*The Failure Record*)（已不再出版）中，D&B 列举了公司失败的很多原因，其中与管理有关的总是占到 90% 左右。当然，大多数公司的失败都是由多种问题造成的，但管理不当通常都是核心问题。公司失败的根本原因通常仅仅是公司的现金不足，但仍然有一些与方法有关的原因存在，它们最终形成了大量的公司破产和公司危机。

这些原因包括：

（1）长期的不健康行业（例如，农业、纺织业、百货公司）；

（2）对国家基础工业管制的取消（例如，航空、金融服务、卫生保健、能源）；

（3）特定期间的高实际利率；

（4）国际竞争；

（5）行业内生产能力过剩；

（6）公司负债的增长；

（7）特定期间的高新商业形成率。

以上原因中有一些是显而易见的（如高利率、过度负债以及竞争）。

取消对国家基础工业的管制等于是取消了对受管制行业的保护伞，它为大量的公司进出市场提供了方便。竞争在取消管制的环境中作用更为巨大，例如航空业。随着 20 世纪 70 年代末对航空业管制的取消，航空业的失败案例在 80 年代成倍增加，并且从此之后一直没有呈现下降趋势。新商业的形成通常是以对将来的乐观估计为基础的，但是通常这些新商业失败的频率要比那些经验丰富的公司高得多，而且在新商业形成的高峰期其失败率会呈上升趋势。在本书的以前版本（Altman 1983）中，作者曾经以分布式计量经济学框架模式模拟了商业失败的新商业形成决定因素以及其他宏观经济因素。

1.7 司法系统

处理各种规模商业案件的法律组织是国家的联邦破产法庭，大部分财政部门通过它处理财务困难，而在大部分的情况下都是试图通过重组来解决。有关破产法律以及破产法庭的错综复杂的演变将在第 2 章中进行详细的探讨。破产法设计的初衷是，或者使危机中的债务公司得以复员，或者清算其资产分配给相关者。

2004 年年底，全国范围内共有约 360 家公司被认可破产，以破产程序为债务人及相关的债权人提供相应的指南。这些联邦法官负责 90 个司法区域，包括 50 个州、波多黎各以及哥伦比亚特区，每个司法区域包括不超过一个州，尽管同一州有时可以包括不同的区域。由位于华盛顿特区的美国法庭管理办公室（Administrative Office of the U. S. Courts）、破产部（Bankruptcy Division）收集整理的破产统计数据是依据不同区域来进行划分的，然后予以汇总。美国的托管人对破产的判定和受理给予了很大的协助，因为他们在整个系统中对案件的程序归集以及记录都起到了非常重要的作用。这些托管人是由美国司法部长办公室委任的，其所起的作用不应该与类似的托管人相混淆。在以前年度颁布的破产法（1938 年）第 5 章中也有破产托管人，其规定是由破产法庭指派个人担任破产托管人，负责管理破产债务，提出重组计划。另外，在新的法律契约（2005 年）中规定，如果当前管理层存在的无行为能力、整体上管理不当、欺诈或者不诚信的现象被证实（而不是仅仅被怀疑），那么法庭可以指派第 11 章托管人（Chapter 11 trustee）。

最后，全国范围内的破产律师构成了破产程序的很重要的支持者。这些律师顾问代表了破产过程中的各种利益关系人，包括债务人、债权人、产权持有者、员工，甚至税务部门。一项有根据的推测认为近年来从事破产行业的律师人数是每年至少 5 000 人（如 2002—2005 年），特别是在大公司失败的高峰期。2005 年，一家网站 Martinsdale. com 上公布的破产律师是 4 991 人（参见 www. Martinsdale. com），其中，在破产领域中比较特殊的一些大公司列举如下，即 Weil Gotshal，Stroock，Stroock and Lavan；Kirkland & Ellis；Skadden，Arps，Slate，Meagher & Flom；Davis Polk & Wardell；Wilkie-Farr。

下面我们将开始讨论破产法案以及其在近年来的发展和演变。

附录 1—1　破产公司——负债 10 亿美元或更多（1970—2005）

公司	负债（百万美元）	日期
1 Conseco Inc.	56 639. 30	2002 年 12 月
2 WorldCom. Inc.	45 984. 00	2002 年 7 月
3 Enron Corp.	31 237. 00	2001 年 12 月
4 Pacific Gas & Electric Co.	25 717. 00	2001 年 4 月
5 UAL Corporation	22 164. 00	2002 年 12 月
6 Texaco (incl. subsidiaries)	21 603. 00	1987 年 4 月
7 Conseco Finance Corp.	20 278. 50	2002 年 12 月
8 Olympia & York (Ⅰ)	19 800. 00	1992 年 5 月

续表

公司	负债（百万美元）	日期
9 Adelphia Communications Corp.	17 349.10	2002 年 6 月
10 Mirant Corp.	16 460.00	2003 年 7 月
11 Global Grossing，Ltd.	14 639.00	2002 年 1 月
12 Executive Life Insurance	14 577.00	1991 年 4 月
13 NTL，Inc.	14 134.00	2002 年 5 月
14 Mutual Benefit Life	13 500.00	1991 年 7 月
15 Reliance Group Holding，Inc.	12 877.47	2001 年 6 月
16 Finova Group，Inc.	11 822.21	2001 年 3 月
17 Swissair	11 704.50	2001 年 10 月
18 NRG Energy，Inc.	11 579.89	2003 年 5 月
19 US Airways Group（Ⅰ）	10 640.00	2002 年 8 月
20 Kmart Corp.	10 263.00	2002 年 1 月
21 United Pan-Europe Communications Nv	10 086.40	2002 年 12 月
22 Campeau（Allied & Federated）	9 947.00	1990 年 1 月
23 First Capital Holdings	9 291.00	1991 年 5 月
24 Home Holdings，Inc.	9 132.00	1998 年 1 月
25 Baldwin United	9 000.00	1983 年 9 月
26 PG&E National Energy Group，Inc.	8 908.00	2003 年 7 月
27 USAir Inc.（Ⅱ）	8 383.00	2004 年 9 月
28 Federal Mogul Corp.	8 232.70	2001 年 10 月
29 Owens Corning	7 375.00	2000 年 10 月
30 Williams Communications Group，Inc.	7 153.80	2002 年 4 月
31 Comdisco，Inc.	6 742.00	2001 年 7 月
32 ANC Rental Corp.	6 252.40	2001 年 11 月
33 Continental Airlines（Ⅱ）	6 200.00	1990 年 12 月

续表

公司	负债（百万美元）	日期
34 Air Canada	6 182.00	2003年4月
35 Lomas Financial（Ⅰ）	6 127.00	1989年9月
36 XO Communications，Inc.	5 851.06	2002年6月
37 Penncorp Financial Group，Inc.	5 595.46	2000年1月
38 Macy's	5 320.00	1992年1月
39 Montgomery Ward（Ⅱ）	5 067.00	2000年12月
40 Trenwick Group Ltd.	5 017.19	2003年8月
41 Olympia & York Cos.（Ⅱ）	5 000.00	1995年10月
42 Columbia Gas	4 998.00	1991年7月
43 LTV（incl. LTV Int'l NV）（Ⅰ）	4 700.00	1986年7月
44 LTV Corp.（Ⅱ）	4 669.00	2000年12月
45 PSInet，Inc.	4 599.30	2001年5月
46 Exodus Communications，Inc.	4 446.00	2001年9月
47 Bethlehem Steel Corp.	4 420.00	2001年10月
48 McLeodUSA，Inc.	4 419.20	2002年1月
49 Winstar Communications，Inc.	4 379.20	2001年4月
50 Laidlaw，Inc.	4 377.10	2001年6月
51 Budget Group	4 333.61	2002年8月
52 Montgomery Ward & Co.（Ⅰ）	4 271.00	1997年7月
53 Maxwell Communication	4 100.00	1991年12月
54 Integrated Health Services，Inc.	4 061.16	2000年2月
55 Metromedia Fiber Network，Inc.	4 007.00	2002年5月
56 Nextwave Personal Communications，Inc.	3 773.00	1998年6月
57 Loewen Group，Inc.	3 768.47	1999年6月
58 Touch America Holdings，Inc.	3 765.77	2003年6月

续表

公司	负债（百万美元）	日期
59 RCN Corp.	3 668.24	2004 年 5 月
60 Solutia, Inc.	3 591.00	2003 年 12 月
61 Armstrong World Industries, Inc.	3 485.30	2000 年 12 月
62 TWA（Ⅰ）	3 470.00	1992 年 1 月
63 Dow Corning	3 450.00	1995 年 5 月
64 Southland	3 380.00	1990 年 10 月
65 Globalstar, LP	3 328.40	2002 年 2 月
66 Penn Central Transportation	3 300.00	1970 年 6 月
67 Amerco	3 274.35	2003 年 6 月
68 Iridium LLC/Capital Corp.	3 261.73	1999 年 8 月
69 Sunbeam Corp.	3 201.51	2001 年 2 月
70 Eastern Airlines	3 196.00	1989 年 3 月
71 Fleming	3 156.00	2003 年 4 月
72 Safety-Kleen Corp.	3 141.32	2000 年 6 月
73 Kaiser Aluminum Corp.	3 129.40	2002 年 2 月
74 ICH Corp.（Southwestern Life）	3 111.00	1995 年 10 月
75 Genuity Inc.	3 102.00	2002 年 11 月
76 USG Corp.（Ⅰ）	3 100.00	1993 年 3 月
77 Warnaco Group, Inc.	3 078.35	2001 年 6 月
78 Loral Space & Communications Ltd.	3 047.03	2003 年 7 月
79 Flag Telecom Holdings, Ltd.	3 046.74	2002 年 4 月
80 Covanta Energy Corp.	3 031.40	2002 年 4 月
81 Nextel International Inc.	3 000.00	2002 年 5 月
82 Pan Am World Airlines	3 000.00	1991 年 1 月
83 Drexel Burnham Lambert	3 000.00	1990 年 2 月

续表

公司	负债（百万美元）	日期
84 Washington Group International，Inc.	2 914.50	2001 年 5 月
85 360Networks，Inc.	2 806.00	2001 年 6 月
86 Petroleum Geo-Services ASA	2 777.90	2003 年 7 月
87 Global Telesystems，Inc.	2 760.20	2001 年 11 月
88 Northwestern Corp.	2 748.41	2003 年 9 月
89 AEI Resources，Inc.	2 746.20	2002 年 2 月
90 CHS Electronics，Inc.	2 723.63	2000 年 4 月
91 USG Corp.（Ⅱ）	2 700.00	2001 年 6 月
92 Viatel，Inc.	2 683.00	2001 年 5 月
93 TWA（Ⅲ）	2 659.00	1995 年 6 月
94 Hayes Lemmerz International，Inc.	2 655.70	2001 年 12 月
95 Mariner Post-Acute Network，Inc.	2 639.64	2000 年 1 月
96 Flagstar Companies	2 639.00	1997 年 4 月
97 Tower Automotive Inc.	2 621.00	2005 年 2 月
98 W. R. Grace & Co.	2 574.89	2001 年 4 月
99 Exide Technologies，Inc.	2 524.20	2002 年 4 月
100 Spectrasite Holdings，Inc.	2 482.20	2002 年 11 月
101 Leap Wireless International，Inc.	2 469.00	2003 年 4 月
102 Trans World Airlines，Inc.（Ⅱ）	2 384.47	2001 年 1 月
103 Farmland Industries	2 351.50	2002 年 5 月
104 ICG Communications Corp.	2 345.16	2000 年 11 月
105 Westpoint Acquisition	2 340.00	1992 年 6 月
106 Archibald Candy Corp.	2 312.14	2004 年 1 月
107 Regal Cinemas	2 293.98	2001 年 10 月
108 Harnischfeger Industries，Inc.	2 276.06	1999 年 6 月

续表

公司	负债（百万美元）	日期
109 Genesis Health Ventures	2 254.00	2000 年 6 月
110 Century Communications Corp.	2 229.60	2002 年 6 月
111 Interco	2 213.00	1990 年 5 月
112 Paging Network, Inc.	2 212.39	2000 年 7 月
113 Charter Medical Corporation	2 150.00	1992 年 6 月
114 West Point Stevens, Inc.	2 147.20	2003 年 6 月
115 Sun Healthcare Group, Inc.	2 142.40	1999 年 10 月
116 National Steel Corp.	2 118.90	2002 年 3 月
117 E-Ⅱ Holdings	2 050.00	1992 年 7 月
118 Arch Wireless, Inc.	2 045.40	2001 年 12 月
119 Transamerica Energy Corp.	2 041.00	1999 年 4 月
120 Grand Union (and G. U. Capital) (Ⅰ)	2 039.00	1995 年 1 月
121 Stelco, Inc. (Canada)	2 027.00	2004 年 1 月
122 Trump Hotels & Casino Resorts, Inc.	2 026.00	2004 年 11 月
123 Firstplus Financial Group, Inc.	2 017.06	1999 年 3 月
124 Pathmark Stores, Inc.	2 005.42	2000 年 7 月
125 Laventhol & Horwath	2 000.00	1990 年 11 月
126 Wickes	2 000.00	1982 年 4 月
127 Highlands Insurance Group, Inc.	1 978.70	2002 年 11 月
128 Canadian Airlines Corp.	1 931.80	2000 年 3 月
129 Pegasus Communications Corp.	1 929.42	2004 年 6 月
130 NVR	1 911.00	1992 年 4 月
131 Semi-Tech Corporation	1 888.60	1999 年 9 月
132 Ameriserve Foods, Inc.	1 886.24	2000 年 1 月
133 Asia Global Grossing Ltd.	1 868.80	2002 年 11 月

续表

公司	负债（百万美元）	日期
134 Chiquita Brands International, Inc.	1 823.00	2001年11月
135 Dade Behring Holdings Inc.	1 808.60	2002年8月
136 Cardinal	1 800.00	1992年8月
137 Global Marine	1 800.00	1986年1月
138 JWP	1 780.00	1993年12月
139 Fruit of the Loom, Inc.	1 740.90	1999年12月
140 Encompass Services Corporation	1 725.30	2002年11月
141 Penn Traffic Company	1 723.40	1999年3月
142 Metropolitan Mortgage & Securities Co., Inc.	1 713.84	2004年2月
143 Memorex Telex, N. V.（Ⅰ）	1 700.00	1992年1月
144 Public Service, New Hampshire	1 700.00	1988年1月
145 Itel	1 700.00	1981年1月
146 Ames Department Stores（Ⅱ）	1 687.57	2001年8月
147 Spiegel Inc.	1 675.00	2003年3月
148 Continental Information Systems	1 669.00	1989年1月
149 Adelphia Business Solutions, Inc.	1 654.30	2002年3月
150 Covad Communications Group, Inc.	1 652.53	2001年8月
151 Breed Technologies, Inc.	1 649.95	1999年9月
152 Teligent, Inc.	1 649.40	2001年5月
153 Polaroid	1 634.40	2001年10月
154 Service Merchandise	1 614.96	1999年3月
155 Integrated Resources	1 600.00	1990年2月
156 Zale Corporation	1 594.00	1992年1月
157 Republic Technologies International Holdings, LLC	1 578.75	2001年4月
158 Philip Services Corp.	1 540.81	1999年1月

续表

公司	负债（百万美元）	日期
159 Wilshire Financial Services Group, Inc.	1 529.39	1999 年 3 月
160 Magellan Health services	1 506.00	2003 年 3 月
161 Loews Cineplex Entertainment Corp.	1 505.65	2001 年 2 月
162 Revco	1 500.00	1988 年 7 月
163 Placid Oil	1 488.00	1985 年 4 月
164 At Home Corp.	1 468.20	2001 年 9 月
165 Atlas Air Worldwide Holdings, Inc.	1 467.83	2004 年 1 月
166 Acterna Corporation	1 451.30	2003 年 5 月
167 Ames Department Stores（Ⅰ）	1 440.00	1990 年 4 月
168 DVI Inc.	1 438.99	2003 年 8 月
169 Criimi Mae, Inc.	1 428.30	1998 年 10 月
170 Vencor, Inc.	1 404.65	1999 年 9 月
171 Pillowtex Corp.	1 402.10	2000 年 11 月
172 Allegiance Telecom. Inc.	1 397.49	2003 年 5 月
173 Southmark	1 395.00	1989 年 7 月
174 Carter Hawley Hale Stores	1 385.00	1991 年 2 月
175 Best Products	1 367.00	1991 年 1 月
176 Memorex Telex, N. V.（Ⅱ）	1 363.00	1994 年 2 月
177 Weirton Steel Corp.	1 361.00	2003 年 5 月
178 US Office Products Co.	1 352.00	2001 年 3 月
179 Venture Holdings Co. LLC	1 345.82	2003 年 4 月
180 National Gypsum（Aancor）	1 345.00	1990 年 10 月
181 El Paso Electric	1 344.00	1992 年 1 月
182 Hechinger Co.	1 338.50	1999 年 6 月
183 Zonic Corp.	1 327.03	2001 年 6 月

续表

公司	负债（百万美元）	日期
184 GST Telecommunications, Inc.	1 326.30	2000年5月
185 Interstate Bakeries	1 322.00	2004年9月
186 Mobilemedia Communications	1 322.00	1997年1月
187 Wang	1 320.00	1992年8月
188 Royal Mortgage Partners, LP	1 312.33	2000年8月
189 Unicapital Corp.	1 310.60	2000年12月
190 Gentek	1 307.03	2002年10月
191 Alterra Healthcare Corporation	1 300.00	2003年1月
192 Rockefeller Ctr. Props.	1 300.00	1995年5月
193 America West	1 280.00	1991年6月
194 McLean Industries	1 270.00	1986年11月
195 AMF Bowling Worldwide, Inc.	1 265.61	2001年7月
196 Sterling Chemicals Holdings, Inc.	1 228.92	2001年7月
197 Impsat Fiber Networks, Inc.	1 216.00	2002年6月
198 Grand Union Co. （Ⅱ）	1 214.00	1998年6月
199 Aurora Foods, Inc.	1 211.00	2003年12月
200 Hillsborough Holdings (Jim Walter)	1 204.00	1989年12月
201 Bell National	1 203.00	1985年8月
202 Boston Chicken, Inc.	1 202.00	1998年10月
203 Alphastar Insurance Group Ltd.	1 201.66	2003年12月
204 Hills Dept. Stores	1 200.00	1991年1月
205 LJ Hooker	1 200.00	1989年8月
206 GHR Energy	1 200.00	1983年1月
207 Nationsrent, Inc.	1 197.40	2001年12月
208 ICO Global Communications Services Corp.	1 184.29	1999年8月

续表

公司	负债（百万美元）	日期
209 Lomas Financial（Lomas Mort.）（Ⅱ）	1 167.00	1995年10月
210 Wheeling-Pittsburgh Corp.（1）	1 160.00	2000年11月
211 Bruno's Inc.	1 121.60	1998年2月
212 Manville	1 116.00	1982年8月
213 e. spire Communications, Inc.	1 111.18	2001年3月
214 Choice One Communication	1 100.00	2004年10月
215 Circle K	1 100.00	1990年5月
216 Continental Airlines（Ⅰ）	1 100.00	1983年9月
217 Braniff Airlines（Ⅰ）	1 100.00	1982年5月
218 The IT Group, Inc.	1 086.55	2002年1月
219 American Business Financial Services Inc.	1 072.00	2005年1月
220 Envirodyne Industries	1 070.00	1993年1月
221 EOTT Energy Partners	1 062.40	2002年10月
222 Payless Cashways, Inc.	1 050.00	1997年7月
223 Levitz Furniture, Inc.	1 029.54	1997年9月
224 Wheeling-Pittsburgh（1）	1 010.60	1985年4月
225 WKI Holding Company, Inc.	1 002.35	2002年5月
226 Fox Meyer	1 000.00	1996年8月
227 Thermadyne Industries	1 000.00	1993年12月
228 WT Grant	1 000.00	1975年10月

资料来源：E. Altman and the New York University Salomon Center Bankruptcy Filings Database。

第 2 章　破产程序在美国的发展及国际比较

宪法授权美国国会制定法律，以对破产进行管制。依照这一授权，从1898年的《破产法案》开始，美国已经通过了各种法案及修正案。已经通过的破产法案有：1938年，《钱德勒法案》（Chandler Act）替代了之前的不适当的法令；1978年，国会颁布了《破产改良法案》（Bankruptcy Reform Act），这一法案一直是破产案件依据的标准，直到2005年4月30日新的破产改良法案出台，即《防止滥用破产及消费者保护法案》（Bankruptcy Abuse Prevention and Consumer Protection Act, BAPCPA）。为了解破产程序，回顾一下形成现今法律体系的以前颁布的法令及规范是非常有帮助的。美国《破产法案》是在1898年、1938年以及1978年颁布的，因此，不管我们需要与否，看上去是每隔40年就会出台一部新的法案。按照这一模式，我们应期望在2018年会有新法案出台，但是2005年，国会就意想不到地发布了新的法案。

2.1　权益接收

1898年的《破产法案》仅提供了公司清算程序，不包括允许公司重组继而能够继续经营的规定。但是，重组可以通过权益接收来起作用。尽管公司重组的基本理论是合理的，权益接收过程却被证明是无效的。权益接收发展起来的目的是为防止能够取得经济困难公司特定财产留置权的不满债权人对财产进行分裂性的分割。接收者是被法庭所委任的，负责在公司财务重组期间对公司财产进行管理。但是，这一过程引发了严重的问题，最终被1933年和1934年的临时破产法案所取代。权益接收与破产接收是不同的，在后者中，接收者是法庭代理人，他负责在托管人确定前管理破产资产。权益接收是极其消耗时间的，成本非常高，而且极易发生严重的不公正现象。对于重组计划，法庭几乎没有权力进行控制，而且为保护证券持有者而设立的委员会大多是由有权势的公司内部人士组成的，他们会利用重组过程进一步维护其自身的利益。权益接收的主动权通常会被与一些友好的债权人有关的公司所控制。而对于重组计划的独立的、客观的回顾并没有明确的规定，它们通常都是由有偏见的委员会或者有友好关系的接收者提出的。由于计划的批准需要大多数债权人的支持，这也就意味着公司会为强有力的反对者提供现金贿赂，以获取他们的支持，这就导致了长期的延误以及收费上的不公正性。由于这些不利因素的存在，权益接收这一过程是无效的，尤其是在大萧条年代接收数量飞速上涨的时期。

2.2 1938年的《钱德勒法案》

1933年，一部带有特殊的第77节（Section 77）（适用于铁路重组）的新破产法案迅速地得以起草并且颁布。第二年，第77B节颁布，为普通公司重组提供了规定。但是这一法案的寿命较短：1938年，它经历了一次全面修订，从此以后以《钱德勒法案》的新名称出现。这一立法是以下参与者共同努力的结果，即国家破产协商会（National Bankruptcy Conference）、已经从事重组实务研究的证券交易委员会（Securities and Exchange Commission，SEC）以及其他相关的委员会或协会。

依照我们的目的，《钱德勒法案》中最相关的两章是与公司破产以及其后的重组尝试有关的两章。第11章的安排仅仅适用于公司的无担保债权人，其避免了让所有类型债权人都同意同一项行动计划。在第11章中，有一项安排是自愿审理，它可以由公司主体、非公司主体或个人发起。法庭有权指定一个独立的托管人或者接收者管理公司的财产，或者在大多数情况下，允许原有的管理层保留其在审理期间对公司的控制权。通常，债务人对公司重组的请求都包含一项预先的财务救助计划。继续拥有管理控制权以及财务负担减轻的前景使得第11章对目前的管理层具有极大的吸引力。在案件的审理过程中，仲裁人员可以将债权人召集到一起，商讨已提出的计划以及各项新的修正条款。如果每一类无担保债权人的大多数都同意这一计划，那么法庭将批准该项计划的安排，并将其运用于所有的债权人。通常情况下，这一计划的内容包括对债权人要求数额的减少、对债权人要求内容的减少和（或者）支付时间的延期。公司可以发行新的金融工具，以代替债权人原有的请求。

除以上好处外，第11章还将破产资产置于法庭的严格监管下，避免了它们受到以前未决法庭审理的影响。同时，债务人还可以举借比所有未担保债务都具有优先权的新债（通常是债务人持有的筹资，将在本章后面的问题中进行探讨）。尽管这些新的贷款利率会非常高，但它仍然能够使困境中的公司获得重要的新筹资来源。正如所有的公司重组一样，在重组过程中，资产是被法庭所保护的。由于管理费用是时间的函数，因此，如果重组成功的话，与复杂的第5章重组相比，第11章的安排相对来说持续时间较短。通常情况下，第11章要比涉及所有证券持有者的诉讼过程成本要低，但是，成功的庭外处理成本通常会更低。最后，这一安排会被用于全国的各个州中。

最不常见但是最重要的公司破产重组类型是第5章诉讼程序。这种破产形式的重要性可以通过以下内容得到清晰的证明，即涉及的负债金额、提出请求的公司的规模和重要性，以及当时用于破产分析的大部分经验统计数据和涉及第5章破产的研究。第5章的诉讼程序适用于除铁路之外的公众持股公司以及既有担保债务又有无担保债务的公司。这种破产程序可以由债务人自愿发起，也可以由拥有总额不低于 5 000 美元请求权的三个或更多的债权人非自愿发起。这一破产请求必须包括第 11 章的适当救助没有获得的原因，做出这一要求的目的是使仅有简单债务和资本结构的公司难以获得第 5 章的诉讼程序。但是，法庭有权（在个别场合中行使）拒绝使用第 11 章的诉讼程序，而要求按照第 5 章进行重组。这种情况通常是发生在涉及重要的公众利益时。

大部分情况下，债务人会比较倾向于第 11 章，因为第 5 章通常自动指定一个独立的、无利益关系的托管人或托管人组织接管破产诉讼期间的公司控制权。尽管《钱德勒法案》会为债务数额不少于 250 000 美元的所有案件指定独立的托管人，但仍有许多例子表明法庭允许在更大数额负债的案件中继续使用第 11 章的安排。当债务数额低于 250 000 美元时，审判者或者继续保留原债务人，或者指定利益无关的托管人。除利益无关外，指定托管人的唯一标准是完成任务的胜任能力。

独立托管人必须负责重组计划的发展及建议，并且对所有的相关当事人做到“公正、可行”，而州际商业委员会（Interstate Commerce Commission，ICC）负责铁路行业破产的相关工作。通常情况下，这一重组计划不仅会涉及债权人，而且会涉及普通股和优先股股东，它是除日常的管理责任外最重要的任务，尽管实际上托管人通常会把日常管理责任授权给原有管理层或者新的管理团队。由于一种形式或其他形式的管理不当是迄今为止公司失败的最常见原因，因此通常新的管理层会宣布就职。在大部分的第 5 章破产中，托管人在发展及介绍重组计划时会得到很多专家以及代表不同债权人及股东的委员会的帮助。在开始的时候，债权人、契约托管人以及股东可以对自愿或非自愿请求提出质疑，当破产起诉被 1938 年法案削弱后，这一提出质疑的能力就被加强了。

第 5 章诉讼过程的另一个重要的参与者就是证券交易委员会（SEC）（这与 1978 年法案的变化是不同的，它几乎排除了证券交易委员会的作用）。尽管这一委员会没有任何决策的权力，但是由于 SEC 咨询报告的存在使得它的参与在整个过程中具有非常强的强制力。SEC 负责为负债超过 300 万美元的债务人提供咨询报告，当然，法庭也可以不论负债的规模，在任何情况下请求 SEC 的协助。咨询报告通常所采取的形式是对托管人提交的重组计划进行鉴定、评价，以及对计划的公正性、可行性发表意见，这就要涉及将对资产的不同请求权与债务人的现存资产进行对比的全面的、综合的评价。如果 SEC 的评价与托管人的计划有差异，前者通常都会提出另外可选择的方案。从根本上说，对于以下内容的决策，即（1）公司是否被允许进行重组；（2）重组计划的提交最终是否被接受，都将取决于联邦法庭（以及 1978 年《破产改革法案》对破产的新的判定）。

在被法庭正式批准后，《钱德勒法案》要求各级债权人及股东都要遵守第 5 章的重组计划。最终的正式批准必须要经过各级债权人和股东金额上至少 2/3、数量上至少 1/2（在第 11 章的情况下，是要大多数）的同意（除非负债总额超过总资产的价值）。如果经法庭认可的计划排除了某一特定层次，例如普通股股东，那么这个被排除在外的层次就没有权利在最终的批准方面发表意见，尽管它通常可以代表自己向法庭提出诉讼。普通股股东通常是在以下情况下被排除在外的，即当公司确认自己属于破产意义上的无力偿付时，也就是说，公司的负债超过了资产的公允价值。不管原有股东是否被允许参与公司的重组，重组计划总是承担着改组原有的资本项目并且提高债务人生产能力的任务。

清算

不论是通过法庭请求还是托管人决议，如果认为复原是注定没有希望的，或者前景非常不乐观以至于如果再继续努力、投入成本或时间都被认为是不合理的，那么，剩下的唯一选择就是清算。从经济意义上来说，当资产单个出售所能获得的价值超过市场上资产的资本化价值时，清算就被认为是正当的。通常，主要的变量是时间和风险。例如，进行估计时得到的结果是公司的经济价值可能大于清算价值，但由于时间因素以及对主观概率的估计，折现后的价值可能会非常低，这使得经济效益的实现受不确定性的因素影响非常大。在这种情况下，最终的清算将采取委派的形式，或者按照《破产法案》第7章的正式破产清算程序来进行。

委派是一种不公开的方法，指资产被委派给通常由债权人选举出的托管人，负责进行清算。实现的净清算价值等于收到的资金减掉债权人对公司的要求权。实际上，很少有情况是资金能够足额支付给全部债权人的，所有的债权人必须就清算达成一致意见。由于委派通常都是很忠实地进行的，因此债权人借此为债务人解除更多的债务负担就成为一种惯例。这一程序通常会比更为严格的破产程序更为快捷、成本更低，但是如果债务人的负债以及资本结构比较复杂则其可行性将降低。

扩展的《钱德勒法案》（1938年）继续为在法庭监管下的无力偿付债务人提供有序的清算。不论是谁提出的请求，清算都是由监督公司经营的仲裁机构来进行，直到指定托管人为止。托管人负责清算资产、进行最后的会计核算，并且支付清算性股利，这些都要经过仲裁机构的批准。支付通常遵循所谓的绝对优先原则，即具有优先权的请求必须首先全额支付，在此之前，具有次级优先权或附属优先权的请求不能被支付任何资金。

这种清算在小公司中更容易见到。大型的破产公司通常会更倾向于尝试重组，以及（或者）与其他公司合并。但是，有时对于正处于破产境地的公司来说，合并这一术语的基础是公司的净清算价值，而不是其资本化的收益价值。这也正是在1968年州际商业委员会（ICC）听取的有关Penn Central-New York，New Haven & Hartford Railroad协商合并的基础。

尽管大型公司在破产中通常会尝试重组或者合并，但是结果并不都是成功的，因此，清算得以存在。在1970年以前的案例中，有很大比例的公司重组没有成功，有多至56%的案例导致普通股股东的损失（Altman 1971）。[①] 一个值得注意的重组失败的案例是十亿美元的W. T. Grant。这家公司在1975年申请第11章的破产，进

① 我们将在本书第3章中对按照1978年法案第11章重组成功的案例的历史数据进行全面的回顾。

行重组尝试，但紧接着在几个月后，1976 年就被迫开始进行清算。这与其他的几家重组成功的大型公司形成鲜明对比，1977 年 7 月申请第 11 章程序的十亿美元（资产）的 United Merchants & Manufacturing（UMM）就是其中之一。这家公司进行了重组，并且在不到一年的时间内以一个持续经营的主体重新出现。但遗憾的是，UMM 的重组也没有最初想象的那样成功，它于 1993 年又进行了第二次重组（1996 年进行了第三次重组）。

2.3　1978 年的《破产改革法案》

《钱德勒法案》通过 40 年后，国会制定了 1978 年的《破产改革法案》，修订了美国公司破产及私人破产在管理、程序、法律及经济方面的规定。以下是 1970 年国会共同决议要成立一个委员会以深入探讨国家破产法律的四个原因：

（1）自从上一次进行大型修订起的 30 年间，国家的社会及经济状况与 1938 年法案颁布以前相比，发生了很大的变化。

（2）人口增加了 7 000 万，而分期偿还的贷款从 40 亿美元迅速增加到了 800 亿美元。破产公司总数从 1960 年的 110 000 家上升到了平均每年 200 000 多家。到目前为止，最大的增加是来自于私人破产（这与 2005 年《破产法案》出台的原因几乎是一致的）。

（3）有超过 1/4 的破产救助在管理责任方面存在问题，因此也对 1938 年法案提出了重大的改进建议。

（4）对于联邦政府及商业团体来说，它们不大能理解应对 1938 年法案进行技术方面的更新这一需要。

1978 年，旧法案下出现的问题加剧了。全世界范围内长期的通货膨胀及经济衰退问题更进一步增加了美国司法系统内的破产数量。贷款政策的改变，例如在大公司中，用更多的沉默来延误对违约的处理，或者其他不能定义的一些变化，使得旧的破产法案已经难以应付，急需 1978 年新法案的出台。

1979 年 10 月 1 日生效的新法案分为四部分。在第一部分中包含了破产法律的大量程序性的内容，这部分被称为“法典”，它包括 8 章：1、3、5、7、9、11、13、15。第 1 章（总则）、第 3 章（案例管理）以及第 5 章（债权人、债务人及不动产）适用于所有的案例，第 7 章（清算）、第 9 章（市政债务的调整）、第 11 章（重组）、第 13 章（具有经常收益的个人债务调整）以及第 15 章（美国托管人程序）适用于特定的债务人及程序。接下来将探讨 1978 年法案的主要规定。

2.3.1　1978 年及 2005 年的破产案件

债务人必须是居住在美国的，或者在美国境内拥有商业住宅或财产。这是一条有争议的规定，它出现在 2004 年 Yukos 的破产请求中。在这一案件中，美国法院否决了俄罗斯债务人以及它的一些美国债权人的请求，认为公司是在美国经营的，因此就应该服从美国破产法的要求。例如，不在美国从事业务的某家外国银行或外国保险公司，如果它在美国拥有资产，那么它就可以成为该法案下被保护的债务人。但是，即使在本地拥有资产，也不能对外国银行提出非自愿破产的申请，债务人可以申请清算或重组。对这一请求的规定构成了所谓的“救助规则”。非自愿申请的案件只可以在第 7 章的规定下进行清算，或者在第 11 章的规定下进行重组，但这种程序不允许在第 9 章市政案件以及第 13 章小型公司案件中使用。非自愿申请还禁止牧场主、农场主以及慈善机构使用。

2.3.2 第 9 章——市政破产

《破产法案》的第 9 章处理的是在市政司法领域内提出申请的市政事务案例。第 9 章的诉讼程序必须是自愿的，其申请公告必须在至少两份报纸上公布三周。《破产法案》对市政申请提出了 5 个标准，其中之一是规定了债务人的无力偿还性。这一规定可以从康涅狄格州 Bridgeport 的破产申请（1991 年 6 月）中得到解释，它的意思是当债务到期时没有能力进行偿还。而在当时，由于从技术上来说，Bridgeport 确实有足够的现金和有价证券来满足其那时的债务，因此其破产申请在 1991 年 8 月被法庭驳回。在这一案件中，法庭否决了对 Bridgeport 管理当局进行法案保护的请求，而认为该公司是不符合无力偿还条件的。

对破产法案第 9 章市政破产细节的探讨超出了本书的范围，但是如果有兴趣的话可以参见 Cohen，Golden，Kennedy，Spiotto 以及 Cook 等人在 1992 年合著的 *Turnarounds & Workouts* 一书。

2.3.3 第 11 章规定下的无力偿还

在 1978 年法案生效以来的无数第 11 章案例中，法庭没有对债务人的无力偿还进行任何验证就批准了破产请求，既没有验证到期时偿还债务的能力，也没有像在第 1 章描述的那样按照资产相对于负债的公允价值进行衡量。在某些情况下，对于能够引起无力偿还的或有事项是否应作为被新法案所保护的理由会引起争论，这些或有事项的例子有 Johns Manville Corp.（1982），Continental Airlines（1983），A. H. Robins（1985）以及 Texaco（1987）。在这些例子中，尽管 Texaco 声称超过 100 亿美元的诉讼契约支付是不可行的，但在债务到期时债务人都能够偿还其现金债务。这里需要指出的重要一点是，在大多数情况下，无力偿还并不表现为当今破产重组的必要标准，但事实上，大多数的债务人申请都存在着某种意义上的无力偿还。

2.3.4 破产中的租赁

按照 1978 年的《破产改革法案》，出租人有权要求偿付最多一年的未付租金或者直接进行破产清算时的租金以及重组中最多三年的租金。实际上，目前由于终止不动产的租赁而形成的对赔偿金的要求是以下两者中较高的数值，即一年的租金或者不超过三年的剩余款项的15%加上在此租赁合约下未付的到期租金。这些条款的开始日期是以下两个日期中的较早者，即（1）提出请求日，或者（2）出租人收回租赁财产或者承租人放弃租赁财产的日期。在以下内容中我们将探讨在2005年新的破产法案中有关租赁问题的变化。

法案的第365节处理未生效的合约、未到期的租约，并且指明在何种条款下，托管人或者法庭可以在重组过程中继续承担该租约。一般来说，法案规定，出租人的要求必须能够给予满足或者补偿，或者给予足够的、迅速的补偿担保。除非时间被允许延长，否则托管人必须在请求日的60天内承担租赁或未生效的合约。

承租的债务人有权按照破产法案第365节（a段）的规定，在重组计划批准之前的任意时间拒绝或承担未到期的居住性或个人财产租赁。如果租赁合约在提交法庭之前已经到期，那么该不动产就没有要求权。对于非居住性不动产，例如厂房，债务人有60天的时间决定是否拒绝或承担租约。

债务人或托管人有权在不经出租人允许的情况下，将租约转让给第三方，并且保留由新承租方所带来的任意收益。这项租约也因此成为一项有价值的资产，尤其是如果市场价值发生变化以及该资产被禁止购买时。有争议认为，对这项有潜在价值资产的破坏会使债权人的情况更糟。而有些租约，例如涉及个人服务的，是不能转让的。

2.3.5　员工请求优先权

为支持处理请求权减免的简单条款（第501节—第503节），在1978年以前的法案中比较麻烦的请求权这一概念被废除。另外，这些条款要求对或有请求权或非清算请求权进行估计。对于请求权的很多熟悉的优先权都被保留了，但为了保护员工还是进行了很重要的修改。1978年的法案扩展了内容，增加了工资优先权，被赋予优先权的数额从600美元提高到了2 000美元，后来又被提高到超过4 000美元。在2005年法案中，这一数额被增加到10 000美元，而且内容扩展为包括附加福利。

2.3.6　交易请求权

当1978年的法案生效时，金融市场上唯一的例行交易请求权是公众持有的债券。20世纪80年代，市场得到了戏剧性的扩展，20世纪初不起眼的两项请求权是活跃交易以及破产公司的私人请求权估价，包括私营银行及商业债务。这两项新出现的请求权市场已经发展为包含非常庞大，且仍在成长中的投资媒介，尽管实际上只有一小部分交易是在出售者和投资者之间进行的，但2005年3月其涉及的流通在外估计数额已经达到4 250亿美元之多，其中约15%（640亿美元）是商业债务，且其大部分是银行贷款。

私人的财务扣押市场已经吸引了很多的注意力，一些大型的证券经济人正在银行及商业债务中建立职业市场。这些市场首次在Altman（1990，1991，1992）中进行了探讨，在本书的第 8 章和第 9 章中也要进行讨论。交易请求权在法律刊物中也进行过探讨（例如 Fortgang 和 Mayer（1991））。实际上，这些市场的作用非常显著，以致与现金权益收购相结合的银行债务和其他请求权的购买，已经被公正地、频繁地应用于获取对破产重组过程的控制，最终会导致按照第 11 章规定中出现的债务人的控制。这也正是 1990 年 Japonica Partners 得到 Allegheny International 控制权时的情况，对 Allegheny 案件的详细叙述可见 Fortgang 和 Mayer（1991）。① 2002 年和 2003 年，LTV Corporation 以及 Bethlehem Steel 也被纳入到了 W. L. Ross 的控制之下（一种主动控制的危机债务基金）。

1991 年 8 月 1 日，关于请求权交易的破产规则（规则 3001［e］）被修订，本质上使在不受法庭干涉的情况下购买请求权更为简单。由美国司法协商会咨询委员会的 13 名成员起草的这些规则被应用于所有的请求权，不论是公众的还是私人的，并且包括商业债务。法官仅在正式提出异议时才介入，而且支付给请求权以及其他转让条款的数额是不需要披露的。

一些分析家认为这些变化表明了极端的许可，它使投资者可以通过购买仅针对重组计划的投票权就可以获得对确认过程的控制。实际上，这些变化在类似 *Allegheny International*（1988），*Chateaugay*（1988）以及 *Revere Copper & Brass*（1985）的案例中逆转了对破产审理的裁决，在这些案件中，对价值或者转让的确切价格进行估计所做的书面材料都是必需的。尽管存在这些规定，法庭还是有可能认为一项请求权的转让对其他债权人来说是不合理的，并且寻找其他的原因废除该转让。另外，通过经济人进行交易的商业及银行请求权数量的增加为其他人进行将来交易的估算提供了市场价值记录。由于这些交易都是场外交易，因此有关价格的信息披露并不完全，但它有助于消除由于 1991 年的裁决而出现的日益增加的神秘性。

2.3.7 银行抵消

银行可以规定，在破产的情况下，债务人的所有现存余额将与银行未结清的请求权相抵消，其贷款余额将被纳入一般债权人请求权中。有人或许会认为，这对债务人（以及其他债权人）是不公平的，因为在正常情况下，一旦贷款形成，借款人可以按自己的选择以任意方式使用这一款项。但另一方面，银行会认为，其余额可以看作是针对贷款偿还的一种保证。1978 年的法案规定了抵消，但是法庭必须以比过去更为正式的方式对其进行认可。除债权人请求权是不被法庭允许的，或者债权人已经在债务人无力偿还之前的 90 天时间内从除了债务人之外的地方取得了请求权的情况下，抵消权是不受影响的。抵消权的一个例外是在法案第 362 节中规定的自动中止，自动中止是指对债权人的禁止令，它禁止在请求提交后对贷款抵消采取进一步的任何措施。

1978 年的法案包括一项附加限制，它针对的是已经在请求提交前的 90 天内抵消了相互债务的债权人权利，这被视为一种优先支付。例如，假定一个债务人欠银行

① 对很多这种具有鲜明特征的危机公司风险的生动描述，参见 Rosenberg（1992 年，2000 年修订版）。

150 000 美元，提出申请的前 90 天他在银行有存款 50 000 美元。如果银行在请求前 30 天行使其抵消权，当时债务人的欠款是 75 000 美元，则该银行能够得到几乎全额的债务人所欠的 75 000 美元。相反，如果银行在破产前 90 天抵消数额的话，它只能得到 50 000 美元。因此，由于在行使抵消权之前等待了 60 天，银行多得到了 25 000 美元，改善了其财务状况。这 25 000 美元就是托管人可以为债务人收回的数额。

抵消部分仅在预先申请抵消的情况下起作用，因此它鼓励债权人与债务人加强合作，而不是努力收回在当时看起来可能收回的款项。在任何情况下，在抵消权存在之前都必须要有违约的事实。目前，我们仍希望金融机构以及其他机构能够继续进行这项业务，收回款项将是托管人的责任。

2.3.8 第11章重组

1978 年的法案中极其重要的变化是在新的第 11 章中，这是有关商业复原的一个综合章节。它采用了大部分的原第 11 章规定，并入了原第 5 章中公众保护的大部分内容以及原第 12 章不动产规定的主要部分。所有的这些规定在 2005 年的法案中继续使用。在第 11 章中，债务人继续经营该企业，直到法庭由于已出现的原因或者认为是对债权人及（或）所有者最有利的情况下为其指派利益无关的托管人。已出现的原因包括接手这一案件前后出现的欺诈、不诚实、不胜任或者管理不当。更新的 2005 年法案保留了第 11 章美国托管人的指派。

2.3.9 债权人委员会

在正式提交第 11 章的复原申请以后，法庭或者有资格的美国托管人，将指派无担保债权人委员会。第 11 章也有可能影响担保债务和权益证券持有者，在利益集团的要求下，法庭也可以指派其他债权人委员会或权益证券持有者委员会。通常情况下，委员会都包括 7 家最大请求权单位或者如果愿意的话也可以是 7 家代表最大利益的单位。成员数量可以超过 7 家，特别是在大的、复杂的情况下。如果委员会的选择是公平的，能够代表不同种类的请求权，那么法案允许在申请提出之前选举的委员会继续存在。被指派的权益证券持有者委员会通常包括愿意为之服务的持有债务人最多股份的 7 家单位。在利益集团的要求下，如果成员单位不具有各类请求权或利益单位的代表性，法庭有权改变债权人委员会或权益证券持有者委员会的成员规模。

2.3.10 重组计划的提交

重组过程的本质是为经济复原和经营复原所作的重组计划。1978 年的法案给予了债务人或其托管人（如果有指定托管人的话）独有的在 120 天提交计划的权利。在重组计划请求提交后，债务人有 180 天的时间可以接受来自于不同的债权人和所有者（如果有关的话）的必需的允诺。法庭有权增加或减少 120 天和 180 天的期限。如果债务人没能满足这些底限或法庭制定的其他规定的要求，债权人以及其他利益集团可以提出计划等待批准。这些期间的排他性以及可以给予扩展的惯例，促使2005年法案的起草者将这一时间长度限制在最长18个月内，另外允许两个月时间的批准期。

2.3.11 证券交易委员会的作用

在1978年法案和2005年法案中，SEC可以提出反对意见，可以针对任何问题进行讨论，但是不能要求任何审判程序或者法令。完成重组的更多私利以及在过去的案件中SEC被认为的不平均的业绩是1978年以后SEC事实上被排除在外的原因。尽管任意利益团体仍能向法庭提出请求，仍能呼吁任何可察觉到的不公正现象，但SEC作为公众代表的作用已经大大被削弱了。例如，SEC经常请求将原第11章的规定变为原第5章的重组。不论对SEC在第5章案件中的业绩如何进行批评，我们认为，它已经在其重组报告中阐述了很好的意见和建议，特别是在估价过程方面。

2.3.12 重组估价

重组计划的主要内容是将债务人作为持续经营的实体来进行估价。传统上，估价是以未来收益流的资本化作为基础的，它涉及对未来的税后盈利以及自由现金流进行预测，还有适当的资本化利率（折现率）。然后这一资本化价值将按照超过营运资本、税收损失结转及其他因素进行调整。如果其调整后价值大于资产的清算价值，那么证明重组是正确的；反之，就应首先选择清算了。如果其价值小于允许的请求权，那么该公司就具有了破产意义上的无力偿还，其原有的股东通常会在绝对优先请求权的规定下被排除。典型的情况是，债权人将和其他购买股份者一起成为新的股东。

2.3.13 绝对优先请求权

自破产法实施以后，大部分的重组计划都是在绝对优先权规则的指导下。这一规则规定，债权人的请求权应该按照特定的等级顺序进行补偿，在无优先权的请求权获得任意补偿之前，大部分具有优先权的请求权必须已得到全额补偿。但事实上，重组计划通常都是绝对优先权和相对优先权的联合体，即尽管具有更优先的请求权没有被"全额补偿"（未完全支付），无优先权的请求者也可以部分地获得补偿。这一规定通常都是非常有用的，它使那些除非出现使他们满意的支付条件，否则就会投票反对重组计划的债权人做出妥协成为可能。

对绝对优先权规则的背离越来越普遍，它是在"债权人测试的最佳利益"指导下发生的，因此没有债权人阶层会收到少于按第7（或11）章清算情况下可能得到的价值。大部分的清算都证实了第7章的预言。从本质上说，绝对优先权是第11章计划的一项指南，它不是一项必需的政策。所谓的绝对优先权的背离被Weiss（1990）、Eberhart等（1990）、Betker（1991）以及Franks和Torous（1989，1992）进行过仔细的证明。Weiss发现，在被研究的37家大型第11章案例中，有29家背离了这一规则。Eberhart等发现，一般的背离给低级债权人以及原所有者带来了相当于重组公司总价值7%的价值；而如果严格遵循绝对优先权理论，这些好处是被排除在外的。Betker 发现，有益于公平的绝对优先权的背离在无力偿还情况更为严重的公司会更低，在银行债务和担保债务占比重较大的公司会更高。Franks 和 Torous（1989）在对第 11 章情况下的 41 家大型公司的经历进行分析后认为，如果以绝对优先权为基础，大约会有 9 亿美元给予了债权人，而他们是不应该得到的。所谓的不应该得到的股东得到了大约这一数额的 1/3。

我们对绝对优先权规则的评价是，在清算过程中我们应该遵循它（与目前一样），但由于估价过程只不过是非精确的科学，因此针对低级请求者的有些形式的或有证券，例如认股权证，在很多情况下都是合理的。如果各个弱势阶层的足够数量（1/2）及足够金额（2/3）的债权人认可了背离，那么按惯例要进行最佳利益测试，重组计划将被“向下填充”给那些反对计划的人（详见稍后有关“向下填充”的论述）。

重组计划的目标是提供公平的、可行的复原。公平这一术语是指请求权的优先性，可行暗示的是重新核定资本的公司将要被安排，以使其在现实中违约不再发生的情况下能够偿付起固定成本负担。因此，重组计划必须提供为进行这项评价所必需的现金流量分析。所有与重组协商有关的成本被认为是代理成本，它代表的是公司的实际损失（例如，不属于社会上其他人收益的损失）。这些成本既包括破产中的，也包括重组过程以外的，也就是准重组过程中发生的成本。

优先权是在法案第 507 节中叙述的，费用和请求权的优先顺序如下：

（1）破产的管理费用，例如，法律费用、会计费用以及托管人费用。

（2）在案件正式开始后，在债务人正常的经营或财务事务过程中产生的无担保请求权。例如，供应商对货物发送或接收的请求权。第 502 节（f 段）中的规定是例外情况。

（3）工资、薪金或佣金的无担保请求权，包括个人在提出申请日或债务人终止经营日的前 90 天内应得的假期薪金、遣散费以及病假期间薪金，但金额限制在每人 2 000 美元（现在为 10 000 美元）。

（4）员工福利计划分摊的无担保请求权，限制条件同（3）。

（5）由破产前与债务人未来使用商品或服务有关的现金存款引起的，不超过 900 美元的个人无担保请求权。

（6）政府部门的无担保请求权（例如，所得税、财产税、就业税和消费税以及税收违约金）。

（7）担保债务，也就是有特定资产作为抵押的债务，在该资产进行清算收到资金时具有优先权。如果收到的资金不足以支付全部的已许可请求权，那么其余额部分应作为债务人的负债，视为剩余无担保请求权的一部分。

（8）优先债务与被指定为次级的所有债务相比具有优先权，但与所有其他的无担保债务具有同等的优先权。大部分的贷款协议都有这些优先权的规定。

（9）其余的无担保请求权。

（10）在无担保请求权被满足以后，其余的请求者是公司权益的持有者，优先股股东和普通股股东，其顺序就是优先股股东、普通股股东。正如以上所表明的，如果公司资产的价值不足以支付已认可请求权，那么这些个体在新公司中将不能得到任何的支付或证券。

2.3.14 请求后利益

如果担保请求权的抵押物具有高于请求权数额的清算价值，按惯例法庭允许请求后利益的存在。例如，在LTV第一次破产（1986年）时，当时担保请求者的请求权价值远高于票面价值（例如，Youngstown Sheet and Tube Corp. 公开发行的担保债券），而无担保债权人的请求权价值却要用单个数字来衡量（例如，每1 000美元面值低于100美元）。对担保债权人的支付是在足够的保护条款规定下的，它使债务人能够在重组中利用抵押品为其获利。

在其他情况下，债务人的价值也许会被认为是在请求后能足够支付无担保请求者的利益。例如，在*Wilson Foods*（1983）和*Johns Manville*（1982）案件中，无担保银行债权人最终收到了这些款项。但是，任何受到损害的债权人都可以对这种分配提出申诉。

2.3.15 公正的无优先权及欺诈性财产转让

第11章进程中比较令人迷惑的一个方面就是当案件逐渐深入时可能出现的请求权优先顺序的变化。尽管不是很经常发生，但还是存在这样的例子，例如具有优先请求权甚至是担保请求权的请求者发现他们的权利竟然已经位于无优先权的无担保债权人之后。在这些无担保债权人的要求下，破产审判者有时会改变通常的优先权顺序。如果优先债权人误用了这些知识，并对债务人及非优先债权人施加了影响，或者有其他非公正行为的情况，审判者可以在法案范围之内对优先权进行更改。

公正的无优先权的例子涉及被法庭认可的欺诈性财产转让请求权。原告会认为，有一定知识的债权人，比如银行，非公正地受益于最终失败的高杠杆交易，比如杠杆收购（LBOs），这样将会给无优先债权人带来损失。请求权的主要特征是，银行和其他内部人士知晓，或者应当知晓重组可能不会达到债务人负债的要求，但是仍然赞同这种作法，以使自己获得预先支付的报酬、优先权支付等。

在其他情况下，公正的无优先权案件被归类为迫使担保债权人同意对非担保债权人更为有利的处置方案。例如，1991年6月，发生在费城的一件破产案判决一家担保贷款人MNC Commercial Corp. of Baltimore，基于“秘密及易误解方法”停止向一家特定的债务人——烟草和糖果分销商M. Paolella & Sons提供贷款。依据判决，这也是导致该公司最终失败的一部分原因。按照公平利益原则，判决转移了MNC190万美元的无担保债权人请求权。

最后，另一种情况的规定涉及新奥尔良的一项联邦请求案——Clark Pipe & Supply。在这种情况下，公正的无优先权仅应用于担保贷款人从事“非公正的行为，如欺诈、错误表述或者对债务人决策进行压迫性控制”的情况。因为破产判决将会利用不同的标准来确定非公正作法以及公平，因此这种规定可能会带给担保债权人一些慰藉。

2.3.16　计划的实施

一项计划必须能够为其实施提供正确的方法。它可以规定留置权的满足或修改条件、拖欠债务的弃权声明，以及债务人对/与一个或几个主体进行兼并/合并。禁止发行不具有投票权的权益证券，且计划还必须规定在不同等级权益证券中投票权的分配方法。它可能会有损一种担保或无担保请求权，也可能使其处于非损害状态；它规定未生效合约或以前未被拒绝的未到期租约的假设或拒绝条件；它提出销售全部或大部分实物财产的方案以及将收入在债权人及权益证券持有者之间进行分配的方案，并将之制订为清算计划。

2.3.17　计划的确定

如果一项请求权与同等级的其他请求权非常接近，那么在这一特定的等级中可以将这项请求加入到计划中。计划的确定，要求每一个请求者或权益的持有者接受该计划，或者如果该计划不是被所有等级的债权人都接受，那么债权人在计划的要求下必须能够收到或者保留一定的数额，这一数额不能低于在计划日如果债务人被清算他们能收到或保留的数额。至少有一个等级的债权人必须接受该计划。因此，例如，如果受该计划影响的唯一等级包括受押人，那么如果该受押人不同意，该计划就不能被确定。如果某一等级具有投票权的已许可请求权中有至少 2/3 的金额以及超过 1/2 的数量是投票支持该计划的，那么该计划注定会被该等级的债权人所接受。如果实际投票的发行在外的股份金额中有至少 2/3 支持计划，则股东注定会接受该计划。

2.3.18　向下填充条款

1978 年的法案处理的是请求权的受损，这是一个新的概念。一项计划也许会越过某一等级债权人的异议而得到批准。除某一特定等级的受损请求者或股东不同意以外，如果计划确定的所有要求都是满足的，则法庭也有可能会确定这一计划，条件是该计划没有不公正的歧视现象，且在对待每一等级的请求权及受损利益者方面都是“公平的、公正的”。

这就是法案中的“向下填充”条款，它出现在第 5 章和第 12 章中。一般而言，如果计划规定了以下条款，则认为针对受损等级的担保请求者公平、公正的测试是符合要求的：（1）不论财产是否被债务人保留或转移，该等级将保留对该财产的留置权；（2）财产将被销售，留置权将被转移，担保债权人将要收到推迟支付的现金，该现金数额至少为计划确定日已许可请求权的价值；（3）担保等级将会获得计划规定下其请求权的“明确无误的等价物”。如果某个等级的受损无担保请求权依照计划将会收到相等于已许可请求权数额的财产或现金支付，或者如果比该等级低的请求权持有者依照计划无法得到任何支付，那么该计划就满足了法案“公平的、公正的”测试要求。

尽管“向下填充”总是一种可能性，其对受损债权人的威胁也许是比现实更具欺骗性，特别是在单一资产的不动产破产中，但是，这一论点是以第 11 章案件能达到的成功重组概率非常低为依据的。实际上，Flynn（1989）对此进行过估计，第 11 章案件中仅有少到 10% ~12% 是被确认为成功的。有关计划确定以及向下填充的条款是相当复杂的，但是，随着更多的包含大量有形资产的大型公司破产案的发生，发生第 11 章案件的可能性会大大高于仅有单一资产或无资产的案例。因此，向下填充条款的存在更有可能使案件引起更多的争议。

2.3.19 破产中重组的时间

1978 年法案（2005 年法案也是如此）的一个重要目标是减少公司重组过程所用的时间，并且为公司重组其资本融资、复原其经营设计计划。要求债务人在 120 天内提交重组计划的规定是在 1979 年制定的，以加速其进程。正如我们所争论的那样，将例行的期间延长到 120 天的要求应该尽可能予以避免，同时，证实为什么公司不应该进行清算这一任务应被直接置于债务人身上。2005 年法案将延长时间限制在最长 18 个月，也许并不是巧合，这与破产的平均时期（20 个月）是非常接近的。

2.3.20 司法程序

1978 年的法案在每一个拥有美国地区法庭的行政区域建立了美国破产法庭，新的法庭系统成立于 1984 年 4 月 1 日。破产审判员是在参议院的建议和认可下，由总统指定的，任期 14 年。法案消除了当场裁决权与无限制裁决权之间的司法分歧，无论财产位于何处，破产法庭均具有对债务人财产的唯一裁决权。除非审判员决定要放弃国家法庭或其他认为更合适的法庭的未决特定案件，否则法案中的所有案件以及由于法案执行而引起的所有民事行为及审理案件都应该在破产审判之前进行。除巡回法庭的巡回委员会命令巡回主审判官指派三名破产审判员作为陪审团听取破产法庭上诉的以外，破产审判的上诉均应上诉至众议院。陪审员可以不听取陪审团成员提供的上诉。如果陪审团提出上诉，则应直接上诉到美国地区法院。

2.3.21 托管人项目

为协助破产审判员避免卷入更多的行政事务，同时也为使他们能将更多的时间投入到司法决议领域，法案建立了一项美国托管人制度。美国托管人以破产审判员助理或者法庭助手的身份为破产法庭服务，但他们受到司法部长的监督。

2.4 破产的税收及会计问题

1978 年的《破产改革法案》完全重写了监管破产程序和原则的法律，但是对税收问题完全没有考虑。在破产诉讼中，政府的角色既是债权人，又是帮助公司实体进行复原的一种力量。这两种作用是很不容易进行协调的，而且相关的税收法律还造成了很大的问题，这就成为了众多争议的主题。与新的破产法案同一时期提出的一项同时针对有偿付能力及没有偿付能力的公司的税收议案引起了非常大的争议，以至于它根本没有取得在国会进行投票的机会。取代它的是1980年的《破产税收议案》（Bankruptcy Tax Bill）（H. R. 5043），该法案经过众议院筹款委员会（House Ways and Mean's Committee）的评估，于1980年3月24日被众议院予以通过。其结果是，整个国家有一段时间的破产法案没有相关的税收法律。1980年的《破产税收议案》最后被通过，并于1981年早期生效。

2.4.1　债务的清偿

在《公法》（Public Law）95-598中，国会废除了有关监管1979年10月1日或以后正式提出的破产案件中债务清偿所得税处理的原破产法案。1980年的《破产税收议案》填补了这项空白，它规定如果债务人不具有偿还能力，那么债务人的收益中将不必包括为联邦所得税目的而清偿的债务数额。取而代之的是，债务人可以首先选择将减少的债务数额用于减少债务人的可提折旧资产基础。但是，这项政策可能会影响公司未来的报告收益，而如果公司可以成为盈利性的持续经营实体的话，最终政府将会受益。实际上，政府是在尽力帮助提供一个充分宽松的市场环境，当然，它也并不是完全免除所有的支付项目。

如果债务人不选择减少可提折旧资产，则可以按以下顺序减少税收支付者的税收金额：

（1）新营业实体损失及结转额；

（2）投资税收抵免和其他税收抵免结转额；

（3）资本损失及结转额；

（4）税收支付者的资产基础。

每一种结转额的减少是按照该项目使用中应税年份的顺序以及以清偿年份和应缴纳税收为基础的顺序进行的。特定结转的数额减少之后，债务清偿的余额被用于减少债务人的资产基础，但不应低于税收支付者剩余的未清偿负债数额。最后，如果仍有未清偿负债数额，则该部分数额将不再予以考虑。

2.4.2　直接破产成本

我们对由债务人引起的，既包括内部法律成本，又包括涉及主要的外部法律、会计及协商成本在内的相当多的成本已经进行了很多的探讨。这些成本都是可以估计的，而对那些从第11章过程中出现的，能够利用其税收损失好处的公司来说，直接成本的税收减免特性削弱了这一影响。但是，在1992年早期发布（专业建议备忘录9204001）的针对未辨别债务人的1991年5月美国国税局（IRS）裁定认为，如果这些成本来源于总体收入，且与公司的长期利益息息相关，那么这些成本是不可以作为现行的商业费用被扣除的。在这种情况下，只有当公司被出售或清算时，这些成本才被予以资本化，并被扣除。在这项最近的裁定之前，破产的直接成本通常都是立即被扣除的。如果债务人可以指出这项成本是与负债请求权有关联的，那么它可以被扣除。同样，这项裁定在法庭中是可以提出上诉的。我们将在本书的第4章和第6章深入探讨破产成本。

2.4.3 负债的清偿

一些有关于清偿债务人的所有或一部分负债的IRS和法庭裁定，不论是处于法庭外危机重组中的，还是第11章进程中的，都是既对债务人不利，也对投资者不利。前者必须报告通过协商达到的负债的减少额，以作为应税收益。但是，如果出现紧急情况，债务人可以对这些目前更高的资产价值计提折旧，因此能够保留更高的可抵税冲销数额，而这些冲销数额会抵消放弃债务而获得的应税收益。

2.4.4 新起点规则

1991年的一项以“新起点规则”闻名的会计规则使那些将50%以上的股票分配给原债权人的从第11章出现的公司能够像新设立公司一样对待公司。资产可以按照最高为市场价值的价值进行记录，而不是按照历史成本。估价过程非常复杂，尤其是对新出现的市场价值的确定。但市场价值的确定以未来现金流量的估计为基础，这种估价方法大部分被用于有形资产的评估中，如厂房和设备。其余的还有一项新资产，被称为“超过可分配于可确认资产数额的重组价值”，例如商誉。因此，重组实际上是用立即可用的正的权益建立了实体。例如，以Sunbeam-Oster（1989）身份出现的Allegheny International，其资产价值为5.61亿美元，而在重组前其资产价值为6.86亿美元。类似权益资本负债率指标等的衡量方法在“新起点”模式下将会得到极大的提高。

2.4.5 税收损失结转及公司估价

税收损失结转在每一项重组业务中都是非常重要的一个组成部分，特别是在新公司的价值是相关的情况下，而通常情况都是这样。当然，在直接清算中，税收损失问题就是无关的。从理论上来说，公司的价值应该等于其未来税后盈利的折现额。由于税收损失向前或向后结转会影响支付的税收数额，因此它对要被折现的盈利数额具有非常重要的潜在影响。另一个可选程序是首先对期望的税后盈利预测进行折现，然后将税收损失向前结转的现值加回来，最后得到总价值的净额。

在原第5章中，一般都规定公司资产的免税额可以转让给接替的公司，但是对税收损失的结转没有作具体规定，这引起了很大的混乱。一些案例公司建立了“白板规则”，指出不应该允许已经清偿了原有债务的重新出现的破产公司利用“原”公司的损失。而另一些案例公司则规定了所谓的公司持续原则，它允许当公司及其股份继续存在时结转损失。当兼并（破产中或破产过程外）的主要目的是避税时，结转是不被允许的（参见《国内税收法案》（Internal Revenue Code）第269节）。在实务中，这就意味着当资产转移后有超过50%的所有权变化或公司变化发生时，税收损失的结转将不被允许。这一判断主观性非常强，在约束以税收为目的的接管中可能并不是非常有效的。另外，债务人或债权人可以在破产兼并重组计划中申请有利的 IRS 裁定，这也是代替清算的唯一可行方法。

1978 年的议案介绍了一类以“G”重组闻名的免税重组，它比其他的种类更灵活，国会相信，它是更有助于问题公司复原的一种方法。例如，“G”既不要求法定兼并（A 类），也不要求发生财务危机的公司为交换其资产而接收购买公司的股票（C 类），原股东也不必处于一家已分立公司的控制下（D 类）。这类新的重组目的是使破产公司的重组更容易、更便利。议案的债务清偿规定将对重组后公司的税收属性进行调整以反映债务结构的变化。根据这一规定，有关损失结转的法定规则将在“G”重组中进行应用。

由于“G”重组同样受股东及证券交易规则的约束，这些证券交易规则被其他证券持有者广泛应用于重组过程，任何取得面值大于被放弃证券的新证券的主体将以超出额被课税，反之亦然。在“G”重组中取得的现金或其他财产将要接受股利等价测试（测试财产是否是一种资本报酬），这种测试被广泛应用于重组中。同样，假设取得的是利息收入，债权人的证券也要进行课税，前提是这些证券是以可归属于被放弃证券的应计或未付利息请求权为基础转让给债权人的。一般而言，第 11 章案件中税收损失结转的使用受 1986 年《税收法案》的严格制约，包括处理受控中变化的条款、保持公司相似的经营路线、债务免除或其他测试等。

2.5　破产及丧失清偿能力中董事的作用

公司的董事会负责代表公司所有者的最高利益进行决策。公司高级管理人员一般来说也是董事会成员，他们和其他成员一起作为所有者的代理人。但是，当公司的状况发生变化，公司成为危机公司处于“无力偿还地带”时，以及公司申请破产时，董事会的作用也会发生变化。在破产中，董事的信托责任被转换为托管人的责任之一，其职责是保护不动产资产的完整，用以支付给债权人，而将现有所有者的利益最多当成一种剩余利益。这种转换通常对于那些在公司状况较好时被选举出来的董事来说是非常困难的，难怪 Gilson（1990）发现，有 54% 的董事会成员会在破产计划批准之前离开公司。董事会和其他内部人员的责任将在本书的第 10 章进行探讨，同时，在本书第 13 章“无力偿还深化”的概念中也会有所涉及。

面临无力偿还及公司处于危机情况时，公司中董事的责任不如破产中所谓的“亮线责任（bright-line responsibility）”那么清晰。1991 年，由特拉华州高等法庭审判官 William Allen 审判的一项法庭裁定增强了以下这一理论，即在危机中，董事会应权衡公司决策风险，做出支持托管而不是所有者代理责任的决定。Allen 审判官（目前已在纽约大学 Stern 商学院任教多年）认为，如果目前的管理层违背特定的协议，那么 Pathe Communications Corporation 的债权人可以行使其投票特权，强迫 Pathe 现有的董事出局。由于当 1990 年 11 月经历了被 MGM/UA Communication Co. 收购的灾难后公司正在按照第 11 章进行重组时，这项规定已经被制定，于是债权人 Credit Lyonnais Bank 以及 Nederland 上诉至法庭要求保护其权益，并因此得到了 Allen 审判官的裁定。

Allen 审判官做出了支持成为董事的债权人的判决，然后撤销了 MGM 大股东已经做出的资产销售的决定。Allen 认为，这些董事有义务考虑“支撑公司的公众的利益”，而不应只考虑所有者的利益。只要董事会考虑到了所有者的利益，他们就可以做出支持其他方，尤其是债权人的决策。由于这项决定是在董事为保护以前协议所产生的债权人请求权的情况下做出的，因此当出现危机情况时董事责任的问题就显得不是很清晰，因此也更加困难。实际上，在世界上其他国家，例如澳大利亚和英国，当公司失败，债权人按照惯例起诉公司赔偿损失时，董事自身也会处于风险之中。这不单单是可能发生的法庭案件，这是法律！比如在澳大利亚，如果发生这种情况，董事的责任在危机期间将被转移给债权人。而且无疑，《萨班斯—奥克斯利法案》的推行增加了破产公司董事的责任和义务（例如，在 2004 年 WorldCom 案中）。

2.6 执行债务人融资

已经正式提出破产并且按照《破产法案》第 364 节的规定被允许安排债务融资的债务人可以获得执行债务人（debtor-in-possession，DIP）融资，其主要目的是：（1）为在重组过程中协助工作的专业人员付酬；（2）获得足够的营运资本以维持公司的运行；（3）为现存资产进行必要的维修筹集资金，以及（或）筹集资本性支出。DIP 贷款者具有较高的级别以及较高的安全性，其通常可以取代在破产申请前存在的任何请求权。① 另外，直到 DIP 的所有安排都被支付，公司才可以退出第 11 章。DIP 融资的理论在于，它使债务人在申请破产后最艰难的时期保持流动性，并且投资于正净现值（NPV）的项目，而这些项目如果没有额外的信用额度是不可能进行的。这将会减少破产的时间，增加成功重组的机会。但这种融资类型的批评者或许会认为，它有可能导致过度投资。

为获得 DIP 融资，债务人必须在《联邦破产程序规则》（Federal Rule of Bankruptcy Procedure）4001c（1）的规定下正式提出提议。这项提议是为托管人和债权人委员会服务的，且必须具有一套协议。这之后，有 15 天的等待时间，等待法庭正式开始对这项提议进行听证。在此期间，法庭会批准一项立即借款，但此项借款仅局限于在等待最后听证期间公司的需要。在最后听证时，法庭可以批准长期融资，但该长期融资数额不能超过请求的 DIP 借款总额。为取得这一融资，债务人必须：（1）设计一个商业计划；（2）预计现金流量；（3）估计公司资产的价值；（4）提供 DIP 融资能够继续进行的证据；（5）向贷款人提供偿还债务的保证。融资计划及其估计偿还进度必须被法庭批准，同时估价计划必须能够表明通过 DIP 融

① 第 364 节（a）和（b）赋予贷款者与管理费用相同的级别，如法定费用。第 364 节（c）规定了对非保留资产的加强优先权，第 364 节（d）甚至允许对已经存在留置权的资产设置留置权。

资确实能够增加价值。

由于DIP融资在大型的第11章案件中非常普遍，而且由于估价计划必须呈递给法庭和其他利益团体，因此几乎没有理由认为，因为债务人的情况过于复杂而需要加倍延长至申请后120天的专有期间。2005年的新破产法案将这一延长期限制在申请后18个月，加上两个月的确认时间。但根据我们的估计，这一期间对于大部分案件来说都是过长的，但它构成了加速进程的一个重要动机。

2.6.1 DIP融资条款

DIP条款因贷款人、行业以及债务人的风险情况不同而不同。贷款通常是采用以伦敦银行同业拆借利率（LIBOR）或主要附加利率为基础的浮动利率。债权人可以收取点费、退出费、监管费、承诺费等，通常情况下，贷款总成本大概占到10%~20%。贷款通常采用循环信贷的形式，并且伴有定期贷款或信用证。贷款的保有条件一般来说是短期，不超过两年。平均的DIP信贷范围为6~18个月，间接表明所筹资金计划与现金流量周期相一致，并且为营运资本提供资金，但通常不提供资本性支出。有些DIP贷款还将资金的使用限制在经营费用范围内。偿还进度是不同的，而且债权人会要求权益的保护，比如担保。利用DIP信贷通常是以详细的预算以及因情况而变的特定契约为基础的。DIP契约恢复了申请前负债的监管和维护条款。肯定契约包括公司必须遵从的业绩目标，例如，现金余额以及利息、税收、折旧及摊销前盈余（EBITDA）、现金流量比率。公司还必须允许DIP贷款人取得财务报表，接近有形的存货等。公司停止监管的承诺被债权人看作是一种利好的信号。否定契约会限制某些特定的经营决策，例如，营业费用以及资产清理。大部分的这些条款都会给DIP贷款人提供更多的保护。

2.6.2 DIP贷款人

破产申请前的贷款人可以通过进行DIP融资获得好处，因为他可以控制抵押品，尽可能防范其破产风险。这种贷款一般可以提供成本最低的融资，通常情况下，贷款人也是破产申请前的债权人。在这种情况下，贷款人可能申请弃权，同意债务人可以不履行一些特定的义务，包括比如由优先顺序或者欺诈性转移等引起的利益冲突等。其他的贷款人通常是危机债务融资及潜在买家方面的专家。

专家包括传统的银行以及以资产作为财力支持的贷款人，比如J. P. Morgan Chase以及Citigroup。以资产为基础进行贷款的专家同时在监管现金方面也很有经验，他们能够按照顾客的需要为其提供灵活的贷款结构。这些以资产作为财力支持的贷款人监管抵押品的能力非常强，因此如果有周转专家的话，能够使周转专家更为方便地取得资本及其他财务信息。通常这些贷款人都非常擅长掌握行业的周期性和季节性特征，详细论述参见第13章对营运管理者的探讨。

破产公司的潜在买家也可以提供DIP融资，其隐蔽的动机是使自己成为购买公司资产的“领先者”。他们试图按照以下的方式来安排贷款的结构，即在给予自己购买公司灵活性的同时，增大其他潜在买家的购买成本。例如，一个 DIP 贷款人可以选择将其债务转换为权益，而另一有意获得该公司的买家可能会被要求立即偿还公司 100% 的债务。总之，第 364 节的规定赋予了 DIP 贷款人以很高的地位，以便将其在重组期间内引入到财务危机公司中来。但同时，DIP 贷款人还比较容易遭受潜在的损失，但这种可能性比较小。如果债务人不能按照合理的方式及时完成重组计划，DIP 贷款人就会由于公司转向第 7 章清算而发生损失，在这种情况下，只有清算的管理费用是优先于 DIP 融资的。

2.6.3 DIP 贷款中的风险

尽管放贷给危机公司看起来风险很大，但实际上，DIP 贷款并不是一项风险很大的工作。DIP 贷款在过去的 16 年（1988—2004）中产生的问题非常少，简直屈指可数。导致贷款人损失的最引人注目的 DIP 贷款是 WinStar（2001 年破产）。由于在 1988 年至 2004 年间已有超过 500 次的 DIP 资金融通，损失率应该说是非常小的。在资本市场上还有更好的风险回报交易吗？

2.6.4 DIP 贷款及执行

第 3 章探讨的是 DIP 贷款与债务人执行之间的关系。已经有研究表明，股票市场对取得一项 DIP 融资的公告会有积极的反应，股票的这项非正常的积极动向既与第 11 章的预先包装有关，又与成功获得 DIP 贷款有关。大量的研究已经证明，DIP 融资与重组的最终成功存在正向关系，同时也与较短的重组期间有关，并且，从现存贷款人手中获得 DIP 的公司在破产中会趋向于使用更少的时间。后者可能是由于内部信息以及加强了对 DIP 原有贷款人的监管责任而引起的。

从 20 世纪 80 年代末期出现开始，DIP 贷款就在美国取得了很大的成功。目前，有很多外国政府提供类似的融资方式（例如日本），并且很多其他国家正在考虑修订其破产法案，将 DIP 融资方式包括在内。

2.7 2005 年《破产法案》

美国国会在 2005 年 4 月 20 日颁布了一项修订的破产法案，名为《防止滥用破产及消费者保护法案》（BAPCPA）。尽管这一法案最令人瞩目、最引起争议的方面是通过制定对债务人不利的法律条款对消费者（个人）破产施加影响，但该法案也包括很多影响公司破产的重要条款。总之，同对消费者破产一样，新法案更支持破产公司的债权人，它对公司的重组成功能力具有深远的影响。表 2—1 列示了一些新法案的重要规定。[①] 这些规定的大部分都在法案通过的 6 个月后生效（也就是

① 很多重要的律师事务所提供了包含大量信息的新法案的总结，比如，“新破产法修正：第 11 章的缓慢撤销”（Skadden，Arps，Slate，Meagher & Flom and Affiliates，2005 年 3 月）以及“破产法修正案的即时影响”（Davis Polk & Wardell，2005 年 4 月 30 日）。我们的讨论中会包括很多 Skadden Arps 的总结。

2005年10月17日）。

表2—1　　　　2005年《破产法案》的一些变化

限制内部人员的权利	减少关键员工保留计划（例如奖金）的使用，除非员工是必需的，并且能够提供具有竞争力的工作；对契约终止进行限制
加速案件	限制为18个月的最长专有期间（外加2个月的请求允许期）
债权人取得信息	官方债权人委员会和非委员会成员的债权人有权使用信息，有权向债务人索取并能够获得信息
专业顾问保持	减少联系不密切的要求；如果债务人在按照章节申请破产前三年内已经是承销顾客的话，通过撤销投资银行为破产公司提供咨询禁令的方式，增强大型投资银行进入重组咨询市场的能力
商品运输/收回的支付	自动设置为20天回收期（没有优先防御）；商品收据上的回收期为45天
预先包装计划	只要之前已经开始，允许在第11章申请后继续进行请求
其他规定	（1）如果有合理的理由怀疑有欺诈、不诚实或违法行为发生，美国托管人应寻求指定第11章托管人 （2）两年的欺诈性财产转让观察期 （3）不支持由自律团体进行的调查 （4）员工优先权提高到10 000美元 （5）采用/拒绝租约的限制时间（延长至90天）

资料来源：Author's compilation and Blackstone Investment Bank（New York）。

2.7.1　关键员工保留计划及执行者补偿

新法案下对原有管理层和董事支付奖金或津贴会变得更为困难，这种支付是指以保留该原有管理层或董事为目的的。这些管理层必须能够证明即使支付他们相同或稍高的奖金或津贴，在市场上他们仍然是非常具有竞争力的，并且他们的继续参与管理对公司的成功复原至关重要。尽管认为保留他们注定是必需的，BAPCPA还是对其数量进行了限定。法案中还包括了对契约终止支付的限制规定，它必须是针对全职员工的，而且其数额不能超过同年非管理层员工平均契约终止支付的10倍。随着法案的执行，与补偿有关的一些模棱两可的条款将会导致一些争论。但实际上，如果一个有能力的管理者收到了具有竞争力的邀请，之所以有竞争力是因为它将给这一管理者支付相同或者更高的奖金或津贴，那么他还可能留在公司吗？我们认为答案是否定的。

2.7.2 托管人指定

与1978年法案一样，如果有“合理的理由怀疑”债务人目前的CEO、CFO或董事会成员（或指定CEO或CFO的董事会成员）在“对债务人公司或债务人公开发布的财务报告的管理中有实际欺诈、不诚实或违法行为的出现"，新法案规定可以由美国托管人指定破产托管人。但实质上，与原有法案相同，即使"合理怀疑"现象已经存在，法庭还是要为指定托管人寻找理由。同样，这种指定必须符合债权人、股东以及公司其他关系人的利益要求。这一规定将提高很多案件早期阶段的诉讼成本，尤其是当申请是与欺诈性报告有关时。并且，董事会将会有更大的动机，在破产申请前开除有关的高级职员，以避免申请后指定的托管人被终止。

2.7.3 专有期间

我们已经讨论过，在现行法案下由于法官所授予的专有期间的多次延长，破产重组案件被不必要地拖延了。新法案努力对这一延长期间实行限制，确定了最长18个月的专有期间（外加两个月的请求允许期），由目前的管理层制订重组计划。虽然这个步骤是正确的，但是如果该规则导致大部分的期间延长满18个月，它有时还是达不到预期的目标，而这18个月的期间恰好与过去两项法案中第11章重组的平均时间一致。坦率地说，我们还是觉得很失望，因为没有规定能够清晰地、令人信服地表明，在破产过程中的早期阶段，比如4～6个月，公司持续经营的价值至少应该高于其清算价值。而这一规定会避免长期拖延诉讼进程从而导致重组失败转为第7章清算，或者在原有案件已经结束后进行第22章重新申请破产情况的发生。

2.7.4 债权人取得信息

BAPCPA要求，官方债权人委员会以及其他委员会应与非委员会成员的债权人一起分享公司的保密信息，这就要求债务人必须为那些非委员会成员的债权人提供报告或披露信息。这些委员会还被要求申请并接受来自于其委托人的评价。后一项规定可能会减慢进程，而且，如果这一规定对交易能力有所限制的话，那么大部分的非委员会成员的债权人将不会对此产生兴趣。

尽管对保密信息的取得是一个积极的变化，它会使过程更加有效，而且可能会激励破产中债务人的更多交易，但原有体系是否在本质上阻止了利益集团有进一步的经济行为并不是很清楚。当然，破产中主动控制的投资者数量近年来急剧增加，导致了2005年新破产法案的诞生（参见本书第8章和第9章）。

2.7.5 专业顾问保持

按照原有的1978年《破产法案》，大部分参与公司股票和债券持续交易的投资银行被严格禁止为申请破产保护的公司提供咨询，其原因在于与债务人申请破产前三年任意优先活动有关的"无偏见原则"，而不管这些债务证券是否仍处于对外流通中。由于一些这种大型银行的成功游说，而且原有规则已被废除，因此在BAPCPA中就减少了无偏见规则的规定。但在发生以下情况时，法官仍可以按过去的行为断定这家公司的行为是不一致的，即发现一家银行由于与债务人有关的原因具有不利于公司财产主体的利益或任意层次的债权人利益或权益证券持有者的利益时。对于现有或原保险商来说，无偏见规则成为一个悬而未决的问题。

对在新法案下公司的竞争情况是否会发生变化进行观察将会非常有趣，包括观察由金融及法律顾问收取的费用。当然，如果大型投资银行决定要进入危机公司市场的话，小型的重组公司将会具有非常大的吸引力。

2.7.6 预先包装的重组计划

原1978年《破产法案》的一项重要创新就是提出了将庭外危机重组这一节约时间、节约成本的做法与第11章正式诉讼程序的更宽松的投票环境结合起来的可能性。这叫做预先包装安排，其关键在于少数坚持问题的废除，即计划的批准必须要求各个层次具有投票权的债权人金额的2/3以及数量上超过50%的通过率。破产前成功的庭外重组实际上要求100%的债权人同意。但这并不是要求在达到合理数量的债权人一致同意的情况下将预先包装的第11章必要性减少到最小。按照原有法案第11节（U. S. C. 1126（b））的规定，允许债务人在申请破产前与债权人进行协商，按照正确的披露方式接受预先申请的投票（也就是足够的披露及合理的分析、讨论及投票时间）。申请后的确认期间仍然规定为30天至180天之间，因此通常情况下用于分析的期间并不是问题。

但是，在原有法案规定下，为数不多的持有异议的债权人也会阻止或者停止预先包装的安排。这主要指以下两种情况下：第一，公司破产申请是由债务人自愿提出的，其目的是要获取“自动中止”的状态；第二，公司破产申请是由债权人集团非自愿提出的，其目的是要中止投票请求的进程。在任何一种情况下，投票请求进程都必须停止，而预先包装的尝试也将结束。但按照BAPCPA，只要已经开始申请，且该程序遵守适用的非破产法，通常是指相关的证券法，则允许投票请求在提交申请后继续进行。因此，持有异议的债权人就需要在请求开始前提出其非自愿破产的申请，而持有异议者通过这种具有攻击性的做法以达到强迫自愿破产申请目的的手段也将不会再对接受“预先包装”的请求产生影响。

另外，当确定会有足够的披露发生时，为加速预先包装，法庭可以允许债权人不必召开第341节会议。这将大大降低在没有“341会议”的情况下美国托管人反对破产计划的能力。

2.7.7 预先包装第11章的优势及要素

协商进行预先包装的第11章债务人有着明显的退出破产战略的好处，它戏剧性地增大了以持续经营主体出现的可能性。尽管在预先申请计划被一致通过后仍需要几个月的时间才能够出现，但破产中这些案件的平均时间也远远少于所有第11章案件的平均期间——两年。

Salerno和Hansen（1991）的研究显示成功的预先包装重组有四个主要要素：

（1）债务人要有对其财务问题程度进行实际评价的远见；

（2）支付为完成预先包装战略而必须发生的费用的愿望和能力；

（3）可行的退出战略及继续向前发展的商业计划的明确表述；

（4）愿意就预先包装计划进行协商的一家或更多债权人团体，并且他们认为商业计划及退出战略（也就是新的资本结构）是可以接受的。

最后一个要素是成功的必要要素，而前三个是计划被接受的前提。对一家成功的大型公司预先包装事件来说，一个关键的要素反映了债务人筹集新的权益资本的能力。新的权益资本是非常重要的，即使是在公司具有可行的核心业务及公司的主要问题是负债过多的情况下也是如此。这一点在 Southland Corporation 案件和其他案件中都是非常关键的（Southland 案件涉及的首先是一次不成功的预先包装尝试，然后它花费了 6 个月的时间最终制订出计划，其最终的批准主要就是以新权益资本为基础的）。由现有或新的投资者注入的新权益资本向市场提供了一个信号，表明公司的资产是具有真实经济价值的。虽然资本也可以通过 DIP 融资的方式筹集，但是这些投资者的超级优先权地位不如投资者投资权益资本（即资本的低级优先权）提供的信号那么清晰。

2.7.8 预先包装计划的风险及成本

预先包装计划也不是没有缺点和成本的。对此，Salerno 和 Hansen 列示了以下内容：

（1）对支付必需费用的现金的需求；

（2）要向行业协会告知公司的问题；

（3）给债权人提供时间以采取措施应对公司破产。

第一项要求是很明显的，因为除非有足够的现金用于支付新发生的成本，否则不会有顾问会为公司预先包装的申请提供咨询服务。第二项或许不是很重要的，因为债务人的问题其实已经在行业内众所周知了。第三项，尽管可以通过可撤销的优先权支付进行反驳，但与恐慌的、不满的债权人相处还是很难令人愉快的，而且要花费很多的时间以及资源。另外，以下情况也有可能出现，即只要第 11 章批准开始，原本以为会成功的协商申请计划就会被拒绝。引起这一现象的原因可能是债务人行业前景的变化，以及（或者）有一持反对意见的重要债权人改变其决定。花费了比预计时间长很多的时间来完成第 11 章的未奏效预先包装的一个突出例子就是 1994 年的 Resorts International 案件。

2.7.9 优惠待遇

在原法案下，对在申请破产 90 天内从债务人处收到付款额的债权人提出的质疑，可以通过列示以下内容为这些付款额进行辩护：（1）这些付款额是在双方正常的交易过程中发生和支付的；（2）这些款项是按照正常的商业条款支付的。为保留这些款项，以上两条规定都必须得到满足。但 BAPCPA 要求的是债权人列示这两种情况之一，而不是二者都必须列示。因此，不论其是否属于正常的交易过程，如果满足行业标准，则允许这些款项进行支付。

优惠规则对于接收款项的债权人来说并不是很严格的，这就可能意味着其他债权人收到的款项将更少。实际上，如果债务人的价值少于对其的请求权总额，那么优惠支付的变化就是零和博弈。同样，诉讼的可能性会增加，而这样做通常成本会更高。

优惠待遇的其他变化是与时间有关的，例如：

（1）欺诈性财产转让观察期延长到两年；

（2）债务人收到资产以后，债权人将有30天的时间赋予其留置权，而不是20天。对于所有的其他抵押品，如果债权人在30天内赋予其留置权，而不是10天，则该债权人将不能享受优惠待遇。

2.7.10　优先权及时间选择

已许可的非担保请求权目前已经增长为破产申请前（或者债务人中止业务前，如果中止业务发生在前的话）至多180天10 000美元的收入，而不是90天的4 925美元。例如，员工对未付收入的请求权等。

对于那些在破产前销售商品或提供服务给债务人的主体，一些重要的权利也会受到影响。例如，对提出申请20日内债务人收到的商品或服务的请求权将会获得以“商品价值”为基础的优先权，而不是仅成为一个具有低级优先权的一般无担保请求权。这引起了一个问题，即如何确认从债务人认可的关键卖主到他们认可的非关键卖主的排列顺序。债权人也可以通过提供书面收回要求的方式来保护其自身的利益，这种书面收回要求必须在债务人收到商品后45天或者破产后20天这两者中较晚的时间提交给债务人。例如，由于是以计划批准为条件，债务人必须要全额支付管理费用，这样，债务人的财务负担必然会增加。最后，对一些债务人来说，建立一项监管收回要求的系统成本是非常大的，尤其是对那些小型的、流动性较差的公司而言。

2.7.11　租约拒绝

债务人可以保留拒绝租约的权利，但对此有时间上的限制，只能延长至90天。

2.7.12　税收

BAPCPA在债务人税收方面作了很大的调整，对财产税的要求者提供了强大的保护，尤其是地方政府。这些变化的内容技术性非常强，而且对其进行研究比较费时，但归纳起来，这些调整主要包括以下方面：（1）按照第11章计划的规定对欠税的支付；（2）基于适用的非破产法的税收请求权利息；（3）为抵消所欠税收代理部门税款债务人退税的能力（由于自动中止条款的存在，原法案中不包括这项）。

2.7.13　其他规定

新法案中有关破产诉讼程序的比较大的变化还包括：（1）官方委员会成员的指定；（2）公用事业服务；（3）退休人员福利；（4）单一资产房地产债务人；

（5）退休金计划贷款的自动中止；以及（6）离职通知。我们建议有兴趣的读者可以联系律师或直接取得新法案，以获取详细信息。

2.8 国际范围内的破产及不同的破产制度

随着经济的全球化、一体化，不可避免地，在不同国家范围内拥有大量资产的大型公司有时也会遇到国际性危机问题。由于不同国家的破产法律有所不同，公司就可以选择在最有可能保留其资产的环境下提出申请，尽可能避免清算的发生。除美国以外的大多数国家都拥有支持债权人的严格的破产法律，在这些地区，破产的通常结果是清算。另一方面，大型公司通常还可以依靠政府或准政府的某些类型的救援来达到保留其就业岗位、减少经济矛盾的目的。

英联邦体系就是一个典型的例子。联邦内的国家，如英国、澳大利亚等，都是通过不能完成其义务的债务人申请破产的，期满时，（其资产）被指定给接收者，接收者的任务是或者推荐“安排规划”以继续其经营，或者将其资产进行清算，按照优先权支付给债权人。大部分情况下，接收者是会计公司的管理人员，其一贯结果是清算，尤其是当债权人反对任何“交易”计划（即进行复原的尝试）时。

尽管2005年美国《破产法案》有很多变化，但毫无疑问，美国破产法仍是增强了友好性，对待债务人也更加灵活。因此，公司通常会选择在美国进行申请。或者，如果债务人总部在国外，而在美国有重要业务的话，他至少会在两国进行申请。一个双重申请的例子就是在1992年5月14日提出申请的Olympia & York Development Company案。另一个例子是最近的Parmalat案，其在意大利（2003年12月）及美国（2004年早期）提出申请。有趣的是，由于Parmalat过大、过于复杂，它同意大利很多家公司都有联系，因此，意大利政府不得不颁布了一项新的法规以处理这项跨国案件，而其美国子公司轻松通过了美国破产法庭的审判，于2005年早期重新出现。

世界各国破产法律的不同引起了国际范围内学者、法律制定者及机构的注意。例如，国际无力偿还协会（International Insolvency Institute）就帮助联合国国际贸易法律委员会（UNCITRAL）和美国国会制定了《跨国无力偿还案例法》（UNCITRAL Model Law on Cross-Border Insolvency），这一法规最终被2005年《破产法案》的第15章所采用。我们稍后将详细探讨这一章新的内容。

在附录2—1，我们从Tilley（2004）中归纳了包括美国在内的10个国家的重组及破产的主要问题。这些问题处理的内容包括各个国家的现行破产法案、破产动机、审判的标准、董事在破产中的责任和义务、执行合约、自动中止、退出机制以及优先排序等。Davydenko和Franks（2004）回顾了美国、德国、法国不同的破产制度，并分析了在这些国家不同机制对债权人恢复及重组结果的影响。他们发现，由于这些国家的新破产法对债权人不友好，银行会调整其贷款和重组实务，以减轻这些新法案对其造成的负面影响。例如，法国银行要求更多的抵押品，尤其在对小型和中型企业的贷款中。同样，中等银行的贷款回收率相对来说会高一些，尤其是英国（92%），而德国（67%）和法国（56%）会低一些。

Eckbo 和 Thornburn（2004）分析了在瑞典进行破产的结果，他们得出的结论是，这个国家对无力偿还公司的拍卖系统似乎比正式的破产系统更有效一些，因为它将给债权人带来更高的回报。Acharya，Sundaram 和 John（2005）对破产法案对公司资本结构选择的影响进行了理论和实证研究。在他们的理论框架中，财务危机成本是由破产法案函数直接决定的，其预计清算价值在资本结构与破产法案的关系中起到关键的作用。

《跨国无力偿还案例法》

前已述及，有关跨国无力偿还的新法规是在2005年《破产法案》中颁布的，包括在新法案第15章中。与大部分其他的新章节一样，它于2005年10月17日生效。联合国国际贸易法律委员会提出了这项被美国国会所采纳的新的案例法。① 新的第15章是1978年《破产法案》第304节的延续。这一案例法的目标是建立一套统一的原则，以处理为在跨国案件中能够进入其他国家的法庭公司必须要达到的特定要求。②

案例法中的外方无力偿还诉讼被分为两类："主要"诉讼和"非主要"诉讼。主要诉讼是指发生在债务人主要经营所在国的诉讼。诉讼一经被确认为主要诉讼，案例法规定债权人具有自动中止债务人转移、留置或其他形式转移资产的权利，然后再按照该国破产法律的一般要求受理案件。案例法提出了不同国家间的法庭应提高合作力度。主要国家法庭可以指定专人负责相关法庭之间的沟通，并对主要管辖区和非主要管辖区的债务人资产及其他事务进行协调和管理。案例法的其他好处是，债权人和债务人的权利关系更为确切，这有利于提供更大的在次发达国家间进行国际贸易、国际商务及取得资本的可能性。但如果同样的债权人在不同的国家中受到了区别对待，而实际上这些请求权都是具有同样优先权的，那么国际贸易和资本流动将会受到影响。例如，如果外方诉讼申请批准后，国内诉讼已经开始，那么国内法庭必须对外方代表要求的债务免除进行检查，并在其与国内诉讼要求不一致时修订免除条款。特别是，案例法第13段（2）指出，外方债权人请求权的排列顺序不能位于国内一般债权人请求权之后。

随着《跨国无力偿还案例法》的发展，超过70个国家和国际组织加入其中。日本、墨西哥、波兰、罗马尼亚和西班牙都通过了该项法律，美国也于2005年中期通过。英国的立法已经通过，澳大利亚、加拿大和新西兰也已经准备引入这项法律。我们有理由相信，美国对第15章的正式颁布将会影响正在考虑是否采纳该法案的其他国家。

---

① UNCITRAL 是联合国一个重要的实体，总部设在奥地利的维也纳。它主要负责国际贸易法律的研究，已经提出了很多的国际公约法和案例法，并已经被世界上许多国家广泛采纳。

② 《跨国无力偿还案例法》的官方版本可以在 UNCITRAL 的网站（www.uncitral.org）上获得。如想获得第15章概要，可以通过 info@iiiglobal.org 联系国际无力偿还协会。

附录 2—1 主要管辖范围内重组和破产问题比较

这一文件只能作为指南使用。必须经各管辖区提供合格的法律咨询后才能纳入实际应用中

	美国	英国
主要颁布的法规	美国《破产法案》	1986 年《无力偿还法案》 1985 年和 1989 年《公司法》 1986 年《公司董事资格取消法》 2002 年《企业法》
实际应用说明	联邦法规定破产，但请求权要求者的权利也会受到各州法律的影响 欧洲立法不反映执行债务人及管理层的日常经营 美国法律是对待债务人最友善的制度，最能反映公司价值的保持 它是唯一的首席重组官概念被普遍接受的制度	重组是由《公司法》规定的。与在管理权限范围内援助重组为目的的公司法一起，有关浮动抵押债券持有者权利及免除政府债务优先权的重要变化于 1993 年 9 月 15 日正式在法律中体现 庭外自愿重组可能利用非正式的“伦敦方法”，在一致同意的基础上发生 在法庭上，债权人自愿安排是可能发生的，但是没有“中止”，而且管理小型债权人比较困难 所有的法庭管理或清算都是由执证的破产从业者，通常是有资格的会计师进行的 管理层能够对最初的指定施加影响，但之后则不能 大部分管理都以资产或商业分部的单个出售及最终清算而结束
破产原因	自愿申请时不要求无力偿还。非自愿申请要求当债务到期时不能进行一般偿付，以及不能给予债权人权益一般分配	无力偿还——负债超过资产 无流动性——在公司正常经营中，债务到期时不能支付 不满意法庭判决
判决标准	应用第 11 章保护不要求无力偿还 在定义关于无力偿还及无力偿还公司董事适用的标准上存在不确定性 原则上，当公司进入更深层次的无力偿还时，公司高级职员应对股东及债权人表现其忠诚，以避免债权人可得的资产受到损害	当且仅当公司可避免的无力偿还清算前景渺茫时，由于错误交易而产生的对债权人的负债可以予以确认 如果仍有可能避免对债权人造成的潜在损失，则具有信托义务促使公司继续经营，这成为一种平衡的公正评判方法 在实务中，如果高级职员已经对防止无力偿还的发生做出了努力，且掌握有关公司目前财务状况的准确信息，那么他具有合理的防止潜在“错误交易”的权利 尽管无力偿还是在负债超过资产时发生的，但这是一个模糊的概念，并不是仅满足这一条件就可以进行申请
董事的责任和义务		
有偿还能力	认真履行并忠诚于信托义务	认真履行并忠诚于信托义务

续表

	美国	英国
无偿还能力	对债权人及股东负责，解决冲突，避免以自我利益为中心	“欺诈性”交易——有欺诈的目的 “错误”交易——无力偿还后交易 在低估或优先权下进行交易
负债	对违约恢复使用民事诉讼	欺诈性交易属于刑事和民事范围，可能受到罚金、监禁和收回（包括刑罚赔偿金）的惩罚 其他违约属于民事范围。负债是为恢复地位而发生的
管理方式	**第11章执行债务人** 现行管理层本质上拥有托管人权利，对日常交易进行管理，以维护和保护债务人财产 基于提议和一定的原因，法庭可以指定托管人 行业一般业务以外的交易必须经法庭批准 债权人委员会监管公司的经营，为要求法庭批准的决定提供咨询	**公司自愿安排（CVA）** 与债权人（价值占75%）达成和解协议。通过提名人（必须是破产从业者）来进行。不存在自动中止，在实务中安排使用比较困难 **安排的第425节计划** 与债权人（价值占75%）达成和解协议。通过破产从业者进行，但有法庭的大量参与，由于不存在中止并且费时，因此很少使用 **管理接收** 被费用持有者（通常是银行）为重新获得资产所强迫。破坏价值，在2003年9月15日后的新证券收费方面受2002年《企业法》的制约 **管理** 在价值将要得到增加，且被身为破产从业者的管理者控制时适用法庭命令。存在执行合约无效的自动中止和其他灵活性 不存在执行债务人，通常会由于顾客及供应商丧失信心而降低公司价值
主要管理程序		
筹资	可使用DIP融资，取得非保留资产的担保高级优先权地位或保留财产的次级地位	实务中不容易得到
执行合约	与执行有关的重要合约是强制性的 债务人有权接受或拒绝经法庭批准的合约或租约 合约或租约不能到期或终止	负有法律责任的合约可以被放弃
自动中止	无担保债权不适用 如果安全性降低，担保债权可以向法庭申请解除中止	在法庭批准的管理或管理接收中可得，但如果不经法庭的特殊批准，不适用于CVA或第425节的安排计划 债权人有预先申请抵消的权利 允许自留产权请求权
退出机制	在重组计划的债权人同意并且法庭批准情况下可以退出 向下填充可适用	CVA和第424节计划以对债权人的支付而结束 当目前使用的资产或公司被出售、进行最终分配，并且剩余公司被清算或被取消时，管理结束
安全性及排序	(1) 优先的管理请求权； (2) 担保债权； (3) 预先申请的无担保债权； (4) 次级债务； (5) 权益	(1) 担保债权； (2) 管理费用； (3) 优先权持有者； (4) 低限职工； (5) 政府税收VAT及社会保险； (6) 无担保债权； (7) 次级债务； (8) 权益 注意，为支持无担保债权，《公司法》在2003年9月15日后取消了优先权

续表

	德国	法国
主要颁布的法规	1999年《破产法》 (*Insolvenzordnung*)	1985年法律——破产诉讼 1984年、1985年法律——自愿安排 2004年草案修正案为重组增加了进一步的程序——*reglement amiable* 成为 *Conciliation and Procedure de Sauvegarde* 法庭监督一致同意重组
实际应用说明	德国《破产法》目前规定了在 *Insolvenzplan* 管理下的重组，但它并不是第11章的情况，不存在执行债务人。由法庭指定的管理者通过利用或不利用管理来控制整个过程。在实务中，专业人员对使用这种过程不积极、不情愿，它仍然容易受到个人处罚和负债的严厉机制的影响 在 *Finanzplan* 的特定情况下，如果公司流动性较强，计划合理，所有利益集团都能够遵守，则当公司过度负债时管理层可以重组资产负债表。在实务中，这种情况很少发生，但在全球重组中会在子公司中应用 管理者是法庭指定的法律从业人员。管理层不能对该指定施加影响	这项新法律于2005年6月生效 设计自愿安排法案是以职位保持为主要目的来促进重组 管理的三个程序是： *Procedure d'alerte*——早期警告； *Mandataire ad hoc*——非正式自愿； *Reglement amiable*——正式 这三个程序都在商业法庭（*Tribunal de Commerce*）指定的管理者监督之下进行，管理层可以协助，但不被授权直接参与 这一体系结构比较灵活，但在执行时存在官僚主义，法庭的批准受"社会计划"的严重影响 如果 *reglement amiable* 四个月后没有达成一致意见，则破产诉讼将从法庭指定管理者开始运作 管理者是法律从业者。大部分管理以资产出售或公司分部销售后的正式清算而结束
破产原因	无力偿还——过度负债 无流动性——在公司正常经营过程中，债务到期时无法支付	无力偿还——公司不能以可取得的资产满足其负债 对于模糊的、复杂的日期可以由法庭决定 **2005年新法案**将解释 *periode suspect*
判决标准	与"案例"法国家相比，在德国，判决标准由破产律师和职员给予更严格的解释 特别的是，它适用21天的申请要求。 不确定性问题大部分存在于过度负债的概念上。延期是非常精确的，资产和负债的估价次之 在隐藏储备的评价方面有规定，例如，财产估价及采用合理的 Finanzplan 来保留一家具有流动性公司股本50%的权益 实务中，在与美国、英国、荷兰、法国或意大利相似的情况下，掌管民事和刑事个人负债的德国董事会认为申请破产是必需的	关键决策是在无力偿还的15天内提出申请，但这一决策同无力偿还概念一样也是不明确的 相应的，个人负债更是合理决策的个案解释，它的基础是正确的记录和优先权或个人利益的免除 与德国相比，寻求对未支付的保护程度更深，如果流动性和生存能力能够得到保证的话，该体系的灵活性可以为重组提供时间。**在2005年法案中**，*Soutien Abusif*（贷款人负债）不再是**调解**中的问题。还应注意，在一定的期间内，如果发生亏损，公司具有将净资产恢复为已发行资本50%以上的法定责任。次级债务可以替代权益，在集团公司中，公司间债务通常采用这种形式
董事的责任和义务		
有偿还能力	簿记、账户准备、税收和社会保险支付、股本和智力财产保持等特定责任。认真管理的一般责任	仔细保管和认真管理的信托义务
无偿还能力	召开股东大会，从无力偿还开始的21天内提出申请	在管理过失和资产亏损的情况下，大范围的高级职员及事实董事面临被法庭、管理者、债权人或公诉人起诉的风险

续表

	德国	法国
负债	申请失败或使债权人陷入风险，或给予优先权属于刑事责任。破产接收者及债权人将会认真考察个人负债。由于具有刑事诉讼的基础，所以这种可能性存在 但是，如果破产后是按照行业正常要求支付的，则补偿不适用。负债在错误交易的情况下不发生，公司破产申请日后的负债不全额支付 负有管理责任的董事个人对未支付的税金负有责任，包括职工所得税扣款和职工社会保险，但不包括老板的	必须证明有过错，然后加入所有的高级职员 "*comblement du passif*" 中。过错包括错误决定、不能保持正确的记录或监管、获取个人收益以及当无力偿还时不能为未支付款项提交申请 过错还必须是明确的，不能仅仅是没有能力。过错包括经营和投资决策的很大范围，各法庭给出的定义有所不同 不论是否是偶然出现，当过错能够被证实时，个人负债将按照公司亏损的程度进行记录，债权人作为原告要进行证实
管理方式	破产计划(*insolvenzplan*) *法庭指定的管理者（具有法律背景）掌管公司。在最初的三个月内，可将组织和管理计划提交法庭* 计划必须经大多数层次的债权人同意 政府在前三个月为职工支付支出，之后成为公司和管理层的义务 实务中，在三个月内获得计划的批准是很困难的，尽管法庭允许延长，但三个月的期限仍是使清算和终止成为一种更受欢迎的、风险更小的程序的障碍	*Mandataire Ad Hoc* 法庭指定的专家，要求非正式的自愿安排。法律上不规定自动中止，但在实务中通常有效。专家同管理层一同工作，但没有正式权利。工作期间由法庭确定，最终的安排通常也由法庭批准 *Reglement Amiable* 法庭指定的仲裁者，寻求与债权人达成和解协议。四个月的自动中止期。和解协议是经一致同意的，在各利益主体间具有合约约束力 *Redressement Judiciare* *如果法庭认为存在可行的商业计划，法庭可指定管理者在可观察期间内管理公司，直到公司被零星出售* 对这一期间，没有时间限制 假设公司自身无法继续经营，则该过程转为清算 *Liquidation Judiciare* 在法庭监督下，公司业务终止，陷入紧张状态
主要管理程序		
筹资	如果可以得到，优先于仅次于管理费的无担保债务	次于诉讼后职工请求权和管理成本，与申请后待执行合约同等地位，优于所有的其他申请后请求权 实务中，除了应收账款受让外，其他的不易取得
执行合约	管理者可以终止申请前合约。雇佣合同在终止前需要三个月的公示期 在申请前未支付的情况下，出租人不能终止合约或租约	与执行有关的重要合约是强制性的 管理者有权接受或拒绝任何租约

续表

	德国	法国
自动中止	在申请的第一种情况下，如果仅有监管，则须指定不存在自动中止的预先管理者。法庭可以指定特殊中止 允许自留产权请求权 债权人有预先申请抵消的权利	仅在法庭的特殊要求下 债权人有预先申请抵消的权利 允许自留产权请求权
退出机制	如果大部分阶层拥有大部分的价值和数量，且持反对意见的阶层不会得到比不存在计划时更少的数额，则破产计划注定会被接受 实务中，不存在向下填充，因为任何债权人在他收到的数额低于不存在计划时的数额时都可以阻止该计划	当各利益集团对计划达成一致意见时，重组被正式订立。法庭的批准不是必须的，但为完整和轻松起见，通常会要求其存在 在 *reglement amiable* 的情况下，最终结论是在第四个月的末期做出的，或者如果提前达成一致意见的话，也可以在达成一致意见时提前做出 由于双方达成一致意见，因此不适用向下填充
安全性及排序	(1) 担保债权； (2) 政府优先债务； (3) 管理费用； (4) 无担保债权； (5) 次级债务； (6) 权益	(1) 可达 60 天的职工请求权； (2) 少于60 天以上请求权的 13 个月社会保险雇佣费的支付； (3) 管理费用； (4) 申请后请求权； (5) 申请前担保债权； (6) 申请前无担保债权； (7) 次级债务； (8) 权益

	意大利	荷兰
主要颁布的法规	民法条款 2221 1942 年《破产法案》 1999 年"危机中的大型企业"法规（"NewProdi Law"） 该法案由于 Parmalat 破产已经进行过修正（"Law Marzano"）	《破产法》(*Faillissementswet*)
实际应用说明	目前的做法是支持债权人的，以法庭为基础，监督与管理不易互相影响 2005 年 5 月的 80/2005 法案引入了债权人组合和回补变化的新的衡量方法。大型公司（200 人以上）的做法是 80/2005 前唯一的实务救助过程。500 人以上的 Parmalat 案之后，可以指定高级重组职员，有 270 天的时间提出重组计划 "*Concordata Preventivo*"或者与债权人就债务问题进行协商（最少为 100% 的担保债务及 40% 的无担保债务），可以为部分公司在"预先包装"的情况下发挥作用，但它的官本位主义非常浓厚，且通常以清算结束 "*Amministrazione Controllata*"或者 Judicial Moritorium 很少成功使用，原因是成本高、债务利息高，并且尽管超过 2 年，也要求债务的全额支付 在重组顾问的协助下，庭外解决是可能的，但要求意大利银行和适用银行的全面支持	规定破产和暂停付款的标准。暂停付款涉及法庭指定的管理者，与管理层合作提出计划，对担保债权和优先债权全额或投票权 75%（价值）及 66.6%（数量）的其他债权进行支付 合理的善意重组，伴随法庭的有限监管和一些管理影响。两个月的中止过程 当存在可行的经营时，通常与预先包装一起使用

续表

	意大利	荷兰
破产原因	无力偿还——公司不能利用正常的支付手段及时履行其义务，或没能达到法定股本的最低限额，且不能补足	无力偿还——债务人已经停止对其债务的支付
判决标准	民法，针对公司董事，无力偿还情况下与声誉良好情况下都是相同的 有关错误交易，没有清晰的定义，但采取所有合理的措施以避免无力偿还，但同时，不损害债权人利益的做法将是合理的	管理不当和对债权人的损害属于风险范围。但是，在高级职员已经尽力为保留公司价值做出努力的情况下，应避免过早的破产申请
董事的责任和义务		
有偿还能力	支持法律和公司条款的责任	关注的责任（债权人反对管理不当，这与破产前至多三年内的做法有关）
无偿还能力	避免以对财务状况有害的方式进行交易，避免优先支付的责任，如果股本低于法定最低限额，不能发生新的交易	对债权人的责任
负债	负债是由于不能保护资产而对债权人形成的 在欺诈性破产的情况下，刑法规定有5~10年的监禁 对可能增加负债的不适当的申请延迟，或不能保留原有账簿，适用刑事处罚	如果亏损是由有害于债权人的、鲁莽的或粗心的管理实务引起的，常务董事可能因公司亏损对受托人负有责任
管理方式	*Concordata Preventivo* 法庭通常在遣散高级职员后指定管理者掌管公司。提案必须满足法庭的要求，全面解决担保债权、优先债权以及最少40%的无担保债权。计划必须展示中止后足够的流动性。该过程被法庭严格监管，所需时间较长，通常会损害公司的价值 *Amministrazione Controllata* 法庭通常在遣散高级职员后指定管理者掌管公司。有自动中止。法庭必须能够确信该计划是可行的，公司目前只是处于暂时的困难期，公司有潜力在两年之内偿还所有的债务（包括应计利息）后退出。该程序要求大部分债权人，还包括66.6%的无担保债权持有者的同意。实务中需要大部分的债权人预先包装，使用率较低 *Amministrazione Straordinaria* 具有复原潜力的、债务低于资产66.6%的大型公司适用的特殊程序。由于董事权利被暂停，司法特派员被指定掌管公司。该特派员负责准备重组计划。具有针对管理请求权的优先自动中止权利	**暂停付款** 通常由法庭指定管理者，与管理层密切合作，提出有关无担保债权和无优先权债权的退出计划。通常有2个月的中止期。通常减少政府债务，以增加无担保的股利。计划必须经大多数的无担保债权人（价值的75%/数量的66%）批准，并经法庭批准

续表

	意大利	荷兰
主要管理程序		
筹资	不容易取得	可取得，并经管理者同意，可由无抵押资产进行担保
执行合约	经管理者决定，执行合约可以停止	执行合约可以停止 所有合约都在特派员强制执行下
自动中止	自动中止被授权，但债权人有权抵消 不允许产权自留	除非有延期偿付，在款项的暂停支付期间，只有担保债权和优先债权具有请求权 限制自留产权的权利 债权人有申请前抵消的权利
退出机制	重组依据债权人的满意程度做出结论。在实务中，*concordata preventivo* 可以存在很多年，如果40%的无担保债权没有被支付，法庭会将公司转为破产 在 *amministrazione controllata* 中，退出按以下顺序进行：首先，债权人对延期偿付的一致意见；其次，对延期偿付有关条款或两年到期期间的满意度 向下填充不适用	经法庭批准后，暂停付款要求债权人的认可（数量的66.6%/价值的75%） 除非有预先包装的情况，担保债权和优先债权应被全额支付 价值占大多数但不超过75%的无担保债权可以允许第二次投票。没有向下填充的规定
安全性及排序	（1）管理费用、工资和税金； （2）间接税； （3）担保债权； （4）次级债务； （5）权益	（1）担保债权； （2）优先债权（政府可能放弃某些权利） （3）无担保债权； （4）次级债务； （5）权益
	瑞士	**比利时**
主要颁布的法规	1889年《联邦债务收集和破产法案》 1997年进行修正	1997年《破产法》 1997年《司法和解协议法》
实际应用说明	瑞士的体制不利于重组，尽管有延期偿付和法庭监管的重组的规定，但在瑞士的国际集团经营实务中仍然不常使用，原因主要有四点： 瑞士董事会通常包括大部分的瑞士民族主义者，如果不执行管理，他们是非常厌恶风险的 在破产中，公诉人会主动调查刑事责任 瑞士的债务回收是非常严格的，通常情况下，供应商能够迅速地进行强制破产 破产法的初步印象是支持反对董事的民事诉讼	新的司法和解协议立法已初见法庭监管下重组的端倪 不属于第11章的类型，它是通过管理者进行法庭监管的，没有DIP 大部分的重组会导致资产的零星出售或公司分部出售以及公司残余部分的清算 对不能及时申请进行的严厉刑事处罚可能会导致过早的、不成熟的管理活动

续表

	瑞士	比利时
破产原因	无力偿还——债务超过资产 无流动性——不能满足债权人的请求权	无力偿还—— 一半的股本价值被侵蚀 无流动性——到期时无法支付债务
判决标准	瑞士没有重组文化，由于以上所介绍的原因，适用的判决标准为无力偿还的解释仅保留了很小的空间 事实上，仅有很小数量的法庭判决能够对董事负有的义务具有约束力 因此，在明显的严厉制度和实际的经验之间存在着矛盾 过度负债要求进行破产申请，以避免刑事惩罚	比利时法律给予了对无力偿还解释的非常合理的灵活性，并且允许两个月的中止，以在50%的规则被破坏后召开股东大会，并因此提交计划，在合理的期间内改善公司的财务状况 除非在欺诈性或错误交易的情况下，比利时法律在公司董事负债的解释方面负有适当的法律责任
董事的责任和义务		
有偿还能力	关注公司、股东和债权人的责任，并关注由于故意或者对责任的疏忽而导致的破坏对以上各主体的负债	关注股东和公司的责任
无偿还能力	同上	对债权人的义务
负债	对责任的损害、义务的违背、实际的损害、故意忽视或者疏忽的做法，以及违背与损害之间的因果联系必须进行验证 刑事责任可能会在欺诈性资产减少的情况下发生。它同样被用于“管理行为”，例如过度、冒险投机、疏忽大意、欺诈性优先权以及在过度负债情况下交易等	当无力偿还，但在资产负债表无力进行重组的情况下，具有申请失败的刑事责任 在管理不当或存在欺诈性优先权的情况下，负有民事责任。管理不当是明显或严重违反正常标准的 在个人优先权的做法或不能重组资产负债表的无力偿还时，具有刑事责任
管理方式	**构成** 服从于大多数的债权人和严格的法庭批准，并且处于特派员的监管之下 在特派员的监管下，草拟的计划通常在4~6个月（特殊情况下12~24个月）被提交到法庭，要求66.6%的债权人同意和被法庭批准以对该构成进行表决 这种构成很少使用	**司法构成** 存在于可以恢复的“暂时无流动性”和对公司的恢复具有真实的预期，以及董事们真诚为公司服务的情况下 在债务人的要求下，法庭将在15天内指定特派员，可以采用6个月的观察期作为款项的暂记期，但在该期间内，到期的利息必须保持流动性 在观察期内准备重组计划，要求价值和数量占50%的债权人批准。仅在担保债权被该计划影响时才包括担保债权 重组计划通常会涉及公司的整体或部分出售，要求债权人和法庭批准，可以超过24个月 管理工作处于特派员的严密监管下，所有业务都被限制在公司目前正从事的业务以及普通业务范围内

续表

	瑞士	比利时
主要管理程序		
筹资	资料无法取得	资料无法取得
执行合约		
自动中止	自动中止 允许产权自留 债权人具有抵消的权利 2/3 的债权人投票支持，法庭批准	目前，自动中止的假设利息按照申请前附息债务支付 允许产权自留 债权人具有抵消的权利 价值和数量占大多数的受影响的债权人赞成及法庭批准
退出机制	没有向下填充	没有向下填充
安全性及排序	（1）担保债权； （2）优先债权； （3）无担保债权——至多 6 个月的职工请求权； （4）其他无担保债权； （5）次级债务； （6）权益	（1）担保债权； （2）管理费用； （3）政府优先请求权——税收； （4）非政府优先请求权——租金； （5）无担保债权； （6）次级债务； （7）权益
	西班牙	**瑞典**
主要颁布的法规	2003 年《破产法》（*Ley Concursal*） 1989 年及 1995 年《公司法》	1987 年《破产法》 1996 年《公司重组法》
实际应用说明	新的西班牙破产立法已于 2004 年 9 月 1 日生效。新的立法取代了早在 19 世纪生效的过时的法案，其主要特点是： （1）将所有以前的破产和无力偿还的诉讼程序统一为一个单独的破产程序 （2）成立新商业法庭，在属于破产诉讼程序的所有方面赋予其广泛的权利（包括公司事务、商业事务和劳资纠纷） （3）对破产申请进行评论的商业法庭可以做出决策，包括认为无力偿还公司的管理是为了保持他们自己的岗位，或者认为法庭指定的破产管理者不仅要检查公司，而且应在整个过程中对无力偿还的公司进行管理 （4）对无力偿还公司董事或事实管理者的个人负债更为强硬 （5）法庭指定的破产管理者通常是以下三类：经济学家——CPA、律师以及债权人 （6）欠母公司或集团公司、相关利益集体的债务属于次级和降级债务	公司重组并不是通用的 近期的趋势是改善重组的大环境。但是，浮动抵押的概念仍然存在，它赋予了银行对整个过程以很大的影响，与重组比较，它将更倾向于破产 为促进公司重组，立法正在考虑改变优先权的权利，废除租金请求权的优先权，减少浮动抵押至资产价值的 50% 公司重组过程处于管理者的监管下，但该管理者不同于第 11 章的执行债务人

续表

	西班牙	瑞典
破产原因	无力偿还——其定义为，不论是否具有足够的资产以负担其负债，债务人均不能完成其义务的情况	无力偿还——股本的一半被侵蚀 无流动性——到期时无法支付债务，并且这种无法支付不是暂时的
判决标准	由于新立法宣布的负债批准的严厉性，赋予董事的范围已经缩小：董事有义务在无力偿还的两个月内申请法庭诉讼程序，否则，他们有义务对公司债务负责，并且2～15年内不允许成为其他公司的董事或高级职员 另外，新立法规定了一些指南，并且列出了破产注定会发生的一些情况： (1) 被法庭宣判的债权人无法得到债务人的资产 (2) 债务人强占具有请求权债权人的资产 (3) 债务人违反到期的债务协定 (4) 三个月的营业中不能支付发生的税收、社会保险以及职工工资总额 (5) 有证据表明债务人将资产迅速或低价处理	当相信公司净价值低于股本的50%时，董事有责任促成在特定估价原则之下的资产负债表审计 公司在股东大会上必须对申请进行投票，或者如果投票结果是继续经营的话，有8个月的时间全额恢复股本 不能做到以上各点将使董事面临个人责任
董事的责任和义务		
有偿还能力	认真和忠诚的信托义务	关注股东和公司的责任
无偿还能力	董事有义务在无力偿还的两个月内申请诉讼程序	对股东、公司和债权人的责任
负债	标准的董事民事和刑事责任法令保持有效，并且适用于破产情况 另外，新的破产法规定了与破产有关的负债由形式的或事实的董事、管理者或破产公司的清算人负责，这将使他们对公司债务（在不能被资产所满足的程度上）负有责任，并且禁止他们在2～15年内保有公司的董事或高级职员资格 另外，新的破产法庭被赋予在任何时间为弥补最终负债而追索董事个人资产的广泛的权利	如果资本50%被侵蚀的过程没有被有效处理，个人有义务对债务负责 在疏忽以及针对非法股利的情况下，负债扩充至未付政府债务 刑事责任被限制在重大疏忽或欺诈性方面 总之，瑞典法庭和瑞典实务显示，进行了合理关注的董事不负有法律责任

续表

	西班牙	瑞典
管理方式	**法庭指定的破产管理者** 通常情况下由三人构成：经济学家——CPA、律师和债权人（也可以依次指定专业从业人员）。由大部分人投票进行决策。在小型的破产种类中，法庭可以决定仅指定一名管理者。管理者的费用由政府认可的费用计划进行安排，并由法庭支付法庭确定的破产管理者将负责： （1）回顾并清除所有的将由目前管理层进行的工作；或者（2）取代目前的管理层，负有直接的管理责任 破产管理者同时还负有起草报告的责任，列示导致破产的原因、公司的财务状况以及公司的资产价值，如果存在重组计划，还将对其进行评价 当破产的诉讼程序被转为公司清算时，破产管理者相应转为清算者	**公司重组** 当具有能够达到目标的合理的可能性时，申请使用在法庭指定的管理者监管之下的法庭监管重组需要有董事会的决议。与债务人进行协商后，管理者形成一项计划，提交给债权人和法庭以获取非正式的一致意见 在拒绝接受的情况下，债务人可以申请公开协商。在这种情况下，其假设条件是该计划能够全额支付担保债权和优先权债权，并且要求大部分的无担保债权进行投票
主要管理程序		
筹资	如果能够获得，仅次于（1）申请前30天的职工工资，以及（2）申请后发生的未到期债权	资料无法取得
执行合约	法庭可以单方面终止合约，宣布相应的退款和因此而产生的赔偿	不能撤销
自动中止	对无担保债权具有自动及无限期中止 对担保债权的执行具有自动的一年期中止 如果可以通过法律操作取得，不管其破产情形如何，债权人均具有抵消的权利 在破产诉讼期间停止发生债务利息	无担保债权不能使用 被允许在重组三个月前进行抵消和反诉 须经债权人接受，并经法庭批准
退出机制	**债权人构成** 基于公司顾问提出的生存计划，它要求以下各方的同意： （1）50%的普通无担保债权人同意免除至多50%的债务，并且/或者至多5年的支付期延长时间 （2）出席批准大会的大部分债权人同意给予20%折扣后立即支付，或三年的延长期时间 **清算** 作为具有生产能力的持续经营的资产进行公司出售，或者可能的单个资产出售	

续表

	西班牙	瑞典
安全性及排序	(1) 申请前 30 天的职工工资； (2) 破产诉讼和管理成本； (3) 申请后公司债务； (4) 资产担保的债权（抵押和典当）； (5) 一般担保债权； (6) 普通无担保债权； (7) 次级请求权（包括母公司或兄弟公司的贷款和债务）； (8) 权益	(1) 海事及航空留置权； (2) 土地所有者三个月租金的请求权； (3) 浮动抵押的担保请求权； (4) 担保请求权； (5) 审计和税收请求权； (6) 职工请求权； (7) 无担保债权； (8) 次级债务； (9) 权益

资料来源：Glass & Associates（Allan Tilley，2004），current through August 2005. Spain reviewed by Noraction（September 2004）。

第3章 第11章后业绩

第11章的一个重要目标就是为经济上可行的公司提供一个重组的机会，而将其他不可行的公司进行清算。对于现行的破产法案是否能够分清重组和清算间的正确的界限，或者是否允许对效率低下的公司进行重组方面曾经存在很多争议。按照第11章进行重组失败的公司数量，也就是我们在第22章申请中看到的重要数值，可以被当作是第11章结构问题的一个证据。同时，我们也已经看到一些从破产中恢复的成功案例，至少从重组公司权益持有者的角度看是这样。例如，2003年5月，当Kmart公司从第11章中出现的时候，其普通股股票的交易价格低于每股14美元，但到2004年后期，其交易价格上涨至每股超过100美元。National Gypsum的股票在1993年7月退出第11章后的18个月里上涨了将近300%。

有很多种方法可以用来评价第11章的成功性。成功重组的第一个要求就是公司能够从重组程序中实际出现。对于确实出现的公司，我们可以基于其经营业绩或股票业绩追踪其破产后的成功。本章将主要描述目前在破产后业绩及其与第11章有效性争论的相关性方面的证据。

3.1 第11章案例的结果

正如可提出证据加以证明的那样，成功的第11章案例的一个最简单的衡量方法就是看该公司是否以某种形式被进行重组。理解以下观点是非常重要的，即仅有一部分进行第11章程序的公司能够以独立的公司出现。美国托管人执行办公室（Executive Office for United States Trustees）提供全国范围内内容详尽的对第11章案例重组计划批准率的分析，并且定期发表对案例结果的分析。[①] 从这些分析中得到的最明显的事实是：

（1）大部分案例以没有被批准而结束，或者以无资产的第7章案例结束；

（2）1990年后的任何年份中，案例的估计批准率不超过45%（可能更少）；

（3）很多批准的计划是清算计划；

（4）债务人列示的资产数额与批准率之间有很强的相关性。

1990年以后全国范围内的第11章案例批准率数据可参见表3—1。这些数据包括所有的国内申请（北卡罗来纳州和亚拉巴马州除外），不仅仅是公众注册公司。但是，在解释这些数据时需要说明的是，进入第11章程序的大型公司通常会为公

① 统计数据可参见 www. usdoj. gov/ust。

司内不同的主体申请很多数量的破产请求，在本次分析中，每一个单独的案例都被看作是独立的分析对象。例如，2004 年早期，Footstar Inc. 在纽约南部区域提出申请。这一案例包括了大约 2 510 个单独的申请，这一数字是当年全国范围内期望申请第 11 章的案例总数的 20%。这也是目前申请的最大数量的相关案例。尽管相关案例的数量通常不像 Footstar 那么极端，但由于提出大量相关申请的大案例更有可能达到批准标准，因此这一问题确实导致了对批准率的过高估计，特别是 1999 年以后。尽管如此，很明显，仍有至少 55% ~60% 的案例以不能批准而告终。

表 3—1　**1999 年以后国内第 11 章申请案例及其被批准数**

（不包括北卡罗来纳州和亚拉巴马州）

申请年份	申请案例总数	被批准总数	被批准的比重（%）
1990	20 493	5 398	26.3
1991	23 899	6 605	27.6
1992	22 772	6 512	28.6
1993	19 055	5 313	27.9
1994	14 708	4 145	28.2
1995	12 716	3 886	30.6
1996	11 683	3 664	31.4
1997	10 517	3 075	29.2
1998	8 224	2 486	30.2
1999	9 176	4 125	45.0
2000	9 849	4 365	44.3
2001	11 102	4 244	38.2
2002	10 973	4 238	38.6
2003	9 152	2 783*	30.4

* 截至 2005 年 1 月。

资料来源：Executive Office for United States Trustees。

在上市公司中，案件结束后，公司将以独立的重组公司重新出现的可能性是非常高的。但是，评价上市公司结果的难度在于，这些数据不容易取得，必须由研究者利用各种来源，包括新闻服务，进行归集。

Hotchkiss 和 Mooradian（2004）广泛地采用了 1979 年至 2002 年间申请第 11 章的 1 770 家上市公司作为样本进行了一项研究。这一样本由证券交易委员会（SEC）公布的 1978 年《破产改革法案》以后申请第 11 章的所有上市公司构成，同时包括新一代研究（New Generation Research）[1]公布的案例。Hotchkiss 和 Mooradian 在 2004 年 6 月以前可以确定 79% 的被研究公司的某些公开引用的判决。另外 21% 或者截至 2004 年 6 月时仍处于破产之中，或者有可能已以清算结束。

能够得到确定的 1 400 家第 11 章案例的结果如表 3—2 所示。这些数据与 Hotchkiss（1995）报告的 1979 年至 1988 年申请的公司非常相似。清算或解散的公司包括从第 11 章转为第 7 章，同时具有冗长的清算第 11 章计划的公司。重组失败后转为第 7 章的公司大部分都是小型公司，但也包括一些著名的大型失败案例，如 1991 年的 Eastern Airlines，1996 年的零售商 Merry-Go-Round 以及 2001 年的 Tower Air。这些公司在转为第 7 章之前，在第 11 章方面花费了平均超过一年的时间。数量相当少的公司在重组计划下与另外的营业性公司进行合并。Hotchkiss 和 Mooradian 对这些交易进行了考察，并且提出合并公司的数量相当少的一个解释就是第 11 章的结构不鼓励这种收购的发生，因为没有债权人和管理层的支持，它是不会发生的。尽管如此，Hotchkiss 和 Mooradian 仍发现，对重新部署第 11 章公司的资产来说，合并仍是一个非常有效的方法，因为在第 11 章后合并公司的现金流量增长要比可观察到的同类非破产业务多得多（参见第 10 章中更详细的论述）。

表 3—2　1979—2002 年申请的 1 400 家上市公司第 11 章案例的结果

清算或解散	21.5%
与其他营业性公司合并	7.6%
出现，但非公众注册	26.6%
以公众注册公司出现	44.3%

尽管并不是所有的都以公众注册公司出现，但大部分的上市公司确实从第 11 章中出现。一些研究者试图找出与公司从第 11 章中成功出现的概率有关的因素。首先进行这种尝试的研究者之一就是 Hotchkiss（1993）。与公司是否能够成功重组而不是清算有关的极其重要的一个公司特征是公司规模，以申请前公司资产进行衡量。Hotchkiss 指出，很多在第 11 章中出现的公司规模都大大缩小，因此在理解为什么这些公司更有可能幸免于第 11 章方面，撤出资产和利用收入为公司经营筹集资金的能力将更为重要。

更为近期的研究，Dahiya 等人（2003）提出，大型公司执行债务人（DIP）筹资的有效性是导致公司重组或者清算结果的重要决定因素。按照《破产法案》第 364 节的规定，这些申请后借款被赋予了特殊的地位，特别是与申请前请求权和增强的安全性相比，DIP 贷款可以获得高级优先权。DIP 融资市场在 1990 年早期破产的推动下迅速发展。通常情况下，公司会在提出第 11 章申请的同时或稍后提出批准这种融资的提议。有权使用 DIP 融资对于一些公司是特别重要的，例如一些零售

[1] 在 1993 年以前，SEC 发布了每季度与 SEC 有关的第 11 章案例的列示名单，包含了大部分申请第 11 章的公众公司。后来，更有限的信息出现在 SEC 的年度报告中。新一代研究发布申请时负债超过 5 000 万美元的申请第 11 章公司的列示名单。

商，如果没有这种资金来源，它们的供应商可能会终止与这些破产公司的商业往来。与 Hotchkiss（1993）一致，采用1988年至1997年申请第11章的538家上市公司作为样本，Dahiya 等人发现越大的公司越有可能进行重组。但是他们还指出，与清算相比，收到 DIP 融资的公司进行重组的可能性会更大一些。

对于那些幸免于第11章，以公众注册公司重新出现的公司来说，我们可以对出现公司破产后业绩的不同方面进行考察。对从第11章出现的公司现有的研究归纳如下，见表3—3，并且在本章的以后部分将作进一步的探讨。

表3—3　关于破产后业绩的学术研究

	经营业绩	满足现金流量项目的能力	股票业绩	样本
Hotchkiss（1995）	√	√		1989年以前出现的197家公司
Hotchkiss & Mooradian（2004）	√		√	2004年以前出现的620家公司
Maksimovic & Phillip（1998）	√			1978年至1989年在第11章中出现的302家制造业公司的数据
Alderson & Betker（1999）	√			1983年至1993年在第11章中出现的89家公司（包括1990年至1993年出现的62家公司）
Hotchkiss & Mooradian（1997）	√			1980年至1993年拖欠公众债务的288家公司（166家公司进行了第11章重组）
McHugh，Michel，& Shaked（1998）		√		1990年至1994年在第11章中出现的35家公司
Betker，Ferris，& Lawless（1999）		√		1984年至1994年在第11章中出现的69家公司
Aggarwal，Altman，&Eberhart（1999）			√	1980年至1993年在第11章中出现的131家公司
Goyal，Kahl，& Torous（2003）			√	1980年至1983年间的危机公司；危机解除后第一年35家，5年后25家

3.2 破产后经营业绩

如果第11章确实受在经济上非常重要的、对非盈利公司持续经营的争议的影响，那么只能有很少的投资决策能够从程序中出现的公司破产后的经营业绩中得到反映。因此，研究者发现，对作为公众注册公司重新出现的公司群体进行出现后业绩的多角度考察是非常有用的：

（1）盈利能力的会计衡量方法；

（2）满足作为重组计划基础的现金流量项目的能力；

（3）随后发生危机重组的可能性，包括第22章申请。

3.2.1 盈利能力的会计衡量方法

迄今为止，最全面的破产后经营业绩分析是由Hotchkiss（1995）报告的，她考察了1989年以前进行第11章重组后以上市公司出现的公司。这些公司在破产前平均资产账面价值为2.85亿美元，在申请时都已达到无力支付的状态，它们花费在破产上的时间平均为1.7年。她对破产重组的每家公司的财务状况进行了为期5年的跟踪调查。

这些分析产生了一些值得注意的结果。破产重组的公司中超过40%在破产后的3年内继续面临经营亏损问题。按照会计指标进行衡量，如资产报酬率以及毛利率，其业绩远远低于类似行业的同类公司。例如，在按照第11章重组后的那一年中，几乎3/4的样本公司营业利润对销售收入的比率低于同行业内的非破产公司。这些公司的收入、资产以及员工数量在破产后确实出现了一些正的增长，但其盈利能力却少有提高，尤其是与行业群体进行比较。在破产后的5年期间公司业绩区别不大，这就说明公司要恢复需要的不仅仅是时间。

Hotchkiss和Mooradian（2004）还以更近时期的样本进行过这一分析。它与早期研究的最显著的区别就是，在以会计方法衡量的基础上，在后期研究中越来越重要的大型样本公司具有更好的业绩。但同样，即使对于这些最新的大型样本公司，仍有超过2/3的公司在破产后的5年内运作不佳，有超过18%的样本公司在重组的第一年营业利润为负值。这一结果与第22章破产申请的持续高发生率是一致的，第22章破产申请在本书第1章中进行过探讨，在本章稍后也将对其进行讨论。

仅以幸免于第11章的公司为基础对破产后业绩分析进行解释的一个重要的问题就是，公司资产的构成在破产前和破产期间变化非常显著。Maksimovic和Phillips（1998）通过研究1978年至1989年间第11章中制造业公司车间层面的经营数据对这一问题进行了考察。他们考察了302家破产公司1 195个车间以及非破产公司车间的资产生产能力的衡量方法以及经营现金流量。由于他们能够追踪单个车间的生产能力，而不管这些车间是按新所有者的要求进行了重新部署还是已被关闭，因此Maksimovic和Phillip甚至能够考察清算公司或者以私人公司从第11章出现的公司的资产业绩，因此避免了对共有财产享有权方面的争议。

对于他们所研究的制造业公司来说，破产公司业绩的变化大部分可由资产出售及关闭得到解释，而不是由剩余资产的效率。与呈下降趋势的行业相比较，高增长率行业的破产公司更有可能出售资产。而这些公司没有卖掉的车间其生产能力都比它们卖掉的要低。相反的，对同行业的非破产公司来说，保留车间的生产能力要比卖掉的车间高得多。这一结果为为什么重新出现的公司经营业绩并不比破产前提高太多提供了一个合理的解释，即一些公司把盈利性最差的资产留在了公司。另外，在高增长率的行业，被卖掉的资产其生产能力有可能在新的所有权下得到提高。这一迹象与资产进行有效的重新部署后生产能力大大增强是一致的。

对 Maksimovic 和 Phillips 研究的深入了解可知，行业状况不仅对破产发生的频率，而且对经济决策，例如破产中的资产重新部署，都是一个非常重要的决定因素。与高增长率行业不同，在呈下降趋势的行业里，第 11 章公司的车间生产能力以及随后的重新出现与同类公司并没有太大的差别。即使当破产公司决定保留、出售或关闭车间使其资产构成发生变化时，这一调查结果仍保持不变。

即使资产构成的变化能够解释某些公司破产后经营业绩不佳，问题还是存在，即针对重新出现公司的剩余资产进行重组的计划是否可行。从理论上来讲，另一个评价破产后业绩的有用的标准是能够通过清算公司的剩余资产并将收入用于其他可选择投资方案可得的回报。Alderson 和 Betker（1999）对这一观点进行了考察，他们使用了 1983 年至 1993 年间（其中 70%，即 62 家公司在 1990 年至 1993 年间进行了破产重组）破产重组的 89 家公司作为样本。研究者计算了重组公司与如果清算可能得到的价值有关的年度报酬。年度报酬是通过将公司重组后 5 年的预计终值与重组时的预计清算价值进行比较后得出的，然后利用这一结果与同一期间标准普尔 500 指数的年度报酬差额来计算超额报酬。以在破产后 5 年期间支付给任意请求权持有者的净现金流量合计数（按标准普尔 500 再投资利率复利计算），加上重组 5 年后公司的市场价值作为预计终值。以与重组计划一起列示的清算价值（下限）或者公司重组时计划的预计市场价值作为重组时的预计清算价值。

尽管这种方法在理论上明确指出了是否应允许公司进行重组的关键问题，但实施这一方法的困难实际是在于预计价值的确认。清算价值通常都会被低估，而预计计划价值更受到各方面的争议（参见第 5 章）。只有重组后能够得到股票价格的公司才可以计算终值，而且同样，对于更成功的公司来说也存在争议。尽管如此，Alderson 和 Betker 还是对进行第 11 章重组后既没有表现不佳也没有表现过好的公司的价值进行了平均估计。根据潜在的样本争议，对这一研究一个有用的解释是，如果以现金流量回报进行衡量，重组公司的业绩至多与市场总体持平。

评价公司在第 11 章后能够恢复其获利能力的最后一个问题涉及对破产后公司的所有权及监管。Hotchkiss 和 Mooradian（1997）发现，20 世纪 90 年代早期以来迅速增加的“秃鹫投资者”（参见第 10 章）与破产后成功关系非常大。他们的研究是以 1980 年至 1993 年间 288 家违反公共债务约定的公司为样本进行的。他们的结果是，没有秃鹫投资者的介入，破产后年度负营业利润公司的百分比是31.9%，而当重组中涉及秃鹫投资者时该比例为11.7%。

令人注意的是，当秃鹫投资者在第11章公司的监管中仍起作用时，面临经营问题的公司比例会下降至8.1%。如果秃鹫投资者加入了董事会，成为CEO或主席，或者掌握了公司的控制权，那么与预先违约有关的业绩提高程度会高一些。当有明显的迹象表明秃鹫投资者已经介入，但随后其在重组公司中已经不起作用时，公司业绩的表现与那些没有秃鹫投资者介入的公司大体相同。因此，在重组公司的监管中，这些投资者的存在与所研究的样本公司破产后成功与否有很大的联系。近期有大量的案例表明，公司在危机债务投资者的控制下已经成功恢复其获利能力（参见第10章）。正如以上所描述的，Kmart公司在第11章重组后，在Edward S. Lampert（ESL投资）的控制下，以营业利润为基础为其股东创造了巨大的回报。Wilbur L. Ross于2002年投资兴建的International Steel Group（ISG）通过购买第11章的钢铁制造商，包括LTV Corporation以及Bethlehem Steel Corporation，形成了一个成功的、盈利能力较强的大型钢铁集团公司。

3.2.2 满足现金流量项目的能力

为使法庭能够批准重组计划的实施，债务人必须能够表明该计划是可行的。为达到这一要求，当计划被提交给债权人及法庭时，很多公司会提供现金流量预测，这些现金流量预测通常是由管理层或他们的财务顾问编制的。满足这些项目的能力为破产后是否成功提供了又一项可行的衡量方法。

现金流量预测通常是在公司披露的财务报告中提供的，作为为获得债权人对重组计划的批准的一项努力。尽管法庭已经审核并同意了这些报告，但外部人员仍很难评价预测的有效性。首先，为第11章公司准备的财务信息的质量和数量有可能比破产前的水平有所降低。例如，证券分析师经常减少这些公司的保险项目，一些公司会停止报告审计后财务报告。Weiss和Wruck（1998）将缺乏可信信息作为在第11章期间债权人不能确认Eastern Airlines业绩急剧下降的理由之一。其次，与案例相关的不同的团体，包括管理层和不同的债权组织，会有不同的利益关注点，现金流量预测及其暗示的价值可以从这些集团的协商中产生，也可以从控制这一程序的主要集团那里产生。

依据过去数据而进行的预计与实际现金流量的比较已经由很多研究者进行过考察，他们都发现，平均来说，公司都不能达到其预计数额。在Hotchkiss（1995）对破产后业绩的研究中，她发现预计数通常都是过于乐观了。例如，在72家现金流量预测数可得的样本公司中，75%的公司营业利润低于预测数。但是，如果进行预测时控制公司的主体不同，那么对预测误差的影响程度也会有所不同：当破产前的管理者在计划提交时仍在其位时，预测数与实际业绩之间的差异就非常显著。如果管理层关心公司的存亡，他们就需要说服债权人和法庭，让他们相信公司的价值非常高，足以进行重组而不是清算。为了给予破产前权益持有者更多的重组公司的股票份额，以股东为中心的管理层也可能过高估计预测数。

McHugh，Michel和Shaked（1998）提供了更多的证据来表明平均来说公司不能满足现金流量项目的要求。他们发现不能满足要求的案例的数量要比能够满足要求的案例的数量多。他们的分析以1984年至1994年完成第11章重组的样本公司（大部分采用的是20世纪90年代早期的）为基础，对Hotchkiss考察的时期进行了延伸。Betker，Ferris和Lawless（1999）考察了1984年至1994年重组后的69家类似样本公司包含在披露的财务报告中的财务预测的质量。到重组后第二年以前，息税前盈余（EBIT）的累计误差超过其平均预测价值的70%。也就是说，在重组后的前两年期间，预测的EBIT误差总额相当于披露报告中年度平均EBIT预测数额的70%。到第四年，平均累计误差已经接近年度平均EBIT预测数额的180%。他们得出结论，认为这些预测是一种支持重组的系统的、乐观的、不正确的偏见。

3.2.3 随后危机重组的发生

对破产后业绩的研究同时还发现了大量的案例，这些重组的公司需要通过非公开测试或第二次破产重新进行调整。例如，Hotchkiss（1995）发现，她的样本公司中的32%都通过非公开测试、第二次破产，或者庭外清算的方式进行了重新调整。在其样本公司中，申请过两次（第22章）的公司包括了一些著名的大型公司，例如Continental Airlines。管理层提出第二次申请或重组时理由都是不同的，但都同第一次申请的理由比较接近。一些公司提出，它们重组后出现时负担了过多的债务，而将近半数的公司认为经营问题才是第二次申请的最主要原因，提出在前一次重组中公司没有做到政策方面正确的改变。尽管按照破产法案的要求，为使重组计划得到批准，公司必须证实进一步的重组是不必要的，但随后的失败率还是非常高。①

一些其他的研究发现了类似的累计发生率。最早的一项是LoPucki和Whitford（1993）在1988年3月对43家第11章大型公司（申请时资产超过1亿美元）进行的研究。他们发现，32%的被研究公司在4年内重新进入第11章程序。有关第22章申请发生率的更近时期的统计数据表明这种现象一直在持续（参见第1章）。

对于这种随后失败的高发生率有很多种解释。一种可能是公司在重组计划下还没能足够地减少其债务。Gilson（1997）支持这种观点，他发现，在第11章出现后公司通常都保留非常高的杠杆率，但是并没有高到与完成庭外重组的公司相同的程度：长期债务与长期债务加普通股股东权益之和的平均比率是0.47。另一种解释是管理层对重组公司的前景过于乐观。除提供了表明公司不能达到现金流量预测的证据外，Hotchkiss（1995）还发现，在重组过程中原有管理层的持续介入与公司破产后失败的发生率有很大关系。最后，研究者建议破产法案及（或）法庭以支持债务人为导向，允许效率低下的公司进行重组。在这一方面，一些评论者已经

---

① 按照法案第1129节（a）（11）的规定，披露的报告中描述的重组计划必须是可行的。法令还特别要求破产审判要能够批准重组计划“随之而来的不能是清算或者债务人对进一步财务重组的要求”。

特别对纽约南部地区和特拉华州的法庭进行了批评。总体来说，所有的这些因素在理解第 11 章后公司失败的发生率方面是非常重要的。

正如第 1 章中所论述的，第 22 章申请的高发生率并不是一个新的现象，它从第 11 章申请出现的早期就一直存在。大量的重复申请者在 20 世纪 90 年代早期的浪潮中第一次申请了破产，然后在 2000 年及以后又重新申请了破产。很多第二次申请与行业因素密切相关。例如，在 Hotchkiss 追踪的 157 家申请第 22 章或第 33 章的公司中，有大量的航空、钢铁和纺织公司，很明显地显示出了其行业困境。但是，对第 11 章批评的一个特殊关注点在于，很多重复申请者是在退出破产程序后的很短时间内进行第二次重组的。例如，前财富 500 强公司之一的 Pillowtex (Fieldcrest 床单及毛巾生产商) 在 2002 年 5 月第一次申请破产并重组后，又于 2003 年 7 月重新申请第 11 章，然后立即宣布清算。该公司很快就无法达到作为其第一次破产重组计划基础的经营预测要求，该重组的不可行性显而易见。实际上，还存在一个“第 44 章”申请的案例，但它的首次申请是在 1978 年《破产改革法案》之前发生的：TransTexas Gas Corporation，先后于 1980 年、1987 年、2000 年及 2003 年申请破产，经历最近的重组后以私人公司形式继续经营。

3.3 破产后股票业绩

尽管仅有一部分进入第 11 章的公司能够以独立的、公众注册的公司出现，但在这些公司中只有更小的一部分能够在出现后重新成功地将其股票上市。例如，在 Hotchkiss (1995) 研究的 197 家出现公司中，仅有 60% 的公司在出现后使其股票重新在纽约证券交易所 (NYSE)、美国股票交易所 (AMEX) 或纳斯达克 (Nasdaq) 上市。她发现在公司破产后重新出现的年份中，其股票收益在市场调整前为正值，但在市场调整后却为负值。同样的统计数据还被 Hotchkiss 和 Mooradian (2004) 以更近时期出现的样本公司作过报告。因为大部分出现公司的股票仅在场外柜台交易系统或粉红单 (Pink Sheets) 市场进行交易，因此大部分都不能反映在这份研究中。如果把公司股票重新上市当作是破产后成功的反映的话，那么这将在破产后股票业绩与更好履行义务的公司方面引起争议。

但是，对这些公司的股票业绩进行研究还是有其吸引力的。从总体上来说，它允许我们测试市场对出现公司股票的反应，因此是潜在投资者特别关注的地方。更进一步，对第 11 章程序的评估来说，它允许我们通过对以计划为基础的估价和出现公司实际交易的市场价值进行比较来评定重组计划中预测公司价值的准确性 (参见第 5 章)。另外，对于那些按照重组计划得到了股票但不准备长期持有股票的债权人来说，他们也需要理解这一市场。

迄今为止唯一出版的有关破产后出现公司权益业绩的学术研究是由 Aggarwal,

Altman 和 Eberhart（AAE 1999）进行的。[①] 对1980年至1993年从第11章出现的131家公司样本进行了考察后，他们得出的主要结论是在出现的200天内会存在大量的正的超额回报。评估这些回报的关键问题是用于比较的标准或者用于计算非正常业绩的期望回报。但是，他们的结论在用于评估期望回报的不同方法方面还是很有力的。J. P. Morgan 公司的 Lee（2004）所作的一项相当全面的行业研究得到了与AAE 大体相同的结论。

表3—4列示了AAE（1999）的最保守估计，其标准回报率是以二位标准行业分类（SIC）法案的同类行业非破产公司样本及规模（权益资本化程度）为基础的。以这些估计数值为基础，出现后第一个200天内的平均累计非正常回报率是24.6%（中位数是6.3%）。改用期望回报率作为衡量标准，他们的研究结果是长期累计非正常回报率高达138.8%。总之，他们认为，尽管出现后的两天内回报率不是很显著，但是在出现后的一年内非正常回报率是正的，而且数额非常巨大。

表3—4　**破产后股票业绩的非正常回报**

事件发生期	累计非正常回报平均值	相关财富	累计非正常回报中位数
（1，2）	0.038***	1.038	0.000
	（0.059）		（0.184）
（1，200）	0.246*	1.249	0.063**
	（0.004）		（0.025）

注："＊"、"＊＊"及"＊＊＊"分别代表与零之间的1%、5%及10%的主要差额。相关财富是用每日复利的期望回报率除以每日复利的实际回报率的平均数。现值在括号中表示。

资料来源：经允许选自 *The Journal of Finance*，Blackwell Publishing，Aggarwal，Altman，and Eberhart，1999，"The Equity Performance of Firms Emerging from Bankruptcy，"Vol. 54，No. 5。

AAE另外还发现，正的超额回报率并不是都集中在低价位的股票、改变行业的公司或进行破产前预先包装的公司中。他们还发现，有微弱的迹象表明，当机构投资者为其请求权仅接受权益回报时，长期回报率会更高。这一结果说明，知情投资者可接受的证券种类可能反映有关股票内在价值的信息，而这些信息在第11章出现后的公司的股票价格上是得不到充分反映的。最后AAE还发现，出现后的盈利公告将会导致更大数额的正的超额回报，这表明市场也惊诧于出现后的公司业绩。

尽管这些研究成果对证券的潜在投资者非常具有吸引力，但对评价第11章的意义却并不明显。与进行经营业绩的研究，如Hotchkiss（1995），进行直接比较是较困难的，因为仅有一些出现公司的股票会在NYSE，AMEX或Nasdaq进行交易。尽管如此，与表明经营业绩不佳的研究相比较，股票业绩表明了在出现时公司比市

① Goyal，Kahl和Torous（2003年待修改稿）对小样本公司（从破产后第一年的35家下降到5年后的25家）危机后股票业绩进行了研究。他们发现，开始时，平均的非正常回报是正的，但不是很显著。但5年后，以价值为权数计算的投资组合回报率下降，几乎为零（3.04%），或者用规模及账面对市场价衡量的投资组合，回报率为非常显著的负数（-50.93%）。

场预期做得要好。这些结果也与公司想制造相对来说较低的公司估价作为计划确认程序的一部分的管理动机有关（参见第5章对这些争议的讨论）。

3.4 第11章的意义

对第11章程序的批评主要是认为，现行的美国破产系统对允许效率低下的公司进行重组存在争议。这些批评或者集中在以支持债务人为特征的特定的破产法案规定上（如管理层保留控制权和最先提出重组计划的资格），或者集中在同样以支持债务人为特征的特殊法律行动上（例如，从延长期限，到排他期间，到重组计划的申请及其他申请）。在本章中详细论述的第11章结束后的失败高发生率与这一观点相吻合。但是，这种业绩不佳的原因尚待讨论。另外，在本章中描述的研究表明，出现公司的监管结构与破产后业绩的关系非常重大。单纯从投资角度上来说，特定出现公司的交易证券提供的是不寻常的机会。

第 4 章 破产成本

很明显，《破产法案》中规定的财务危机及法律诉讼成本是非常重要的。对于小型公司来说，重组中涉及的成本通常比公司的任何剩余价值都大，这也解释了为什么那么多小型公司的案例是以解散而结束的。对规模稍大的公司而言，专业费用的美元支付数额成为一个焦点，特别是在一些最近的超过 10 亿美元的第 11 章案例中。例如，在 Enron 破产案中最终支付给顾问的费用超过了 10 亿美元。

危机成本还被认为是公司债务定价及公司资本结构的重要决定因素。但是它们的影响到底有多大还存在着很大的争议。Haugen 和 Senbet（1978）是最早提出争议者，他们认为，破产成本不应该是特别重要的，因为财务危机中的请求者应该在不影响公司价值的情况下进行庭外协商。但是最近的研究者，例如，Jensen（1991）提出，不仅债权人集团之间的冲突，而且特定的破产法庭决议的影响都会对公司在法庭外对其请求权进行再次协商具有负面影响。当公司不能完成庭外重组时，它可能就不可避免地发生法庭监管下的破产诉讼，而这样做的成本是更高的。但无论如何，很明显的是，如果危机成本实际数额非常大，那么公司最佳的负债率就会低一些。有很多的学者都在资本结构和资本评估成本的框架内对破产成本问题进行过探讨（参见第 6 章）。

通常情况下，财务危机成本要么被分为直接的，要么被分为间接的。直接成本包括实际支付给律师、会计师、重组顾问、周转分析师、专家见证人以及其他专业人员的费用。间接成本包括大范围无法观察到的机会成本。例如，由于顾客不愿选择可能进入破产程序的公司，因此会使很多公司的销售额及利润下降。在处于财务困境的情况下，公司还可能遭受经营成本的上升，例如更高的债务成本或与供应商关系恶化等。间接成本还包括由于管理层在经营中的转向而损失主要员工或丧失机会。

尽管直接成本相对来说比较容易确认，但研究者要想系统地取得研究这些成本的信息还是比较困难的。本章将具体论述长期以来对此所进行的研究。间接成本不容易直接观察，但近期仍有很多研究提供了对其潜在数量及决定因素的有用估计（见表 4—1）。

表4—1　　　　危机直接成本及间接成本估计

研究	计算成本所用样本	期间	估计成本
直接成本			
Altman（1984）	19家第11章案例；申请前平均资产1.1亿美元	1974—1978	12家零售商破产前公司价值的平均4%（中位数1.7%）；7家工业公司的9.8%（6.4%）
Ang，Chua，& McConnell（1982）	俄克拉何马州西部地区86家清算案例；破产前估计平均资产615 516美元	1963—1979	资产总清算价值的平均7.5%（中位数1.7%）
Betker（1997）	75家传统11章案例；48家预先包装第11章案例；29家交易报价；重组前平均资产FYE6.75亿美元	1986—1993	预先包装破产案——破产前总资产的平均2.85%（中位数2.38%）；传统第11章案例——平均3.93%（中位数3.37%）；交易报价——2.51%（1.98%）
Bris，Welch，& Zhu（2004）	亚利桑那州和SDNY超过300家第11章（破产前平均资产1 980万美元）和第7章（破产前平均资产501 866美元）案例	1995—2001	第7章：破产前资产的平均8.1%，中位数2.5% 第11章：平均9.5%，中位数2%
Gilson，John，& Lang（1990）	18家交易报价（从169家危机公司重组样本中取得）	1978—1987	平均报价成本占资产账面价值的比例为0.65%（最大为3.4%）
Lawless & Ferris（1997）	从6个破产法庭取得的98家第7章案例；平均总资产107 603美元	1991—1995	申请时总资产的平均6.1%（中位数1.1%）
LoPucki & Doherty（2004）	48家特拉华州和SDNY第11章案例；申请时平均资产4.8亿美元	1998—2002	平均的专业费用等于案件开始时资产的1.4%
Lubben（2000）	22家第11章案例；平均资产5 000万美元	1994	第11章中的专业费用成本等于案件开始时总资产的平均1.8%（中位数0.9%）；除预先包装外，其余为2.5%
Tashjian，Lease，& McConnell（1996）	39家预先包装第11章案例；申请前资产FYE平均账面价值5.7亿美元	1986—1993	申请前财务年度年末资产账面价值的平均1.85%，中位数1.45%
Warner（1977）	11家破产的铁路公司；申请时估计平均市场价值5 000万美元	1933—1955	违约前一年公司市场价值的平均4%
Weiss（1990）	从7个破产法庭取得的37家第11章案例；申请前平均总资产2.3亿美元	1980—1986	申请前公司价值的平均3.1%（中位数2.6%）
间接成本			
Altman（1984）	19家第11章案例	1974—1978	破产前衡量的公司价值的10.5%
Andrade & Kaplan（1998）	由于高负债率交易随后导致出现危机的31家公司	1987—1992	公司价值的10%~20%
Maksimovic & Phillips（1998）	302家第11章案例（拥有1 195个车间）	1978—1989	
Opler & Titman（1994）	危机行业	1974—1990	财务危机成本是正的，而且数额比较巨大
Pulvino（1999）	27家美国航空公司，其中8家处于第7章或第11章的状况中	1978—1992	出售破产的航空公司使用过的飞机获得的收益低于从危机但没有破产的公司获得的收益

4.1 直接成本

衡量直接成本的困难在于，无法得到能够列示所有公司申请破产的集中的资料（需要说明的是，美国法庭管理办公室及美国托管人行政办公室除外，它们提供的信息是不公开的），更不用说破产案件中关于成本的信息。收集这种信息的唯一办法是从遍布于全国各地的各联邦破产法庭取得资料。因此，对直接成本的研究大多是以案件样本为基础，并且通常针对在一个或多个司法管辖权限内进行申请的大型公司。对这些研究及结论的归纳列示于表4—1中。

对直接成本进行衡量的最早尝试之一是由 Warner（1977）进行的。他对1933年至1955年在《破产法案》第77节规定下破产的11家铁路公司支付的法律费用、专业服务费用、托管人费用以及申请费用进行了考察。这些案件的平均解决期限是13年，其直接成本估计平均为违约前一年公司市场价值的4%。

更近时期的研究是由 Weiss（1990）做出的，他从包括纽约南部地区的7家破产法庭取得了一些资料。以他对1980年至1986年间37个案例进行考察的结果为基础，他估计破产直接成本是债务账面价值的平均3.1%再加上破产申请前财务年度年末公司权益的市场价值，其范围在1%~6.6%之间。这些公司都是NYSE或AMEX的上市公司。Weiss将这些特征解释为相当低的直接成本，它们对破产前的请求权定价只有很小的影响，甚至没有影响。

另外有其他研究报告的平均直接成本也与 Weiss 研究中估计的直接成本范围达成了一致。这些研究包括 Ang，Chua 和 McConnell（1982）（清算价值总额的7.5%）；Altman（1984）（所有样本公司价值的6.1%）；以及 Betker（1997）（非预先包装破产公司破产前总资产的3.93%）。最后，有两项研究报告了第11章中大型上市公司的专业费用。根据 Lubben（2000）的报告，在1994年申请破产的22家公司中，第11章专业费用成本是危机公司资产总额的1.8%，一些公司甚至达到了5%。LoPucki 和 Doherty（2004）通过考察特拉华州和纽约州的48个案例发现，其专业费用等于破产案件发生初期债务人总资产的1.4%。与前期的研究相比较，他们的研究结果指出，大量的固定成本与破产程序也是有联系的，因此，规模经济也会对破产成本产生影响。

考察破产成本的一项重要研究是由 Bris，Welch 和 Zhu（2004）进行的。他们考察了亚利桑那州和纽约南部地区两个破产法庭的300多个案例。选择这两个法庭的原因是由于其电子数据可以追溯到1995年。但是，他们的研究不同于前期的研究，区别在于：他们既考察第7章也考察第11章的案例。另外，与大多数以往的专门针对大型上市公司的研究相比，他们的研究对象主要是小型非上市公司。对于第7章案例，直接破产费用估计为破产前资产的平均8.1%（中位数2.5%）。但是，破产专业人员（律师、会计师及托管人）通常以第7章案例中的大多数破产后公司价值来计算破产成本。以其估计的破产后剩余价值为基础，第7章案例中有

68%的公司都是破产费用最终“侵蚀”了公司整个资产。这一数据与美国托管人办公室报告的统计数据是一致的，它也指出，第7章公司在支付了这些费用后几乎没有剩余的可分配价值。考虑小型第7章案例的唯一另外一个公开发表的研究是Lawless和Ferris（1997），他们发现这些案件中的费用平均是总资产的6.1%。对于第11章案例，Bris等人发现，直接成本是破产前资产的平均9.5%（中位数2%）。

总体来说，从这些研究中我们可以发现一些很重要的事实。首先是有可能存在很重要的规模影响。大部分对这一问题的研究针对的是大型上市公司，而小型公司如果费用规模相对于其资产来说非常大的话，很有可能不能在重组过程中存续下来。其次，尽管对于一些大型上市公司来说，其费用占资产总额的比例并不是很大，但其绝对数值还是非常巨大的。而且，尽管有时直接成本比例比较低，但财务危机的间接成本也是非常重要的。最后，由于可以使用电子形式取得数据，我们衡量及监管这些成本的能力得到了提高。

在转向间接成本的研究之前还有一个重要的问题，即正式破产程序的直接成本如何与庭外重组进行比较。Gilson，John和Lang（1990）对完成了危机公司公债交易报价的样本公司进行考察后估计了其直接成本，发现这些费用相当低（资产的0.65%）。但是，Betker（1997）的报告显示对于交易报价的成本是平均2.51%。有趣的是，预先包装破产的发展赋予了公司在破产申请前进行第11章计划协商的能力，允许公司在几个月内而不是几年内退出破产程序。预先包装破产要求公司协商其重组计划，如有可能应在破产申请提出前对该计划进行投票表决。然后公司同时提交该计划和第11章申请。这使得公司可以利用投票规则和其他破产法案规定的条款，同时还可以利用相对于庭外重组的税收好处，而避免代价高昂地长期停留在第11章程序上。在很多方面，预先包装破产都可以被看作是更为传统的第11章与庭外重组的结合。Crystal Oil（1986）和Southland（1991）是最早进行这种破产类型研究的学者。Betker发现，对于预先包装破产来说，直接成本是破产前总资产的平均2.85%，这一数据与传统的第11章案例非常类似，但它包括申请前发生的重组费用。Tashjian，Lease和McConnell（1996）发现，直接成本是第11章申请前财务年度末的资产账面价值的平均1.85%，是投票之前子样本的1.65%。

从交易报价比较低的直接成本以及预先包装破产使用的持续增长可以看出，节约成本对于没有进入更为传统的第11章程序而成功重组的公司来说是非常重要的。在破产过程中花费的时间如果增加，直接成本也有可能提高。Franks和Torous（1989）报告了1970年至1983年进入第11章的30家样本公司或其前任公司破产过程所使用的时间。他们发现，其破产的平均时间是3.7年，但这个长度大部分是归因于几家铁路公司的破产程序。更近期的研究表明非预先包装的破产案，其时间通常是接近两年；Weiss（1990）报告的第11章的平均时间是30个月；Gilson等人（1990）报告的时间是平均20.4个月。Tashjian，Lease和McConnell（1996）的研究显示，预先包装破产案的第11章平均时间只有3.3个月，而当申请前已经表决时会更短（1.9个月）。在第11章中花费的时间短与第11章期间较低的直接成本有很大的关系。

4.2　间接成本

与直接成本相比，间接成本更不容易直接观察，因此也更难进行确认和实证衡量。但是，研究者也提出了若干方法用于推断这些成本的可能数额。最关键的衡量问题是，我们无法区分公司的业绩不佳是由于财务危机本身（因此它是一项间接成本）引起的，还是由把公司推入财务危机状况的经济因素引起的。因此，这些研究试图确认公司的业绩是否会反映财务危机成本、经济危机成本或者两者间的互相影响。

Altman（1984）是最先提出衡量破产间接成本的替代方法的学者。以进入第11章的公司为样本，他比较了破产前3年的期望利润与实际利润（-3年至-1年）。期望利润的基础要么是前3年每家公司的销售收入与行业边际利润水平的比较，要么是证券分析师的估计。他发现间接成本是破产前公司价值的平均10.5%。直接成本与间接成本合计约是公司价值的平均16.7%，表明公司总的破产成本还是很高的。

继Altman的最初研究之后，又有一些研究者利用不同的方法和数据试图将间接危机成本分离出来。他们最关键的成果就是确认了以下观点，即对财务危机的影响和经济危机的影响进行区分是相当重要的。例如，当Altman的资料显示盈利能力大幅度下降时，他无法将其与经营方面所受到的负面影响区分开来。

Andrade和Kaplan（1998）利用与Kaplan（1989，1994）相类似的方法对1980年至1989年在管理层收购或杠杆再资本化之后进入危机状态的31家公司进行了考察。在危机开始时，由于近期已经完成高杠杆的业务，其样本公司大多数是财务危机而不是经济危机。因此，他们的研究设计提供了对纯粹的财务危机成本进行分离的机会。[①] 基于随时间变化而变化的公司价值，他们估计，财务危机的净成本是公司价值的10%~20%；对于那些没有经历不利的经济震荡的公司来说，财务危机成本可以忽略不计。另外，他们发现，危机成本集中发生在公司发生危机之后但进入第11章之前，这也就是说构成间接成本的并不是第11章本身。Andrade和Kaplan还对危机公司的行为进行了定性方面的考察。相当数量的公司被迫大幅削减资本性支出、以较低价格出售资产或者推迟成本较高的重组或第11章申请计划。这些结果与研究危机及非危机航空公司出售飞机的Pulvino（1998，1999）得出的结论是一致的。Pulvino发现，当出售二手飞机时，财务受限制的公司比不受限制的竞争对手得到的价格要低。但是与Andrade和Kaplan相比，他又发现，对于不

① Cutler和Summers（1988）也试图分离财务纠纷与经济危机的影响。他们列示了1985—1987年间与Texaco-Pennzoil诉讼有关的大量的财富损失（超过30亿美元）。尽管他们估计的大部分成本都不与Texaco破产案直接相关，但他们确实证明了财务纠纷对生产能力是有重要影响的。

论是第7章还是第11章的航空公司来说，出售其二手飞机时破产公司得到的价格通常都低于危机但非破产公司得到的价格。

尽管这些研究每一个都说明了财务危机是有成本的，但对于破产状态本身如何影响这些成本，他们的结论是不同的。Maksimovic 和 Phillips（1998）更支持财务危机（而不是第11章）会导致价值损失的观点。这些作者利用从美国人口普查局取得的车间层面的数据，考察了破产公司的生产能力以及车间关闭的决策。他们发现，在解释第11章破产公司的生产能力、资产出售以及终止状况时，处于第11章的状态远没有行业状况重要。在日益没落的行业，处于第11章破产及以后重新出现的公司的车间生产能力与同行业其他公司相比，差别并不明显，在进行第11章程序时也不会下降。这就说明，实际的经济成本几乎不会构成第11章本身，破产的状态对于间接成本来说并不是重要的。

Opler 和 Titman（1994）在试图将业绩下降与财务危机联系起来的研究中还确认了因果关系问题的存在。他们所采用的方法是以负的行业销售增长率和股票回报率的中位数低于-30%为基础，确认已经经历过经济危机的危机行业。在这些行业中，他们调查在危机发生开始前高负债的公司在经营方面是否与同类的财务保守公司相差很大。他们的假设是，如果财务危机是有成本的，那么高负债公司在低迷时期将会面临更多的经营方面的困难。他们发现，与负债相对来说比较低的竞争者相比，高负债公司会丧失市场份额，并且营业利润将会更低。尽管他们没有提供间接成本的特定估计数额，但他们的测试使因果关系问题趋于最小化，而这些问题将会给解释前期工作带来困难。他们将其研究成果解释为是与以下观点相一致的，即财务危机的间接成本是确实存在的，而且是非常重要的。

4.3 研究破产成本的意义

总之，这些研究表明对于大型上市公司来说，破产的直接成本只占公司价值的很小的比例，但对小型公司来说，这些成本可能是非常昂贵的，有可能导致清算。另外，研究表明，甚至对于大型公司来说，危机的间接成本都是非常重要的。另外一点也很重要，即间接成本并不仅局限于实际违约或进入第11章的公司。同时，像 Andrade 和 Kaplan（1998）进行的研究还与以下观点相一致，即达到财务危机状况也有好处，因为它可以通过迫使管理者进行使公司价值达到最大化的决策来提高公司的价值，而如果没有财务危机的话，这些决策他们是可以避免的（Jensen 1989）。

目前，增加重组公司规模及复杂性的趋势是导致破产成本增加的重要原因。除 Enron 以外，费用超过1亿美元的明显的第11章案例包括 WorldCom（6.57亿美元），Pacific Gas & Electric（4.625亿美元），LTV Corporation（2.37亿美元），

Global Crossing（1.74 亿美元）以及 Kmart（1.35 亿美元）。[①] 随着复杂程度的提高，债务人公司经常聘请越来越多的掌握特定技能的专业人员。为理解在复杂的案例中对这些专业人员的需求，图 4—1 概括了他们在第 11 章案例中起到的典型作用。财务顾问（特别是投资银行家）的作用在最近几年增长很快，特别是在很多大型案件都涉及公司资产大部分要进行出售的情况下。

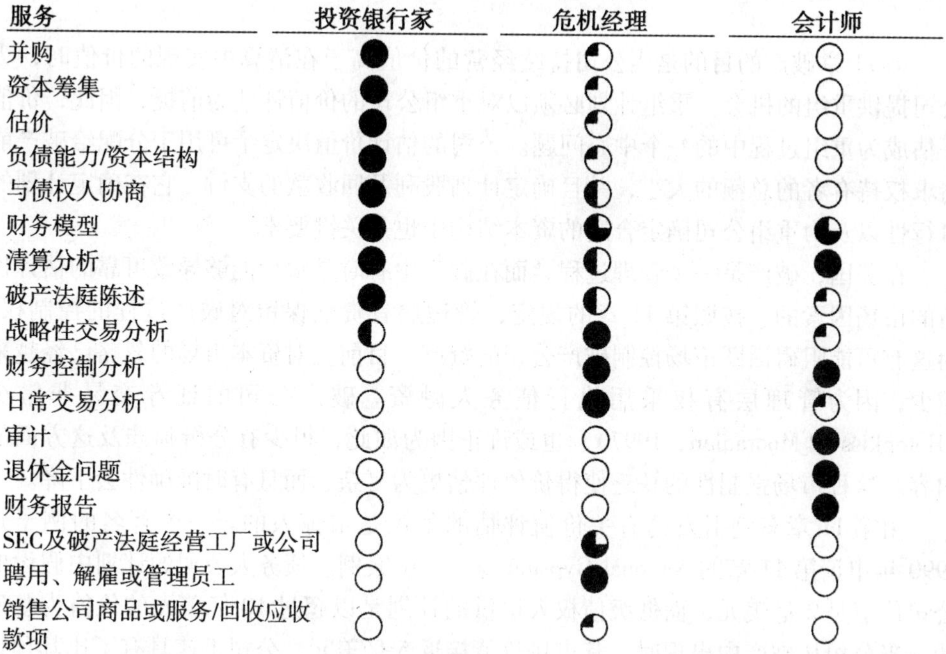

图 4—1 第 11 章案例中专业人员的责任

资料来源：Lazard。

在最近的很多第 11 章案例中，重组复杂的资本结构的困难也是很明显的，它也构成了成本不断上升的一个原因。例如，一些案例涉及在其不同层次的资本结构中具有不同的银行团体及债券问题的公司，增加了请求权要求者发生冲突的可能性。债权人集团的规模可能导致不能形成一致意见。在破产前和最近进入案例的加入者之间也有可能产生矛盾，例如秃鹫投资者，他有可能已经按低于面值很多的价格购买了请求权（参见第 8 章）。当请求权持有者之间的冲突导致协商重组的困难增加时，危机的直接和间接成本都有可能会增加。

① 《商业周刊》，2005 年 3 月 25 日。

第 5 章 危机公司价值评估

第 11 章破产的目的是当公司持续经营的价值高于在清算中实现的价值时，为公司提供重组的机会。重组计划必须以对重组公司的价值评估为前提，因此，价值评估成为重组过程中的一个中心问题。公司的估计价值决定了可用于分配给破产前请求权持有者的总额的大小，并且确定计划股利及回收款的支付。它在确定计划的可行性以及为重组公司确定合适的资本结构中也是关键要素。

在美国，破产是一个管理过程，而在破产中有时是缺少能够导致可靠的估计价值的市场因素的。按照第 11 章的规定，管理层有责任保留对破产过程的控制权，而这有可能阻碍活跃市场控制破产公司的资产。目前，对资本市场的忽略已经越来越少，因为管理层有权采用执行债务人融资。破产公司的证券交易非常少（Hotchkiss 和 Mooradian，1997）。也或许正因为如此，很少有分析师涉及这方面的内容。这种市场强制性的缺乏使得价值评估更为复杂，而且有时准确性会下降。

由第 11 章案例引发的有关价值评估的争议是很惊人的。一个著名的例子是 1990 年申请第 11 章的 National Gypsum Company 案例。债务人公司的计划中假设的公司价值是 2 亿美元，而低级债权人提供的计划是以超过 10 亿美元的价值为基础的。当公司从破产中出现时，其市场价值接近 5 亿美元，公司迅速具有了比其预计要好的经营业绩。表 5—1 列示了其他的几个例子，说明了在再次破产协商过程中各主体如何具有大量的不同的估计价值。这些争议的结果对于持有股票且有可能控制重组公司的出现公司来说具有非常重要的作用。

表 5—1　　第 11 章中评估意见不一致的实例

公司	第 11 章日期	评估价值
Storage Technology	1984 年 10 月	债务人评估公司价值在5 亿美元至6 亿美元之间；而债权人认为公司价值只有2.5 亿美元
National Gypsum	1990 年 10 月	债务人计划中公司价值为2 亿美元；而低级债券持有者竞争计划中假设的公司价值超过10 亿美元
E-Ⅱ Holdings	1992 年 7 月	债务人计划中公司价值为8.24 亿美元；掌握大部分低级债券投资的 Icahn 提出的竞争计划中，公司价值为13.45 亿美元
Exide Technologies	2002 年 4 月	债务人计划中公司价值在9.5 亿美元至 10.5 亿美元之间；无担保债权人委员会估计的价值为15 亿美元至 17 亿美元
Mirant	2003 年 7 月	债务人评估的公司价值在77 亿美元至 90 亿美元之间；股东委员会认为公司价值应接近130 亿美元，并宣称前期债权人进行的兼并讨论显示的公司独立价值就是这个数额
WCI Steel Corporation	2003 年 9 月	债务人评估的公司价值在1.9 亿美元至 2.5 亿美元之间；WCI 票据持有者认为公司价值会更高，应在3 亿美元至 3.5 亿美元之间

由于公司的内在价值或真实价值是无法观察的，我们必须依靠已被接受的各种各样的方法作为评估价值的可用方法。本章将对这些方法进行概述。稍后我们将会继续考察这些估价模型中的业绩信息，并考察价值评估如何被战略性地用于破产协商的过程。

5.1 评估方法

与大部分的非危机公司证券分析不同，对危机公司进行评估分析的目的通常不是评估权益的价值，而是将公司作为整体进行评估。这里描述的这些方法也可以被用于并购（M & A）及其他公司重组实务中，但我们特别强调的是在危机公司中的应用。

应用最广泛的两种评估方法是价值来源于可比资产定价的相对估价模型（可比公司及可比交易价值）和折现现金流模型。[①] 为在讨论中更加清晰，我们将正在进行估价的公司视为目标公司。

5.1.1 相对估价模型：可比公司及可比交易

“可比公司”方法有时也被称为“交易倍数（trading multiples）”估价法，是将同类公司的估价倍数用于目标公司以估计目标公司的价值。该方法涉及以下三个步骤：第一，确认同类或可比的上市交易公司；第二，观察可比公司的市场价值；第三，将该估价用于目标公司。

一种批评这种分析方法的观点是在可比公司的概念上。但是，选择公司有时会需要分析师的判断。选择的基本原则是，可比公司应当在风险及增长方面达到预定目标。一家“纯粹竞争”的同类公司将是最理想的可比公司，但是大多数情况下这种精确吻合的公司是不存在的。例如，按照标准行业分类（SIC）法案的规定，有代表性的行业布局能够产生一组可比公司。按照这一思路，可以通过比较规模、商业比重、破产状况、盈利水平、负债情况、成本结构等来确定可比性。定义可比性以后，它可以被用于比较可比公司不同的财务状况衡量方法，并且有助于理解可比公司内这些衡量方法的可变程度以及目标公司是否应属于这些可比公司的范围。如果公司确实是可比的，那么这一分析得出的结论就是：衡量财务业绩的财务指标应是相似的，例如盈利性指标或资产利用率（周转）指标等。

由于每家公司都是公开交易的，因此在一组可比公司被定义完以后，我们就可以观察它们权益的当前市场价值。但我们的关注点是公司的总价值（TEV），而不是公司权益的价值。公司的总价值 TEV 被定义为公司权益的市场价值加上负债总额及优先股，再减掉现金及现金等价物的数值。通过 TEV 对特定现金流量之比或

① Pantaleo 和 Ridings（2005）以及 Scarberry，Klee，Newton 和 Nickles（1996）也提供了破产公司估价方法概述。

公司的资产负债表衡量方法就能够产生估价倍数。例如，当这种分析方法被用于重组公司时，TEV 对利息、税、折旧及摊销前盈余（EBITDA）的比率就是一种非常常见的度量方式，其原因是 EBITDA 很可能与公司价值具有高度的相关性。其他的倍数，如 TEV/EBIT，TEV/收入或者 TEV/（EBITDA－资本性支出），也是比较常见的。对这些倍数的简要计量（平均数、中位数、高点、低点）通常被用于描述估价倍数。

最后，可以将从可比公司中取得的估价倍数用于目标公司中，形成一定范围的公司估计价值。例如，一家公司的总价值估计数可能等于目标 EBITDA 乘以可比公司的平均 TEV/EBITDA 比率。利用不同衡量方法的倍数（例如 EBITDA 和收入）或者利用观察到的倍数范围（高点和低点）就可以形成一定范围的目标公司估计价值。如果目标公司与平均可比公司非常类似，或至少符合可比公司范围的规定，那么倍数的应用就是非常直接的。但是，基于可比公司与目标公司存在的基础严重不同而进行的主观调整是非常困难的，正如主要的估价著作之一（Damodaran 1996，p. 304）中描述的：

即使能够构成合法合理的可比公司范围，该范围内的公司与被估价公司间的基本差异还是存在的。对这一差异进行主观调整不能为这一问题提供满意的解决方法。

除了在可比公司的吻合度方面存在潜在的困难以外，我们还必须注意估价倍数应如何在重组情况下的公司使用，例如正在进行第 11 章的公司。当目标公司进行重大的资产重组时，其历史数据的有用性会受到限制。因此，将为重组计划提供信息的现金流量预测应用于重组公司的业绩预计通常来说是更合适的。另外，重组后立即产生的现金流量或许也不能反映公司正常化的营业业绩。例如，当公司第一次从破产中出现时，它的 EBITDA 可能暂时比较低，此时将估价倍数用于该危机公司将会低估公司的长期增长前景。在这种情况下，尽管实际上未来的预计经营业绩还需要折现为现在的价值，但是倍数应被应用于能够代表正常化经营的第一年预计数。利用证券分析师的数据，可比公司的预计业绩可以被用来决定估价倍数。当可比公司的预计数无法取得时，也可以采用历史业绩数值作为倍数，其前提是能够证明该倍数在一定时期内不会发生重大的变化。

表 5—2 列示了这种分析的一个例子，WCI Steel Corporation 于 2003 年 9 月提出第 11 章申请。这一例子是从 WCI 票据持有者的财务咨询师进行的法庭申请中使用的更为详细的分析资料中得到的。[①] 这一表格列示了基于过去 12 个月（LTM）的倍数以及预计 EBITDA。由于历史（LTM）数据是以 WCI 破产时期的资料为基础的，因此导致了比较低的估价（1.04 亿美元），而这是不能反映重组公司的业绩的。用可比公司的数据确定预计 EBITDA 倍数的中位数能够为 WCI 公司得到一个

① 因为对其价值存在不一致的意见，因此，这一信息是在破产法庭进行申请的。我们仅使用这一例子用以说明方法，不对可比公司的选择、现金流量预测的有效性或其他影响最终价值结论的因素进行评价。

更现实的价值结果，2.92 亿美元至 3.05 亿美元。

表 5—2　　WCI Steel Corporation：基于 EBITDA 倍数的可比公司分析

可比公司	权益市场价值（百万美元）①	TEV（百万美元）	LTM EBITDA（百万美元）	2004P② EBITDA（百万美元）	2005P② EBITDA（百万美元）	LTM EBITDA 倍数	2004P EBITDA 倍数	2005P EBITDA 倍数
Ak Steel Holding Corp.	649	1 643	147	335	330	11.2 ×	4.9 ×	5.0 ×
Arcelor③	8 541	12 913	2 731	3 394	3 516	4.7 ×	3.8 ×	3.7 ×
Corus Group PLC④	1 829	2 804	305	589	665	9.2 ×	4.8 ×	4.2 ×
Dofasco, Inc. ⑤	2 978	2 971	623	817	789	4.8 ×	3.6 ×	3.8 ×
International Steel Group	2 978	3 491	368	712	781	9.5 ×	4.9 ×	4.5 ×
Nucor Corporation	6 448	6 996	1 035	1 913	1 279	6.8 ×	3.7 ×	5.5 ×
Steel Dynamics, Inc.	1 514	2 045	297	603	429	6.9 ×	3.4 ×	4.8 ×
U. S. Steel	4 068	5 386	726	1 414	1 423	7.4 ×	3.8 ×	3.8 ×
					平均数	7.6 ×	4.1 ×	4.4 ×
					中位数	7.2 ×	3.8 ×	4.3 ×
					低点	4.7 ×	3.4 ×	3.7 ×
					高点	11.2 ×	4.9 ×	5.5 ×

	WCI Steel	中位数倍数	包含的价值范围（百万美元）
LTM EBITDA	15	7.2 ×	104
2004P EBITDA	80	3.8 ×	305
2005P EBITDA	67	4.3 ×	292

① 2004 年 8 月 11 日的权益市场价值。

② 2004 年及 2005 年的估计数值是根据 IBES 分析师盈余估计的平均数。

③ 欧元数额。

④ 英镑数额。

⑤ 加元数额。

资料来源：Based on analysis of CIBC World Markets, 8/16/2004 Valuation Report Update, as filed with the U. S. Bankruptcy Court, Northern District of Ohio. 这一例子仅用来解释方法。另两家数据不完全的可比公司被排除在外。

可比公司方法应用非常广泛，且使用非常简单。当大量的可比公司在金融市场上进行交易，且市场能够对这些公司正确定价的情况下，这种方法就更为有用。而其他相关的估价方法就会导致市场本身对这类公司估价时可能出现的错误（高估或低估）。

被广泛接受的第二种相关估价模型是"可比并购交易"方法。这种方法及其实施与可比公司方法非常相似，不同之处在于这种方法是使用近期合并中为目标公司支付的价格作为确定估价倍数的基础。可比交易方法的最大局限之处在于，在类似市场条件下近期现实生活中是否存在可比公司的合并事件。另外，支付给可比公司的合并价格通常情况下会反映控制溢价，因此会导致价值高估。

将这种分析方法用于确定从破产中出现的公司的价值时，可比公司不能是第11章中被购买的公司。Hotchkiss 和 Mooradian（1998）以及 Pulvino（1999）认为，通常情况下，购买第11章公司资产都是以低于为类似非破产目标公司支付的价格而进行的。这将会限制可取得的可比公司的范围，其原因是在相同的行业内通常会有大量的破产案件，特别是在最近的破产浪潮中，而且破产案件中资产的出售频率呈上升趋势。

5.1.2 折现现金流量法

折现现金流量（DCF）是一种用预期未来现金流量折现价值作为公司估计价值的前瞻性方法。同样，这一方法在获取现金流量或折现率方面也存在很多假设。但与相关的估价模型不同的是，这一方法要求分析师对这些假设有明确的认识。有些人把 DCF 方法当作是衡量内在价值的最有用的方法（Damodaran 2002）。

按照 DCF 模型，公司的总价值可以按以下公式进行估计：

DCF 价值 = 计划期现金流量的现值 + 终值的现值

这一方法要求有重组公司非常详细的未来经营业绩的预计资料。终值是指公司预计期末的价值，代表计划期以后发生的所有现金流量的价值。

因此，DCF 模型的两个重要方面就是待折现的现金流量的计算以及折现率的确定。最常用的一种 DCF 模型是自由现金流（FCF）方法。在这里，自由现金流是指公司取得的税后现金流量合计数，可以支付给为公司提供资本的所有资本提供者，既包括债权人也包括股东。这些现金流将以一种机会成本作为折现率进行折现，这一机会成本是能够反映所有投资者（包括债务及权益）投资于可比风险的类似资产的机会成本，被称为加权平均资本成本（WACC）。这种方法最重要的方面在大部分的商学院中都已经学习过，我们将在本章中进行回顾。

在对财务危机公司或破产公司进行估价时会存在很多特殊的因素，因此我们提出第二种以调整现值（APV）法为基础的 DCF 方法。当公司的资本结构在预计期间发生重大变化时，*APV* 方法通常比自由现金流量法实施起来更为简单，而且特别适用于危机重组中税收状况比较复杂的公司。Gilson，Hotchkiss 和 Ruback（2000）使用1984年至1993年间从第11章出现的63家公司作为样本，实施了这种方法。这种可选择方法的主要优点也将在本章中进行描述。

（1）估计自由现金流

自由现金流（FCF）被定义为可以提供给所有资本提供者，包括普通股股东、债券持有者以及优先股股东的公司现金流量合计，可以按下式计算：

$$FCF = EBIT\left(1-\frac{所得税}{税率}\right)+\frac{折旧及其他}{非现金支出}-\frac{资本性}{支出}-\frac{净营运资本}{变动额}$$

FCF不包括非营运资产取得的现金流量，它通常是被单独进行估价的。因此，如果公司不存在债务，则FCF可以被看作是能够提供给公司股东的税后现金流量。自由现金流量是筹资前发生的，因此不受公司财务结构的影响。换句话说，债务利息及其他的税收抵免性可得到的税收好处通常是不包括在现金流量中的，支付的税收数额按预计EBIT乘以公司的边际税率来进行估计。由于财务结构不在现金流量的计算公式中体现，因此它也不会影响折现率以及估计的公司价值。

折现率应该能够反映公司在类似风险情况下对资产要求的报酬率。对自由现金流量来说，由于自由现金流量是给所有资本提供者的，因此，适合的利率应是债务资本与权益资本要求报酬率的混合，用这两种来源的资本占公司市场价值总额的比重作为权数进行加权。因此得出的加权平均资本成本为：

$$WACC = r_d(1-t)\times\frac{D}{V}+r_e\times\frac{E}{V}$$

其中，r_d 为重组后公司债务的期望报酬率；

t 为重组公司的边际税率；

D/V 为重组公司筹集的债务资本占公司市场价值的比重；

r_e 为权益资本成本率；

E/V 为重组公司筹集的权益资本占公司市场价值的比重。

估计权益资本成本率 r_e 的一个常用方法是利用资本资产定价模型（CAPM）：

$$r_e = r_f + \beta_\varepsilon\times(r_m - r_f)$$

其中，r_f 是无风险利率，β_ε 是公司权益资本的贝他系数，（$r_m - r_f$）是市场风险溢价。市场风险溢价的估计数可以从一些公开发表的资料中得到，这些资料通常提供很长一段历史时期内的市场报酬与政府债券报酬的比较信息。① 目前的政府债券收益率被当作无风险利率。

为衡量非危机公司的系统风险或市场风险，通常可以利用公司的历史股票报酬估计权益贝他系数（β_ε）。在公司破产的情况下，这种贝他系数就没有意义了。当债务人公司面临财务危机时，历史股票报酬通常是负的，这与股东期望能从成功地重组债务人公司中得到报酬很少有共同点。破产公司还会进行重要的资产重组，这就使得历史数据相关性降低。因此，最好的办法就是使用可比公司，其贝他系数可以从历史数据或大量的公开数据中取得。从可比公司中取得的权益贝他系数必须要

① Ibbotson and Associates 提供这样的估计信息。但是，近期若干学术研究成果提出，对权益风险溢价的历史估计夸大了投资者将来要求的权益风险溢价。参见 Fama 和 French（2002）。

按照可比公司与目标公司间不同的负债情况进行调整。①

表5—3 列示了为 WCI Steel Corporation 计算 WACC 的例子。贝他系数是根据可比公司估计的，并按照重组的 WCI（在本例中假设债务权益资本比为1）公司的负债水平进行了调整。这一分析最终的结果是 WCI 公司的 WACC 为 12.3%。

表5—3　**WCI Steel Corporation——折现率（WACC）推导举例**

输入	符号	价值
无风险利率（30 年期政府债券收益率，2004 年 7 月 6 日）	r_f	5.38%
市场风险溢价①	r_m	10.10%
可比公司的平均无负债贝他系数	$\beta_{无负债}$	0.91
税率	t	40%
预计权益与价值比	E/V	50%
预计债务与价值比	D/V	50%
重组的 WCI 公司负债权益贝他系数 $\{\beta_{无负债}\times[1+D/E\times(1-t)]\}$	β_e	1.46
税前债务成本	r_d	7.7%
权益资本成本 $=r_f+\beta_e\times(r_m-r_t)$	r_e	20.0%
债务成本 $=r_d\times(1-t)$		4.62%
WACC $=r_e\times E/V+r_d(1-t)\times D/V$		12.3%

① 从 Ibbotson Associates 2004 Risk Premia over Time Report 取得的资料（包括资本化的权益风险溢价）。

资料来源：Based on analysis of CIBC World Markets，7/6/2004 Valuation Report。

自由现金流量模型的最后一个重要因素就是终值的计算。通常可以采用两种方法。第一种是利用可比公司方法确定终值。例如，将 EBITDA 倍数应用于预计期过后（一个 T 年的现金流量预计期间的第 T+1 年）的预计现金流量中。终值计算中使用的现金流量必须能够代表公司可达到的正常化经营水平。第二种常见的方法是利用增长年金模型：

$$终值=\frac{FCF_{T+1}}{WACC-g}$$

同样，第 T+1 年的自由现金流量必须能够反映公司长期的正常化经营业绩。这一模型的关键要素是 g，它是假设的公司现金流量长期增长率。对支持增长年金方法的假设更详细的探讨参见 McKinsey & Company（2005，p. 277）。

利用可比公司模型及增长年金模型来确定终值有时会提供有关模型假设的有用

① 权益贝他系数也叫做负债贝他系数。负债贝他系数与无负债贝他系数间的关系如下式所示：

$$\beta_{负债}=\beta_{无负债}\times\left[1+(1-t)\frac{D}{E}\right]$$

其中，D 和 E 分别为债务及权益的市场价值；$\beta_{负债}$为可比公司的平均权益贝他系数。可比公司的无负债贝他系数代表目标公司的无负债贝他系数，然后被以重组公司期望的 D/E 比进行“重新负债”。更详细的信息参见 Damodaran（2002）。

信息。例如，对于一个已知的基于 EBITDA 倍数的终值，我们可以根据预计的 WACC 和 FCF_{T+1} 计算增长率。这些假设是很重要的，因为通常情况下终值是构成公司估计价值总额的一个非常重要的组成部分。Gilson，Hotchkiss 和 Ruback（2000）对第 11 章的 63 家公司进行估价，发现他们的样本公司中终值占总价值的比重达到了 70.5%。预计增长率的很小变化将会对估计价值有很大的影响。

表 5—4 列示了利用自由现金流量方法估计的 WCI Steel Corporation 价值。利用一个折现率的范围（参见表 5—3），以及应用从可比公司中取得的 EBITDA 倍数范围来对终值进行确定，则估计价值的范围为 2.8 亿美元至 3.35 亿美元。

表 5—4 **WCI Steel Corporation——折现现金流量估价** 金额单位：千美元

		4个月（截止至2004年12月31日）	财务年度（截止至12月31日）2005	2006	2007	2008
EBIT		17 478	37 382	37 936	21 493	30 966
减：现金税①		6 991	14 953	15 174	8 597	12 387
税后净营业利润		**10 487**	**22 429**	**22 761**	**12 896**	**18 579**
加：折旧及摊销		6 524	22 422	24 222	25 222	27 022
减：资本性支出		（13 683）	（28 500）	（18 000）	（10 000）	（18 000）
减：营运资本变动		39 285	（9 536）	4 803	2 858	1 208
无负债自由现金流量（FCF）		**42 613**	**6 815**	**33 786**	**30 975**	**28 809**
公司价值计算举例						
折现率	0.12					
期间		0.3	1.3	2.3	3.3	4.3
FCF 现值		41 033	5 859	25 936	21 230	17 630
FCF 现值合计	**111 688**					
终值倍数	5.5×					
终止年份 EBITDA						57 988
终值						318 934
终值的现值	**195 174**					
公司价值	**306 862**					
对WACC及终值倍数的敏感程度						

终值倍数：	WACC：11%	12%	13%
5%	298 235	289 119	280 406
5.5%	316 681	306 862	297 478
6%	335 128	324 605	314 551

① 设有效税率为 40%。

资料来源：Based on analysis of CIBC World Markets，7/6/2004 Valuation Report。

（2）调整现值

调整现值（APV）法是 Modigliani 和 Miller 工作的直接延续，参见本书的第 6 章以及 Bruner（2004，p. 268）。公司价值总额等于经营资产价值加上债务抵税现值的合计数。将其与折现现金流量模型联系起来，

$$价值_{公司} = 价值_{公司,无负债} + 债务抵税现值$$

$$= \sum \frac{自由现金流量}{1 + WACC_{无负债}} + \sum \frac{抵税额}{1 + r_{抵税}}$$

抵税额可能等于利息费用乘以税率，或者是更复杂的税收抵免额的合并数，例如净经营损失（NOLs）抵税。

这种方法的另一种形式被称为资本现金流量方法，它在计算无负债公司的现金流量及税收抵免时使用相同的折现率，参见 Ruback（1998）：

$$价值_{公司} = \sum \frac{资本现金流量}{1 + WACC_{无负债}}$$

这种方法假设债务在价值中所占的比重是保持不变的，因此利息和其他税收抵免额与公司具有相同的风险。[①] 在预计期间内，资本现金流量可以按以下公式计算：

净收益

+现金流量调整

+现金及非现金利息

=资本现金流量

现金流量调整包括加回折旧、摊销、递延税款以及资产出售的税后收入，减掉营运资本投资以及资本性支出。与上一部分中介绍的 FCF 模型不同，资本现金流量是以净收益为基础，因此是利用了公司自身的未来税收支付的估计数额。尽管现金流量包括了预测的税收抵免数额，但在这种情况下折现率仍然是以无负债公司为基础的。这可以通过以下无负债公司的 CAPM 而得到：[②]

$$WACC_{无负债} = r_f + \beta_{无负债} \times (r_m - r_f)$$

这种方法很实用，不仅是由于即使公司的资本结构在预测期发生变化也不需要重新计算 WACC，而且在计算现金流量及对其折现时对更为复杂的税收抵免进行了更明确的处理。例如，Gilson，Hotchkiss 和 Ruback（2000）发现，NOLs 的税收抵免现值代表了样本公司估计价值中位数的 5.7%，平均 9.9%。

---

① Ruback（1998）指出，资本现金流量方法从代数学角度上看相当于用 WACC 对公司自由现金流量进行折现。

② 无负债公司的贝他系数可以利用可比公司数据，按照以下公式进行计算：

$$\beta_{无负债} = \frac{(\beta_E \times E) + (\beta_D \times D)}{E + D}$$

其中，β_D 是负债贝他系数。Cornell 和 Green（1991）以及 Hotchkiss 和 Ronen（2002）进行的实证研究表明，高度负债公司的负债贝他系数大约等于 0.25。因为利息抵税被假设为与公司具有相同的风险，因此利息的抵税作用不会改变公司的贝他系数。因此，当计算资产贝他系数时也不需要进行税收调整。更多信息参见 Ruback（1998）。

5.2　采用新起点会计原则估计价值

财务会计准则委员会（FASB）意见报告（SOP）90—7——《破产法案规定下进行重组的公司财务报告》（*Financial Reporting by Entities in Reorganization under the Bankruptcy Code*），要求在1991年1月1日或以后进行第11章申请，或1991年7月1日或以后得到重组计划批准的所有公司采用“新起点会计原则（fresh start accounting）”。[①] 这一规定要求一些公司必须重新估计其资产及负债的持续经营价值。在以下情况时必须采用新起点会计原则：（1）正在重组的债务人公司资产的持续经营价值低于所有已确认的申请前负债及申请后请求权的价值；（2）申请前股东保留重组公司具有投票权的普通股的比重低于50%。新起点价值通常也是通过DCF和可比公司方法进行估计的。[②]

新起点价值是对从管理破产程序中出现的公司进行的暂时的价值估计。这些价值是由会计人员及管理人员提出的，因此其使用的范围不仅限于预测，并且考虑了各请求权持有者的竞争利益（参见本章以后的内容）。

5.3　清算价值

为从破产中出现，公司必须能够证明其重组计划符合所有请求者的利益，也就是说，每个债权人都能够得到至少与按照《破产法案》第1129节（a）的规定，在第7章清算的情况下具有完全优先权所能得到的数额。因此，每家公司都应该对如果进行清算其资产所能出售的价格做出估计。

为进行清算分析，资产负债表中的每项资产都要被指定一个估计值，即假定转化为第7章清算的话可以得到的收入。收回的数额扣除手续费及其他费用后可以被用于进行公司请求权要求者的优先分配。清算过程还会导致其他成本的发生，包括补偿破产托管人监管破产过程的费用、法律咨询及其他专业费用、资产清理费用、诉讼成本以及未决诉讼在进行过程中由于债务人的经营而引起的请求权。如果资产的特性比较强（例如，资产除在目前使用情况下价值都会降低），或者该资产的二手市场比较薄弱，那么清算价值就会非常低。

如果公司的目标是按照第11章进行重组，也就是假设公司持续经营的价值大于清算价值，那么就会涉及计划中列示的清算价值被低估的问题。Aldersen和Betker（1995）对完成了第11章重组过程的88家公司的预计清算价值进行了考察。对估计的持续经营价值与估计清算价值进行比较后，他们发现，大约1/3的持续经营价值会在清算过程中流失。并且他们发现，清算成本较高的公司在出现时一

① 对新起点会计的探讨参见Lehavy（1998）以及Newton（1994）。

② 公开披露的报告很少描述用于估计新起点价值所用的假设。在某种情况下，在同一文件中它们会与管理层进行现金流量预测时所用的假设不完全一致。

般会选择较低的债务水平，以使得未来出现财务危机的可能性降低。

5.4 概述不同的估计价值

对同一家公司如果采用不同的方法会得到一系列不同的估计值，因此最终总体的价值必须要对这些不同方法得出的价值进行权衡。对任意一种方法来说，价值的评估就相当于预测作为其基础的现金流量。基于不同假设的敏感性分析和其他的预测方法是很有帮助的，在解释非特别风险方面它们通常比折现率调整更为有用，原因就在于它们会迫使分析师对这些风险寄予更多的关注。

这些模型的作用如何呢？在一项非危机的公司并购中，Kaplan 和 Ruback（1995）发现，在本章中介绍的方法在高负债水平的公司样本中能够得出相当精确的估计价值。但是由于以上所论述的原因，对危机公司的估价可能会更为困难。Gilson，Hotchkiss 和 Ruback（2000）通过将这些方法应用于具有重组计划的、从第 11 章中出现的公司样本的现金流量预测中，对这些方法的有效性进行了考察。通过对从可比公司和 DCF 模型中得到的估计价值与该公司在破产后首次进行交易时得到的目标公司市场价值进行比较，可以对这些估价方法的准确性进行评价。他们发现，这些估计价值通常是已实现的市场价值的预报器，但是它们并不是十分准确。样本公司估计价值与出现时市场价值的比率从低于 20% 至高于 250% 不等。他们认为造成这样大范围价值估计的原因既包括不是以市场为基础进行的管理过程，也包括在协商过程中能够战略性地运用价值估计的潜力。

5.5 破产协商中估价的战略应用

对于估计价值缺乏准确性以及对价值存在大量不一致意见的一个解释是将这些价值作为计划协商过程一部分的战略性应用。当利益关系人的动机涉及协商冲突时，已列示的估计价值可以反映这些利益关系人的偏好。由 Gilson，Hotchkiss 和 Ruback（GHR 2000）所作的案例研究以及在前述表 5—1 中列示的实例强有力地证明了破产公司已列示的价值有可能是仅考虑公司自身利益的。

GHR 同时还列举了他们认为与这些偏见有关的其他因素：有竞争关系的请求权（优先请求权与次级请求权）持有者谈判的能力、重组公司中管理层的所有权、公司外部想要取得或投资于债务人的意向以及高级管理层的变动。他们为每一项因素都指定了一个代表指标，并且阐述了这些代表指标与当公司从第 11 章中出现时与市场价值相比价值被高估或低估现象的相关性。

在公布重组公司的价值方面，具有优先请求权和次级请求权的持有者是有利益冲突的。如果按照原计划进行各请求权的分配，则基于较高估计价值的计划将对次级请求权持有者有利，因为他们会提供正当的理由而得到更多的分配数额。同样，当重组计划确认的价值非常低时会对具有优先请求权的持有者有利。如果公司价值低到以下程度，即具有优先权的请求权以下的任何请求者都无权得到分配，则通常情况下，重组公司股票的大部分会分配给具有优先权的请求者，而级别较高的次级请求者只能得到很少的分配数额，甚至没有。如果事实上出现后的公司价值大大高于计划中假设的价值，则有优先权的能够得到公司股票请求权的持有者会得到意外的收获，而根据过去的情形分析这些请求者的状况非常糟糕，他们持有的请求权有可能超过了破产前公司请求权价值的100%。任何利益集团根据过去的情形分析能够获得的任何财富都是以另一些集团的利益为代价的。GHR发现，当持有次级请求权的投资者获得了重组公司控制权时，根据计划提供的现金流量预测进行的价值估计通常较高；而当具有优先请求权的持有者获得控制权时价值会较低。

GHR同时还发现，重组公司股票或股票期权的分配与价值低估的动机有关。在第11章中，管理者通常被授予一定目标数额或目标百分比的发行在外股份，因此低的公司价值会造成管理者的补偿看起来较低。因为股票期权的存在，低的公司价值意味着重组公司的估计股票价格较低，由于期权通常是以现金作为对价支付方式发行的，因此期权的行权价格也会设置得较低。如果事实上公司的价值被低估了，那么当公司从破产中重新出现时就会给管理者带来意外的收获。

第三方投资也是重组计划中常见的一个部分。对于GHR考察的样本公司，从负有义务的管理层在破产出现后仍然当权的意义上来说，它们对负有义务的管理层是相当“友好”的。GHR发现，当外部投资者把在公司内部购买权益作为重组计划的一部分时，通常公司价值有可能被低估。在这种情况下，对管理层比较友好的投资者能够成功地以较大的折扣购买公司的权益资本。

最后，Hotchkiss（1995）及其他学者还发现，任期在破产申请提出之前的管理者通常会对重组公司做出过于乐观的估计。与此相一致，当重组计划被提交时破产前公司CEO仍然在位的话，公司价值有可能被高估。

要解决有关这些估价的争议还有一个困难的问题。通常情况下，在整个过程中能够保持对公司控制权的利益集团有可能会成功地提出基于它们利益考虑的公司估价计划。但是，最近却出现了大量的上市公司案例，它们重组计划的批准是基于分配给重组公司的价值基础上的，因此该争议就要由破产法庭来解决。有趣的是，有关估价的争议还可以通过发行证券来解决，这些证券的支出与公司未来市场价值紧密相关（Bebchuk 1988；Hausch和Seward 1995）。当估价中可能发生错误时，这种证券提供了套期保值的机会，因此经常被用于公司兼并中。迄今为止只有比较少的第11章案例使用这种机制来减少大量估价错误的产生。

第 6 章　公司价值评估与公司杠杆重组

公司价值的定义是什么以及如何实现公司价值的最大化或许是公司动态活动中最关键的一个问题。由于我们经常把注意力集中在财务领域，因此公司估价的问题从没有像现在这样相关过，其原因就在于 20 世纪 80 年代在美国发生的大量的重组变化以及公司治理的爆发和美国及欧洲的资本结构问题的产生。大量的文章和论文都在赞美提高价值的技术方法的优点。

本章的目的是从公司资本结构的角度出发考察估价问题。[①] 我们将在由杠杆重组，特别是杠杆收购（LBOs）引起的大量的变化范围内对资本结构问题进行分析。在分析的过程中，我们也会提出问题，债务起到的作用大吗？是否存在最优的资本结构呢？

我们的调查是根据 20 世纪 80 年代的 10 年中美国发生的并购（M & A）事件以及 2004 年至 2005 年更新的 LBOs 案例进行的。在早期以异常高的收购价格引起的这些重组的交易价值是由于大量的收购基金间竞争的相互作用而引起的。因此，兼并公司资本结构中的债务数额及比例同样也提高到了以前在美国公司中没有出现过的水平。因此，不论是价值还是破产风险在 20 世纪 80 年代中期，特别是后期都得到了提高。

在大多数情况下，我们发现这些高的价值仅当债务水平及危机风险在最初重组时下降非常迅速时才能够得以维持。如果这点没有实现，在市场上吸引资本的类似交易就不能够成功。在被证明不能成功的杠杆重组案例中，债务水平仍然通过危机交换安排而减少，或者是由于不能满足第 11 章破产重组的要求而减少。如果以上做法均告失败，那么该公司的资产将必须被清算。在后一种危机情况下，公司价值将急剧下降，甚至会低于如果公司能够在重组后的短时期内按计划减少其债务能够达到的水平。

我们首先将探讨依照债务政策处理公司估价的古典财务理论。这些理论不仅能够解释为什么杠杆重组会改变公司估价，甚至有时会提供相当充分的理由，而且能够解释为什么这些重组能够得到不同的结果，从非常大的成功到令人沮丧的失败。其实我们应该能够从过去的不幸的杠杆重组案例中得到一些教训，如果存在的话。因此，我们希望能够为未来交易中成功的资本结构变化提供一些更为深入的思考。

---

① 本章节选并改编自 E. Altman 和 R. Smith 的《公司破产及危机重组》（*Corporate Bankruptcy and Distressed Restructuring*），E. Altman，编辑，Dow Jones-Irwin，Homewood，IL（1991a）。也可参见 Altman 和 Smith（1991b）。

6.1 公司重组：定义及目标

公司重组是指公司资产组合或资本结构中的任意的重大变化。它的目标通常是通过提高经营效率、利用借债能力和税收好处，或者重新部署资产来提高公司原有或新的所有者的价值。在某些情况下，目标是从经营的意义出发，不一定是一定要达到价值最大化，因此其战略性略弱，仅指在公司控制权方面能够造成影响或者抵御控制权的丧失，也就是保持独立性。经营的独立性对一些公司的董事会或主要股东来说向来是非常重要的，他们已经习惯于在不考虑公众股东权利的情况下来约束其公司的行为。有时这些决策是由于害怕违反管理层的意愿而使公司被接管的情况下做出的。另外，高层管理者经常宣称他们是独立的，不受大型贷款人试图对公司经营所做出的努力的影响。当过高的杠杆重组是由于公司治理的原因而发生时，或许会对股东价值有所损害，那么"毒丸"政策将有可能被采用。

6.2 兼并和收购

美国已经经历了至少四个比较明显的并购周期。最近的一次是在20世纪80年代，涉及大型公司的财务重组，通常结果是被另一家公司所控制。尽管这一周期是在美国结束的，但它的影响波及到了欧洲，欧洲在20世纪80年代发生了第一次主要的并购运动。这一运动主要是由于行业重组的需求比较晚以及其他影响的结果。欧洲的并购行动是1985年欧共体（EC）整合其成员国的贸易及资本市场活动之后开始的。国家间公司兼并的障碍降低是基于以下新建立的信心的结果，即与以前国内收入和保护性政策相比，解除管制的私人市场能够导致更高的公司业绩。对在欧洲发生的经济重组的更多详细信息，参见Smith和Walter（1990）以及Altman和Smith（1991b）。另外在最近，2004—2005年，我们观察到在欧洲，特别是在德国，私人公司重组有明显增加。

6.3 杠杆重组

公司也经常通过对负债水平进行调整而试图达到增加股东价值的目的。这些重组主要是以重新进行杠杆资本化（重新资本化）或杠杆收购的形式进行的。前者涉及某种类型的债务、权益互换，后者涉及管理层的行动，或者是单独进行的，或者是与第三方投资公司共同进行，通过购买公司发行在外的所有普通股股票使得该公司实际上变成一家私人公司。回购权益的工具就是杠杆——因此被称为杠杆收购（或者杠杆购入，当公司依然是上市公司时）。我们将在对估价分析及其与公司资本结构关系的财务理论严格进行分析之后详细深入地、定量化地探究这种方法。

在我们将财务理论按照公司财务实践进行调整之前，我们首先应对20世纪80

年代，特别是80年代末期发生的杠杆重组运动的相关内容进行定义及探讨。不论如何对价值进行定义，公司重组的目标通常都是进行以下一项或几项活动，以达到增加公司价值的目的：

（1）重新部署公司资产以改变商业比重；

（2）利用杠杆和其他财务机会；

（3）提高经营效率。

这些目标可以通过以下一项或几项重组达到：

（1）收购其他公司或企业；

（2）杠杆收购；

（3）重新资本化，也就是重新购买股票或将债务与权益进行互换；

（4）改变主要的组织、领导或公司政策。

6.3.1 杠杆管理层收购

在20世纪80年代，美国发展了大量的提高公司价值的新技术，这些技术通常涉及在前面介绍过的几个步骤。其中最突出的就是杠杆管理层收购（LMBO）或杠杆收购（LBO）。在这种方式中，公司的控制权是在市场上通过接管议价取得的，通常其接管价格要比股份的市场价格高出很多（20世纪80年代早期和中期 Kaplan（1989）对LBOs的估计是46%，在20世纪80年代后期估计LBOs更是增长到了更高的溢价程度，甚至可能达到两倍）。通常情况下，如果公司目前的董事及管理者不属于接管队伍中的一员，他们会强烈反对这项交易。随着溢价越来越高，新的权益主体不得不越来越多地依赖从银行和公众处借入的资本，而这将会导致大量的过度负债。

管理层收购（MBOs）不论在美国还是在欧洲都已经出现了很多年。20世纪70年代出现的最早的交易是公司的高级管理层购买公司发行在外的全部股票后，使得公司成为私人公司（如果公司是上市公司的话）。收购的大部分资金主要是由商业银行贷款提供的，其余部分来自于管理者的权益投资。交易是杠杆交易，但公司规模以及随之而来的筹资数额是相当小的。如果杠杆作用较强，那么导致的资本结构由于主要只有一个层次的债务因此会比较简单。

最适合进行管理层收购的公司类型，仍然是具有相对比较稳定的并能够进行预测的现金流量的公司，且这些现金流量足够轻松支付公司债务本金和利息所带来的固定成本。收购的最主要动机是管理层现在就可以以权益报酬的形式直接受益于他们自身的努力和公司获得的利润，而不是作为管理者得到固定或半固定的薪金。实际上，经常存在争议认为，由于这些与公司所有权和控制权有关的附加动机的存在，公司的“经理所有人（manager-owner）”的工作效率会更高。

LMBO或LBO与MBO的不同之处在于其规模更大，交易的复杂程度更高，且包含重要的第二方所有权利益。实际上，这个第二方，通常是以私人公司投资或合伙公司投资形式存在的，提供并取得了权益资本的大部分，其中有10%～15%进入了管理层。复杂程度更高是指它涉及若干阶层的债务持有者（有些在具有权益参与特征外还具有现付利息支付的递延权）以及若干种类的权益资本（优先股和普通股，有时包括认股权证和期权）。

图 6—1 列示了 1987—1988 年期间美国大型 LMBO 典型的资本结构。注意，从银行和保险公司处得到的优先债务提供了交易价值的 60%，其数额达到债务筹资总额的 2/3。由于数额过大、风险过高，这些贷款方不愿意提供债务筹资 100% 的数额。实际上，这些收购很多都超过 10 亿美元，迄今为止最大的案例是 1989 年发生的 RJR Nabisco 收购，金额为 250 亿美元。最近在 2005 年，我们又看到了大型 LBO 的复苏，如 115 亿美元的 SunGard 事件以及意大利的 160 亿欧元的 WIND 电信事件。最近的创新是，这些特大型案例的权益所有权目前被若干家大型的私人权益收购公司所分享，也就是“俱乐部”交易（例如 SunGard）。

1987		1988	
优先权银行贷款	47%	优先权银行贷款	40%
其他优先债务	13%	其他优先债务	19%
次级票据	20%	次级票据	21%
递延票据	7%	递延票据	7%
优先股	3%	优先股	3%
普通股	9%	普通股	10%

图 6—1　1987—1988 年间 LMBOs 选择的资本结构

资料来源：Credit Suisse First Boston（CSFB）and author compilation。

优先权债务下面是次级现付债务——也就是要立即着手支付利息。这一层次占到筹资总额的 20% ~21%。这里主要的创新是指在很多情况下，这种债务作为增长中“垃圾债券”的一部分被直接售予公开市场。运用音乐厅分析法，由于这项债务的优先权处于“包厢”（优先债务）之下，但处于“乐池”（权益筹资）之上，因此它也可以被叫做“中层楼”筹资。1986 年以后，美国的次级债券大部分来自于公开发行的垃圾债券。大约有 27% ~28% 的交易价格是由这种来源提供的（包括不带息次级债务）。参见第 7 章对高收益垃圾债券的讨论。

6.3.2　DIBs，PIKs 以及重新安排

在 20 世纪 80 年代末期，为降低交易初始现金利息的支付负担引入了一些次级债务的新形式，它们包括递延支付利息债券（DIBs）和实物支付债券（PIKs）。后者支付的是票据中记载的任何记录，不是以利息的形式，而是以其他债券的形式，因此公司的负债和未来的利息支付随时间增加而增长。前者通常会涉及一个不支付利息的期间（如 3 年），然后开始支付票据的利息（如在第 4 年一直到到期）。

另一项由美国投资银行倡导的创新就是重新安排票据，它保证利率将被按期重新进行安排，因此债券可以以面值重新出售。与其他很多种类的创新一样，由于垃

圾债券市场在 1989—1991 年开始越来越关注贷款的质量，因此这种创新最终也给发行者的利益带来了不利的影响。这种方法可能会增加未来贷款发生问题的可能性。如果债务本身不能在现金支付期开始之前或者进行必要的重新安排之前赎回的话，这些递延支付债务工具就等于定期炸弹。

6.3.3 次级债务及权益的作用

次级债务在重组中起到非常关键的作用。通常情况下，次级现金支付和非现金支付是作为债务包括在公司估价总额里的，从潜在的具有优先权的债权人角度来看，它们虽然提供了重要的类似权益的保护，但是，与 20 世纪 60 年代的优先股筹资兼并不同，次级债务提供了重要的税收利益。

最后，在多层次的债务结构下面是优先股和权益筹资，通常投资公司持有的比例超过 85%，其余的被管理层持有。尽管管理层持有的比例比较少（12% ~ 15%），但杠杆交易的纯粹数量可以带给所有的权益持有者极其高的回报——当然，如果重组成功的话。

6.3.4 成功与不成功的 LBOs

从所有有利益关系的集团包括原有和新的债务及权益持有者角度来看，成功的 LBO 是指：

（1）最终会迅速成功地为债务人进行支付；

（2）3 ~ 7 年内会有现金流出，因此权益持有者可以弥补他们的投资并且获取丰厚的收益；

（3）对被收购的公司没有造成任何重大的经济破坏而导致政治反应，例如失业。

经营效率和资产出售（如果必要的话）应该为公司提供足够的现金以在两年内支付大量的具有优先权的债务。这一阶段过后，如果公司能够持续产生充足的现金流量，即使具有优先利息支付的垃圾债券所导致的债务负担增加也会轻松地得到支付。但是，如果现金流量和资产出售的结果是不容乐观的，那么危机就又会开始，且大多数情况下 LBO 将会失败。

1989—1991 年发生的一些大型 LMBOs 和其他高度杠杆交易的杠杆重组都失败了，导致了严重的破产和其他危机状况。这些案例包括 Campeau（Allied and Federated Stores）fiasco，Hillsborough Holdings，Southland，National Gypsum 等。在英国，Isosceles PLC 收购 Gateway Corporation 就是一个危机案例，其原因就在于令人失望的资产出售和债务减少的数额比预计的要少。

有现金流出意味着公司被部分或整体出售或重新资本化，或者通过在公开市场上销售股份而使 LBO 再次公开。在公司部分出售的情况下，出售收入通常被支付给新的所有者以及重新筹资的通常到期时间较长的债务持有者。表 6—1 列示了 20 世纪 80 年代中期至末期发生的大型公司 LBOs 的平均统计数据。前一阶段是

1987—1989 年导致很多失败的超额杠杆之前。注意，前期支付给原始献售股东的平均溢价是46%，导致了在5.24 亿美元交易中债务平均增加4 亿美元。最初的债务与权益资本的比率大约为6:1。以平均1 亿美元的权益投资为基础，成功的LBOs 可以在3～5 年内为新的所有者赚取250%的回报。

表6—1　**平均历史 LBO 数据**　金额单位：百万美元

	1982—1986	1987—1988
收购前权益价值	360	1 023
平均收购价格	524	1 783
收购前股东的平均收益	46%	74%
权益占总资本比例	15%	12%
负债占总资本比例	85%	88%
债务与权益资本比率	5.8:1	7.3:1
债务增加额	400	1 570
收购后公司出售	750	无数据
收购后出售收益（50%）	250	无数据
新权益所有者报酬（总额）	250%	无数据
现金流量乘数（折旧、摊销及递延税款前的税后盈余）	6～8×	12×

资料来源：Kaplan（1989）and author compilation. Based on 46 completed LBOs in 1982—1986。

至于超额杠杆和在1987—1988 年间支付的膨胀的价格，表6—1 中的结果显示了平均溢价如何从原来的46%上升到74%，以及平均现金流量乘数如何从前期的6～8 倍增长到将近12 倍。最后，在相当短的时期内，大型公司交易的平均规模从5.24 亿美元增长到了18 亿美元。1982—1986 年发生的平均收购后出售导致了7.5 亿美元的支付——2.5 亿美元（50%）的收购后出售收益。当然，由于大量地运用了杠杆，权益持有者的实际收益更是得到加倍增长。由于他们的投资仅为1 亿美元，因此在3～4 年的平均期间内权益报酬率为250%，这也是通过LBO 价值得到提高的原因。

我们承认作为税收抵免“权益”应用的次级债务可以帮助解释这一戏剧性的提高，但很多这些LBOs 最终失败的最主要原因是由于支付的价格过高以及过量地使用了负债。这一泡沫在1989 年晚期破灭。

Kaplan 和 Stein（1993）考察了20 世纪80 年代发生的大型LBOs 定价及资本结构的变化。他们发现，由于这种高度杠杆重组的竞争越来越激烈，（1）收购价格与现金流量之比急剧上升；（2）要求的银行本金支付迅速增长；（3）私人次级债务由公开的高收益率债券所取代；以及（4）管理层及交易商预先从交易中得到了很多资金。总之，这些过热的趋势也解释了1989 年晚期开始的彻底垮台。Denis 和Denis（1995）研究了1985—1988 年间的杠杆重新资本化，并且发现这些重新资本化的公司有31%随后遇到了财务危机。危机的原因包括：（1）不利的经营业绩；（2）资产出售获得的超低收入；（3）与市场上高度杠杆交易有关的股票价格的负面反应。他们把高危机率归因于非预期的宏观经济及监管的发展。

我们对重新资本化后发生的失败问题进行了更多的因果分析，并发现了与 Denis 和 Denis 发现的大体相同的因素，但另外还包括重组的本身处理不利、所做的估价过高以及使用了过多的负债等。一个典型的例子是1988年的 Interco 重新资本化障碍，它导致了1990年的违约，并且之后很快破产。

6.4 将资本结构理论与杠杆重组相联系

公司资本结构与价值评估之间的关系已经引起理论学者40多年的兴趣，但是是 Modigliani 和 Miller（M&M）（1958，1963）的研究奠定了财务学界的中心地位。在他们最具代表性的1958年文章中，M&M 认为公司债务和权益资本之间的关系完全不会影响公司整体价值，决定公司价值的唯一变量是其未来盈利能力（包括预期现金流量）以及公司的商业风险报酬等级。换句话说，公司如何安排其筹资不会对公司价值或公司整体的加权平均资本成本（MACC）造成重大影响。价值是由公司处于什么样的商业环境及管理者运作公司的好坏程度如何所决定的，不存在其他别的因素。他们的结论在图6—2中以水平线 V 表示。

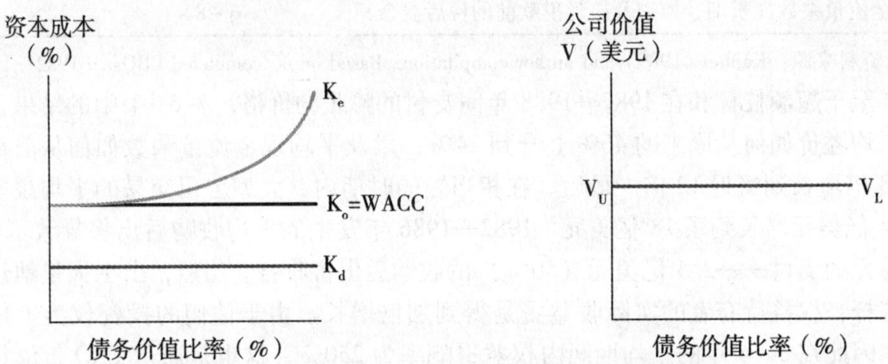

图6—2 最早的（1958年）M&M 资本结构理论

资料来源：Modigliani and Miller（1958）。

尽管这一理论是基于大量的非现实假设（其中很多在其最早的1958年文章的脚注中有所阐述）以及一些极其简单的实证研究基础之上，但该理论还是在学术界立即引发了大量的激烈的回应。但是，Miller（1989）认为，“公司理财中资本结构是无关的或‘不重要’的观点尽管有时仍然能为我们提供一些原因，但它与我们所实际阐述的理论定理在现实世界中的应用还是存在很大距离的。”我们可以推断，如果 M&M 放松他们严格的假设（例如，不存在税收以及有关盈余预测的完全的信息），他们也同意债务具有增加价值的能力。实际上，Miller 对于导致杠杆重组的垃圾债券增长的评价是，他感到疑惑为什么这些工具的使用会花费那么长的发展时间。

1963 年，M&M 发表了一篇修正文章指出，他们低估了债务利息支付带来的税收抵免对公司价值的重要贡献以及较低的资本化利率对这些税收抵免的影响。他们认为，公司实际上可以通过增加债务比重而获得等于税率乘以债务数额（TD）的额外好处来降低其资本化利率并增加其公司价值，如图 6—3 所示。而且，看来这种负债公司价值（V_L）的增加是很明显的，不论债务数额是多少。有没有可能这就是 20 多年以后在美国出现的杠杆收购运动的雏形呢？实际上，Modigliani 博士在他获得了诺贝尔经济学奖以及 LBO 开始轰轰烈烈地发展之后就立即被问到了这样的问题。他言辞激烈地进行了否定，指出当负债增加时会有其他因素可能降低公司的价值。

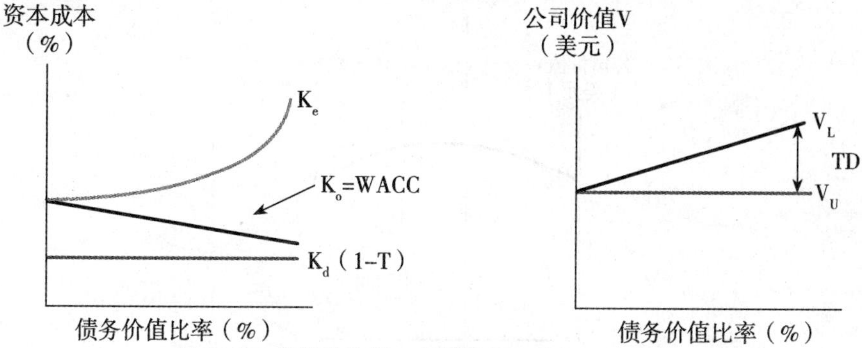

图 6—3　负债的作用：有税的 M&M（1963）理论

资料来源：Modigliani and Miller（1963） and author's compilation。

一些传统主义者反对 M&M 的观点。例如，Durand（1959）提出，债务数额确实是有影响的，因此存在一个最优的债务与权益资本的比率，如图 6—4 中 WACC 的最低点所示。从直观上来看，公司可以通过增加合理的债务数额来降低其 WACC，同时增加其价值（V_L）。尽管权益成本（K_e）较高并呈增长趋势，但相当低的税后债务成本 K_d（1 – T）将会降低公司总体的资本成本。但在特定的点上，债务和权益成本的上升趋势将会重新提高公司总体的成本（它的资本化利率），并降低公司价值。以 Weston（1963）为代表的一些实证研究表明，债务数额确实会对公司总体的资本成本产生影响。25 年以后，Weston（1989）又重新反思了对 M&M 资本结构理论的看法。当然，大部分的公司理财教科书中都包括了 M&M 理论和传统理论的重要区别。

最后，传统理论的更新尝试以及一些处理财务危机成本（或破产成本）和"代理"冲突（也就是管理者作为所有者代理人所作的决策与所有者最优利益之间的冲突）的新概念的结合，为最优的资本结构不是 100% 负债的传统观点既提供了有力的理论支持也提供了实证基础。有观点指出，随着公司负债的增加，公司破产的可能性也会增加，如果破产成本是非常高昂的，那么当预期危机成本的现值大于债务的预期税收抵免价值的边际增加额时，公司价值将会下降（如图 6—5 所示）。在收支平衡的负债点之后，公司总体的资本成本将会增加甚至超过最佳的负债比率，此时公司价值将会下降。

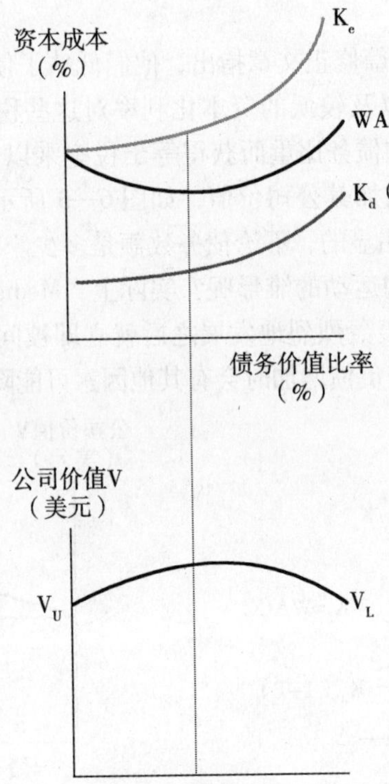

图 6—4　负债的作用：传统方法

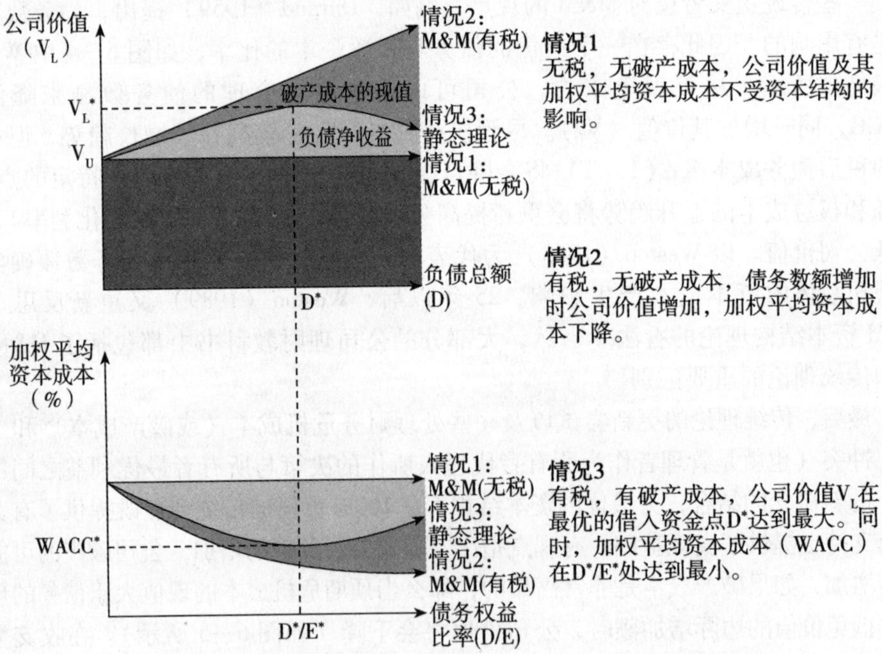

图 6—5　负债对公司价值的净影响：M&M 和 Altman（1984）

资料来源：Modigliani and Miller（1958，1963），Altman（1984），and author's compilation。

Altman（1984）对破产成本进行了考察，不仅包括实际支付给律师、会计师等的直接成本以及由于管理层经营公司过程中发生的失误而丧失的机会，还包括间接成本。间接成本被定义为在经济脆弱的情况下，由于顾客不会选择与破产可能性较高并且经营公司成本增加的公司（例如，过高的债务成本以及与供应商关系比较紧张）进行交易而丧失的销售收入及利润。我们发现当直接成本与 Warner（1977）早期的研究成果一致时，间接成本数额非常大，公司总的危机成本是公司价值的15%～20%。这一比例与 Andrade 和 Kaplan（1998）的结论是一致的。当然，重组及重新签订合约对公司的经济复原也有好处，因此也会降低公司的危机成本，参见 Chen，Weston 和 Altman（1995）。在本书的第4章中已经对破产成本进行过深入的探讨。

代理影响最初是由 Jensen 和 Meckling（1976）提出的，该理论认为由于债务人与股东之间存在冲突，实际上不同层次的债务人之间也有冲突（Bulow 和 Shoven 1978），因此，当破产威胁增加时公司实际成本也会增加。另一方面，很多人认为从“单一的管理者”转化为“经理所有人”的高度负债的 LBO 通过化解一些经理所有人的利益冲突会得到正的代理好处。

从图6—5中可以看出，财务危机和代理成本是解释所谓的公司纯粹 M&M 价值（带有税收补贴）与修正的公司传统价值之间差额的最主要因素，它们之间的净差额就是债务价值比率轴上的最佳点（D^*），在该点上公司价值达到最大。

6.5 去除杠杆

正如我们前面所假定的，高度负债的重组公司若想成功就必须大幅降低其债务，并且通常是在重组交易后很短的时间内进行。如果这种去除杠杆的作用不能达到，其后果是很明显的，理论上如此，从20世纪80年代后期发生的高负债、高价格的 LBO 的大量增长及随后违约情况的增加上观察到的情况也是如此。正如我们在前述第1章看到的并且将在第7章进一步探讨的那样，垃圾债券的违约率在1990年及1991年均超过了180亿美元，这是由于两年内违约率均超过10%引起的结果。由于较低的恢复率，也就是违约过后较低的价格，导致这些违约造成的损失也会增加，而这些损失中的大部分，但并不是全部，也是重组导致的结果。1990年的平均恢复率约为25%，1991年为36%，1985—1989年的5年内为39%，而历史上大部分的违约率为40%。在2001—2002年高违约率的年份中，我们同样可以观察到非常低的恢复率（参见第15章）。

去除杠杆可以是自愿的，也可以是非自愿的，后者是由强迫性危机互换问题导致的，因此危机公司的债权人同意接受一套新的证券以代替现行的债务。这种成套的证券通常包括危机公司的普通股。而从1990年后半期开始，公司完成权益负债互换的能力会受到权益市场完善与否的严重阻碍。有时由于对危机形势的恐惧，特别是在例如利率重新安排日或现金支付日等特定的日期之前，去除杠杆更容易加速进行。一些自愿的债务减除是由于公司运用大量现金回购债务而发生的，这样可以有效地利用债券价格的大幅下降（例如在1989年夏季开始的高度负债公司的成功案例中）。在1992年权益市场反弹时，以回购债务的方式去除杠杆得到了更加迅速的扩展。

面对经济及财务的不确定性而发生的公司去除杠杆的两个主要例子是RJR Nabisco和Macy's所作的尝试，都是20世纪80年代发生的大型LBOs。RJR Nabisco在1989年被Kohlberg Kravis Roberts & Co.（KKR）所收购。它在1990年中期已经减少了60多亿美元的债务，但发现自己仍然有200亿美元的债务。在随后的一年，由于面临因1991年4月重新安排的利息成本的大规模增加，该公司又通过权益债务互换的方式赎回了另外24亿美元的票据。有人或许会提出疑问，认为互换是基于公司可察觉的财务弱点而成交的；但即使是这样，其1990年的现金流量依然是正的，因此能够支付部分债券以及采取另外一些去除杠杆的行动。

Macy's，具有若干大型法人股东的LBO，1990年正试图尝试减少其庞大的债务负担。一项战略性的做法是用向公众出售新可转换优先股得到的资金，通过定期回购以减少其56亿美元债务中的一部分。除了出售这些优先股以外，还可以出售Macy's的应收款及一些房地产作为补充。由于该公司发行在外债务的市场价值急剧下降以及Macy's的信用状况恶化在市场上的反应，这些做法会得到加速进行。但是这些努力都是不成功的，最终公司在1992年1月申请破产。

6.6 杠杆重组及价值——两起案例

以下我们将探讨两起案例，用以说明公司永久性资本的重组可以增加公司价值。

案例1：债务权益互换

第一起案例涉及传统的债务权益交换或互换，这实际上也是杠杆重新资本化的一种形式。表6—2列示了一家税率为40%的公司进行的3 000美元的权益与新债务的互换。在交易之前，该公司具有税前成本为8%的2 000美元债务和4 032美元权益，后者是基于8倍的市盈率（P/E）乘以税后盈余504美元得出的结果。因此，该公司证券价值总额为6 032美元，加权平均资本成本为10%。WACC等于税后债务成本及权益分别乘以其在资本总额中所占的比重，即10% = 0.048×（2 000÷6 032）+0.125×（4 032÷6 032）。权益成本假设是市盈率P/E的倒数。

表 6—2　**重组及价值案例 1：杠杆增加——债务互换 = 3 000 美元**　金额单位：美元

	前	后	变化（报酬率%）
EBIT	1 000	1 000	—
债务（BV）	2 000	5 000	3 000
（MV）	2 000	4 600	2 600
债务成本：			
税前	8.0%	10.0%	2.0%
税后	4.8%	6.0%	1.2%
Tc	40%	40%	—
利息	160	460	300
EAT	504	324	180
权益成本	12.5%	14.3%	1.8%
权益乘数	8 ×	7 ×	−1 ×
权益价值	4 032	2 268（3 000）	1 236（31%）
公司价值总额	6 032	6 868	836（14%）
资本成本	10.0%	8.7%	−1.3%

BV = 账面价值

MV = 市场价值

Tc = 边际税率

EAT = 税后盈余

资料来源：Author compilation。

互换后，由于债务占总价值的比重由 33% 增加至 67%，且因为财务风险加大权益乘数下降为 7，因此债务成本上涨至 10%。但是，由于债务目前已占总资本的很大一部分，因此尽管其税后成本已从 4.8% 上升至 6.0%，但 WACC 仍下降至 8.7%。新的权益价值 2 268 美元（7 乘以 324 美元盈余）加上 4 600 美元债务（原有债务目前打折出售）使公司价值总额提高了 836 美元，达到 6 868 美元，增长了 14 个百分点。如果将重新资本化“前”和“后”进行比较，那么当权益乘数如果是降到了 4，而不是 7 的话，则公司达到保本价值点。注意，如果公司价值的增加额等于额外债务的税收好处，那么增加额应该是 1 200 美元（0.4 × 3 000）而不是 836 美元，因此，实际上我们是假设了存在 364 美元的破产及代理成本。这一价值的增加在我们前述的理论探讨中已有所涉及，并且在图 6—3（有税的 M&M）及图 6—4（传统方法）中都有所表示。实际上，原有权益持有者的价值增加了 31%，甚至超过公司价值增加的 14%。以 7 倍的 P/E 为基础，新的权益价值应为 2 268（7 × 324）美元加上从互换中得到的 3 000 美元，使得原有权益持有者的总价值达到 5 268 美元——与 4 032 美元相比增长 31%。

除债务互换本身所具有的税收好处以外，有迹象表明通过市场提供的公司交换条件可以被视为与未来现金流量有关的一个信号。Copeland 和 Lee（1990）考察了1962—1984 年间发生的交换数据，并且发现了与信号假设一致的结论，同样也可以参见 McKinsey & Company（2005），他们同样发现了这样的现象，即负债增加的交换可能导致系统风险的下降以及调整后盈余、销售收入及资产的增加。在负债减少的交换中还发现了相反的结果。我们假设 Copeland 和 Lee 的样本中大部分公司都具有超额借债能力。

案例 2：LBO 重组

第二个例子在表 6—3 中列示，它的基本条件与案例 1 相同，不同之处是通过 LBO 进行的全部权益购买，互换变成了一种极端的类型，而该上市公司也因此变成了私人所有的公司。4 032 美元权益的购买是通过为原有股东提供 40% 的溢价或 5 654 美元（记住 40% 这一百分比是 1982—1986 年期间的平均 LBO 溢价）而完成的。购买资本的筹集由 90% 的债务和 10% 的权益构成，它使债务的账面价值总额从 2 000 美元上升到了 7 080 美元。权益投资额为 565 美元（成本为 10%）。

表 6—3　**重组及价值案例 2：90% 债务、10% 权益的 LBO 融资**　金额单位：美元

	前	后	变化（报酬率%）
EBIT	1 000	1 000	—
折旧	500	500	—
债务总额（BV）	2 000	7 080①	5 080
（MV）	2 000	6 330	4 330
债务成本：			
税前	8.0%	11.0%	3.0%
税后	4.8%	6.6%	1.8%
利息	160	719	559
税率	40%	40%	—
EAT	504	169	335
权益乘数	8 ×		
基于 EBITD 的公司乘数		5.25	
权益价值	4 032	1 545	
		（投资额 =0.10 ×5 645 =565）	
公司价值总额	6 032	7 875	1 843（31%）

① 以 40% 的权益溢价进行的 LBO 购买 =5 645 美元，新债务 =5 080 美元。

BV = 账面价值

MV = 市场价值

EAT = 税后盈余

资料来源：Author compilation。

收购以后，公司的债务成本增加至11%（增长了3%），而这种成本率水平如果是公开发行的话毫无疑问会被视为垃圾债券，同时原有债务的市场价值也会成比例地下降。债务的税后成本由4.8%上升至6.6%，同时原有债务的价值从2 000美元降至1 250美元。由于巨大的债务数额以及提高了的成本，目前利息费用达到了719美元（原有债务160美元，新债务559美元），并且净利润降到了169美元。由于目前该公司已经是一家高度负债的私人公司，因此尽管可以根据可比的公开交易的高度负债公司的P/E比率来估计价值，但P/E方法通常已经不能直接用来评估权益以及整个公司的价值了。我们在对这种高度负债公司进行估价时通常所采用的方法是现金流量乘数法。

在1982—1986年的LBOs中，公司价值总额与现金流量的典型比率是6～8倍。随着在美国LBO运动的逐渐升温以及所获得的额外利润，现金流量乘数逐渐从10倍增长到12倍甚至更高。在案例2中，公司的利息、税及折旧前盈余（EBITD）是1 500美元，假设比较保守一些，设乘数为5.25，则公司总价值应为7 875美元。从该数值中减掉债务的市场价值（6 330美元），该公司权益价值为1 545美元。由于权益投资额仅为565美元，对于新的权益持有者来说，他们可以立即得到的报酬估计为173%。当然，在这种情况下，这些报酬率仅仅是假设的结果。公司价值总额也在6 032美元的基础上戏剧性地增长了31%，这也反映了重组可以带来的预期收益。

注意，在例子中从之前到之后我们并没有让EBITD发生增长，都是1 500美元。但是，大部分LBO及财务重组的提倡者认为，公司通常情况下会在成为私人公司后在成本遏制方面更加有效，并且生产能力会得到提高。实际上，Jensen(1989)甚至提出，即使不提及我们从案例1及案例2中看到的税收好处，“债务约束”本身也能够成为提高公司价值的积极的推动力。大规模现金流量增加的案例可以参见Amihud的一些文章（如1989）。

另一方面，LBO重组的反对者认为，与低负债的竞争者相比，大量的债务负担会遏制新投资的发生，而且从长远观点考虑会使高度负债的公司处于非常明显的劣势地位。另外，对高盈利、高现金流量以及资产成功出售的乐观估计并不一定都能够实现，而大量的债务负担会使状况本来很好的公司陷入困境。在这种情况下，不论是新的债务人还是权益持有者都会遭受投资上的巨大损失。

在以上我们所描述的例子中，其结果是与我们的假设息息相关的，其中我们认为这些假设还是比较现实的。不管选择何种乘数，最终的结果都说明了财务重组会对公司估价造成影响。

6.7　与财务理论相联系

正如我们前面所了解到的，公司价值可以通过增加债务而得到增加，其增加的现值等于TD（税率乘以债务总额）。由于LBO是一种自愿增加债务的极端形式，毫无疑问其动机之一就是想要利用这些税收好处。因此在忽略危机及代理成本的情况下，债务占总价值的比例经常呈增加趋势无疑是非常有意义的。但实际上，这些成本的数额并不是微不足道的，因而在图 6—5 中的曲线 V_u 在最优债务点（D^*）之后会下降。

在 Altman（1984）中我们可以得出，公司的最优债务点应该是当预计的破产（危机）成本正好等于债务带来的税收好处的预计价值时：

$$P_{B,t}(BCD_t + BCI_t) \times (PV)_t = (PV_t)\ T_c\ (Id_t) \times (1 - P_{B,t})$$

其中，$P_{B,t}$ 为 t 期间估计的破产概率；

BCD_t 为 t 期间估计的直接破产成本；

BCI_t 为 t 期间估计的间接破产成本；

PV_t 为调整至 t 期间的现值；

T_c 为公司的边际税率；

$Id_{t\to\infty}$ 为从期间 t 直到无穷期间的利息费用。

只有当预计破产成本低于预计税收好处时，才应该成功实施增加负债的计划。

6.8 破产及危机公司成本

正如以前所提到的，危机成本可以解释为什么当负债增加到超过某一临界水平后公司价值会下降（如图 6—5 所示）。对于这些危机成本到底有多重要，很多年以来一直是争议和辩论的焦点。破产成本已在本书的第 4 章进行深入的探讨。

在 1984 年对破产直接成本及间接成本进行的调查中我们发现，实际上总的危机公司成本并不是微不足道的。考察的公司包括 1970—1978 年进入破产程序的 19 家工业及零售业公司，第二阶段的包括 20 世纪 80 年代早期破产的 7 家大型工业公司。在许多情况下，在破产前进行衡量的破产成本总额超过了公司价值的 20%，甚至在破产前三年也是同样的水平。如果以为获取处于危机状况下公司无法预料的利润损失而采用的回归技术进行衡量，破产前三年的平均破产成本的比例为 11%~17%。用于估计间接的利润损失的第二种方法是将专业的证券分析师对盈余的预期与实际盈余进行比较，这些结果更明显地说明了破产成本确实是非常重要的。

6.9 暂时性负债的含义

在破产成本与税收好处之间进行权衡的分析是在公司债务是永久的或者至少是长期的假设基础之上的。但如果在 LBO 中其初始债务负担原计划就是暂时性的，那么公司的目标可能就是，实际上我们认为应该是，在图 6—5 中沿 $V_L = V_U + TD$ 函数向回运动，直到达到最优债务点（大致为 D^*）。由于在该点上，税收好处的预期价值可能会比该点后更低，因此破产的概率相对来说也会较低。通过增加债务，LBO的所有者可以获得价值上的最初增加额，甚至可能保持这种增长直到他们退出。而新的债务人也可以获利，或者通过在两年内使其债务得到回购的方式（特别是优先债务持有者），或者通过继续从高杠杆重组中的次级债务（中级或垃圾债券）上获取高收益的方式。

但如果公司不能沿价值线顺利回落，那么危机将增加，直到公司价值急剧下降——在一些极端的案例中或许直到清算的状态。当产生的现金流量不尽如人意时会发生这种情况，它会使非负债公司的价值（V_U）下降，并且（或者）资产的出售也是不令人满意甚至是不可能的（通常可能是由于市场条件变化的原因）。最后，还有一种危机可能发生在看起来比较健康的公司却无法为其现行债务进行再筹资的情况下。从理论上讲，只要资产的内在价值大于债务负担的话，这种情况是不会发生的。但是债务的约束条件和权益资本市场可能会阻碍再筹资的发生，甚至对相当健康但高度负债的公司也是一样。这就是1990年的情况，当时市场对高度负债的交易丧失了信心，美国的新发行次级债券市场枯竭，银行在对待高度负债交易中的再筹资方面犹豫不决，权益市场也陷入低迷之中。

6.10 成功的LBOs及债务支付的实证数据

我们对成功及不成功的LBOs的一些实证数据进行了考察。在一项与美国货币控制中心（U. S. Controller of Currency）合作进行的研究中，Moore（1990）调查了11家成功、9家不成功的LBOs的样本公司（见表6—4）。后者是指失败的、债券违约的或者危机交换已经完成的公司。成功的LBOs是指LBO之后至少在3年内会持续经营，不会受到困扰，并且被货币控制中心视为健康公司。

表6—4 **成功与不成功的LBOs及债务支付数据**

成功的LBOs（长期债务占总资产比率）(%)								
观测序号	LBO－3	LBO－2	LBO－1	LBO年份	LBO＋1	LBO＋2	LBO＋3	LBO＋4
1		25.8	23.8	60.6	52.7	35.8	20.3	4.2
2	8.3	1.3	3.7	76.0	72.7	38.7	42.7	44.6
3				54.0	44.7	31.6	18.0	40.6
4					36.7	36.7	63.7	69.6
5	0.6	0.3	2.9	36.0	60.5			
6						38.5	26.4	52.2
7			2.2	59.8	59.3	56.9		
8	2.8	2.9	2.2	83.8	61.4	43.5	34.0	
9	30.4	45.1	34.5	49.5	62.6	58.3	82.0	85.0
10			9.7	64.2	44.5	27.7	31.1	
11				76.6	40.9	29.3	20.2	
平均值	10.5	15.0[①]	11.2	62.4	53.6	39.7	37.6	49.4
数量	4	5	7	9	10	10	9	6
标准差	11.8	17.7	11.8	14.2	10.9	10.0	20.6	25.2

续表

不成功的LBOs（长期债务占总资产比率）（%）								
观测序号	LBO－3	LBO－2	LBO－1	LBO年份	LBO＋1	LBO＋2	LBO＋3	LBO＋4
1		12.6	41.1	33.7	36.1	36.6	33.6	41.7
2			37.3	33.0	35.8	28.1	36.9	75.2
3	8.4	5.1	4.2	61.9	62.8	64.4	67.7	129.6
4				32.4	24.9	36.4	38.0	38.1
5	35.9	35.3	23.1	65.0				
6			21.3	41.1	34.2	46.1	64.1	
7			14.6	56.4	57.1	46.0	76.1	
8			19.5	43.9	49.6	57.0		
9	17.8	31.2	41.2	49.9	50.2			
平均值	0.2②	21.1	25.3	46.4	43.8	44.9	52.7	71.2
数量	3	4	8	9	8	7	6	4
标准差	11.3	12.5	12.5	11.8	12.1	11.6	16.9	36.7

① 此处经计算应为15.1，是由四舍五入问题所致，其他地方同理。——编者注

② 此处应为2007，属计算错误。——译者注

资料来源：Moore（1990）。

LBO之后成功的样本公司平均的长期债务与总资产之比（LTD/TA）是62.4%。这一比率在LBO之后的4年内分别下降到了53.6%、39.7%、37.6%和49.4%。而另一方面，不成功的LBO在LBO的当时具有较低的LTD/TA（46.4%），但在第四年却上升到了71.2%。因此，我们可以认为债务支付与成功的LBO确实是相关的。无可否认，我们所使用的这些样本公司数量是很少的，而且有很多的其他变量，但这些数据与我们的“暂时性”债务论点还是相当一致的。

6.11 结论

我们已经阐述了财务重组在公司证券估价中的重要性越来越明显。从不同形式的筹资，包括次级债务，可以被用于实施传统上由银行行使的责任角度来看，公司的估价可以通过在资本市场上增加负债而得到提高。对于具有危机及（或）违约的重大风险的过度负债公司，对应的方法就是去除杠杆至低负债的资本结构水平。因此，资本结构被认为是决定（及改变）公司估价的一个非常重要的因素。

第 7 章 高收益债券市场：投资者及分析师的风险与报酬

“高收益的次级债券，它们的时代已经结束了！”在紧随1990年、1991年的公司违约高峰期和市场上最重要的非投资等级债券主承销商（Drexel Burnham Lambert）破产以及对该市场最重要的设计者——Michael Milken——进行刑事犯罪指控之后，这样的言论可以反复在华尔街和华盛顿的很多权威专家那里听到。但是我们认为（Altman 1993），在随后的每一个大型国内及国际信用危机的实例中，高收益的债券对信用情况不确定的公司来说是一种合法且有效的筹集资金的方式。因此有人预计，与公司需要提供给其投资者（主要是机构投资者，如共同基金和养老金基金，它们主要寻求的是与可从更安全的公司投资等级债券或政府债券得到的相比，更高的固定收益）的风险溢价相称，这些债券会定期出现相对较高的违约情况。

图7—1列示了从主要债券和银行贷款评级机构 Fitch Ratings、穆迪投资公司（Moody's Investors Service）和标准普尔（Standard & Poor's）处获得的信用和违约率等级。要注意相对来说比较安全的投资等级债券（AAA 至 BBB - 或 Aaa 至 Baa3）和投机目的更明确、非投资等级的或高收益的债券（BBB - 或 Baa3 以下）之间的常见区别。

穆迪		标准普尔和 Fitch
Aaa Aa1 Aa2 Aa3 A1 A2 A3 Baa1 Baa2 Baa3	↑ 投资等级	AAA AA + AA AA − A + A A − BBB + BBB BBB −
Ba1 Ba2 Ba3 B1 B2 B3 Caa1 Caa Caa3 Ca C	高收益 ↓	BB + BB BB − B + B B − CCC + CCC CCC − CC C D

图7—1 债券等级

资料来源：Fitch Ratings，Moody's Investors Service，and Standard & Poor's。

2004 年，公司债券市场上超过 1/4 的债券是由低级债券组成的，而高收益债券市场更是戏剧性地增长到了 2004 年年底流通在外总额接近 9 500 亿美元（如图 7—2 所示）。注意从 1996 年（当时流通在外总额低于 3 000 亿美元）开始，直到令人印象深刻的 2004 年，其市场规模增长是一致的。2004 年，将近 1 500 亿美元的年度平均新发行额被市场以接近于无违约风险的 10 年期政府债券的低利率水平所接受（也就是比政府债券 3% 的利率水平稍高一些）。

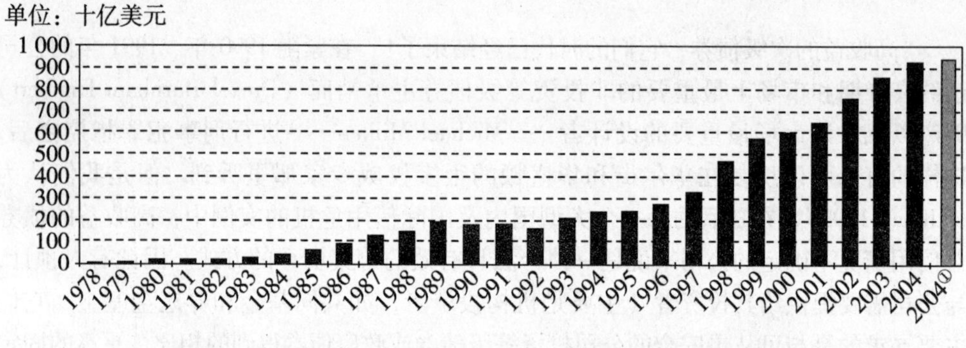

图 7—2　1978—2004 年（年度中期）美国高收益债券市场规模

① 2004 年年底。

资料来源：E. Altman，NYU Salomon Center，Stern School of Business。

投资于不同债券取得的收益取决于市场对购买及持有特定债券三大主要风险的评价：（1）对利率变动的敏感性；（2）流动性或流动性的缺乏；以及（3）违约的可能性。这些收益被市场设定为为投资者提供的能够随这三种风险水平的增加而增加的承诺收益。正是第三种风险，违约的可能性，定义了高收益债券市场，并且定期提供了原始证券以弥补危机和违约债务市场，而这是我们这本书的另一个重点内容。

高收益债券主要由两类公司发行。近些年来市场上大约有 25% ~30% 是由所谓的“坠落的天使”所组成，即这些证券曾经（通常是发行时）是投资等级证券，但就像大多数证券一样，随着发行年份的增加其情况变得越发糟糕，最后迈入了非投资等级或所谓的垃圾等级层次。当 20 世纪 70 年代末期现代的高收益债券市场开始时，将近 100% 的非常小型的市场是由这种“坠落的天使”所组成。实际上，当我们正撰写本书的时候，美国工业史上的一个标志性公司，General Motors Corporation（GM），正在接受至少一家主要的评级机构的审查，审查其是否可能成为“坠落的天使”候选公司。另外，2005 年 5 月，GM 被标准普尔降格为非投资等级，很快，Fitch 和穆迪也将其降格为同等级别。Ford Motor Company 也同时被标准晋尔降格到高收益级别。

高收益债券的另一种来源是在发行时就被确认为非投资等级的原始发行证券。目前，所有主要的投资银行都有专门的银行家、分析师以及销售或交易人员的团队，他们主要就是从事这种不稳定的成长型投机证券市场的分析。由于很多的投资银行部门是更大的商业银行的组成部分，因此通常在发行者的低等级债券及类似的公司贷款，即所谓的杠杆贷款市场之间有很密切的联系。后者或者是由非投资等级的公司发行的，或者是要求在伦敦银行同业拆借利率（LIBOR）的基础上有至少125～150个基点的风险溢价或收益差价。

美国公司的高收益债券以及杠杆贷款市场的持续增长被2004年两个市场上的新发行纪录所打破：杠杆贷款2 650亿美元，高收益债券1 470亿美元。这些市场的规模在世界上其他的地方是非常小的，但欧洲目前正见证着这两大市场的高速增长。正如我们将要列示的，当违约率已经接近甚至超过10%时，最重要的违约风险地区已经目睹了很多年这一巨大的数额。但是由于在随后的两年内该市场上令人震惊的反弹使得最近的2001—2002年高违约率时期已经不太令人瞩目，没有人会像10年前一样对此提出严重的警告。

7.1　2004年及过去25年的违约及违约率

2004年高收益债券的违约率持续下降，2004年第四季度数额为30.4亿美元，与2003年第四季度数额一致，但2004年整年为117亿美元。这是由于2004年的违约率1.25%（见表7—1）以及第四季度的违约率0.32%（参见附录7—1）所导致的。从2003年第四季度开始，季度违约率就是0.41%或低于0.41%。我们采用2004年中期9 331亿美元作为我们以美元（美元及加拿大元）计价的总体基数来计算以上比率。在这些最大的违约发行者（每家都有5亿美元的流通数额）中包括Level 3 Communications，Pegasus Communications，RCN Corp.，Tricom，Trump Hotels & Casino Resorts以及USAir。我们的违约定义之一就是危机重组（例如Level 3 Communications），其债权人或者接受更低的利息率、接受次级优先权的证券（例如权益证券），或者在到期时得到低于票面值的数额或参与公司债券发行的交换。2004年中，39家发行公司中共有79项违约发行，而在违约率高达其3.5倍的2003年，这些数字为86家发行公司，203项违约发行。

2004年，杠杆贷款的违约率也降至了极低的水平，如图7—3所示。实际上，在第二个半年中的1%的违约率使人联想到了1998年年底的水平。2004年年底，违约率从一年前的2.25%下降至1.01%。新的杠杆贷款飙升了约60%，在2004年达到2 650亿美元。美国部分，目前其组成部分的最大主体（78%），稍高于1998年借款的数额，而1998年是前一个创造纪录的年份（数字仅回顾至1998年）。因此，2004年的结果与1998年的结果有很多相似之处，但1998年的特殊之处在于，在其年度的后半段它对信用市场造成了很多的重大冲击（也就是俄罗斯的金融危机和长期资本管理的混乱）。

表7—1 历史违约率——定息债券，不包括流通面值违约发行

(1971—2004) 金额单位：百万美元

年份	流通面值[①]	违约面值	违约率（%）
2004	933 100	11 657	1.249
2003	825 000	38 451	4.661
2002	757 000	96 858	12.795
2001	649 000	63 609	9.801
2000	597 200	30 295	5.073
1999	567 400	23 532	4.147
1998	465 500	7 464	1.603
1997	335 400	4 200	1.252
1996	271 000	3 336	1.231
1995	240 000	4 551	1.896
1994	235 000	3 418	1.454
1993	206 907	2 287	1.105
1992	163 000	5 545	3.402
1991	183 600	18 862	10.273
1990	181 000	18 354	10.140
1989	189 258	8 110	4.285
1988	148 187	3 944	2.662
1987	129 557	7 486	5.778
1986	90 243	3 156	3.497
1985	58 088	992	1.708
1984	40 939	344	0.840
1983	27 492	301	1.095
1982	18 109	577	3.186
1981	17 115	27	0.158
1980	14 935	224	1.500
1979	10 356	20	0.193
1978	8 946	119	1.330
1977	8 157	381	4.671
1976	7 735	30	0.388
1975	7 471	204	2.731
1974	10 894	123	1.129
1973	7 824	49	0.626
1972	6 928	193	2.786
1971	6 602	82	1.242
			标准离差率（%）
违约率算术平均数（%）	1971—2004	3.232	3.134
	1978—2004	3.567	3.361
	1985—2004	4.401	3.501
违约率加权平均数[②]（%）	1971—2004	4.836	
	1978—2004	4.858	
	1985—2004	4.929	
违约率年度中位数（%）	1971—2004	1.802	

① 年度中期数值。

② 以每年流通在外的票面值作为权数。

资料来源：Author compilations。

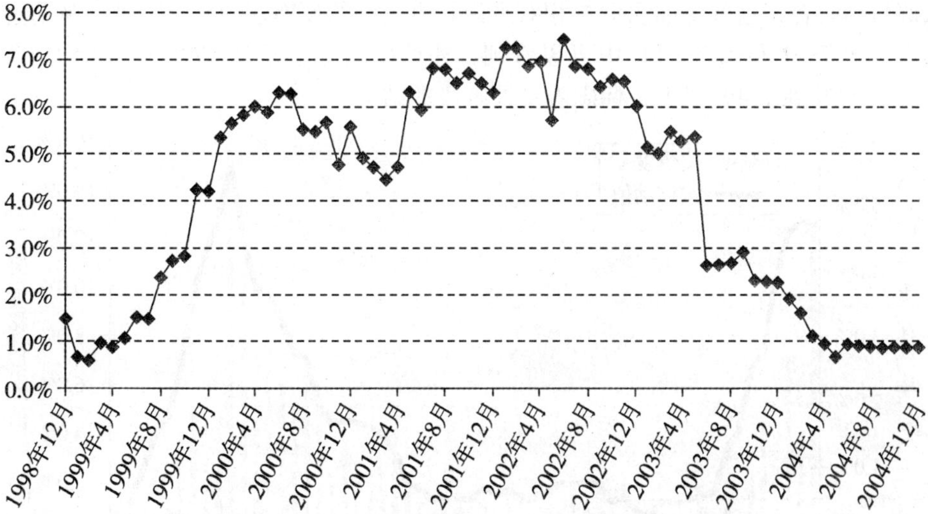

图 7—3　S & P 杠杆贷款指数 12 个月移动加权平均违约率

资料来源：S & P，LPC Corp. Copyright ©2006，The McGraw-Hill Companies，Inc. Standard & Poor's including its subsidiary corporations（“S&P”）is a division of The McGraw-Hill Companies，Inc. Reproduction of this chart in any form is prohibited without S&P's prior written permission。

从表 7—1 中我们可以看到，从 1971 年到 2004 年，年度违约率的算数平均数是 3.2%（以每年流通在外数额作为权数的加权平均值为 4.8%），标准离差率为 3.1%。因此，未来年度出现 10% 的可能性是稍大于 2.5%。但事实上，在过去的 35 年中，有 4 年（1990 年、1991 年、2002 年，从本质上说 2001 年也属于）的违约率在 10% 左右甚至超过了 10%——一个非常惊人的高数字。

7.2　违约率及经济活动

2004 年第四季度（年度）违约率的下降与经济增长的趋势是一致的。请注意现在所列示的良性信用循环中季度性的持续下降及四个季度的违约率（如图 7—4 所示）。图 7—5 列示了 2001 年衰退后的 2003—2004 年每年的违约率的下降。2004 年底的关键问题是，这种良性循环能持续多久，它是否能与 1993—1998 年发生的那长达 6 年的循环类似。从 2004 年的市场来看，能够非常肯定地认为这种循环将能够在可预见的将来得到持续，至少是在未来的 12 个月至 24 个月内。但是我们关心的是，由于新发行了大量的低利率债券而在 2003 年轻易出现的信用循环将会带来大量的信用问题，可能在 2005 年晚期就会出现。将市场从看起来无休止地自愿为虚弱的公司再筹资转换为相对来说比较严格的信用状况应该不需要花费太大的力气。如果这种程度仍然无法达到，那么典型的濒临死亡的模式将更大程度地推动信用问题的发展。实际上，2004 年新发行的评级为 B - 或以下的高收益债券占到的比例增长到了 42.5%，是至少 15 年以来的最高水平（如图 7—6 所示）。2003 年的水平是 31%，与 2001—2002 年违约率高峰开始前的 1999—2000 年大体相同。稍后我们将会解释，这些低品质债券相对来说具有较高的预期违约率。另外，从前述的图表（表 7—1 和图 7—4）中可以看到，违约率实际上是从 1999 年开始上升的，1999 年上升到了 4% 以上，标志着良性阶段的结束。

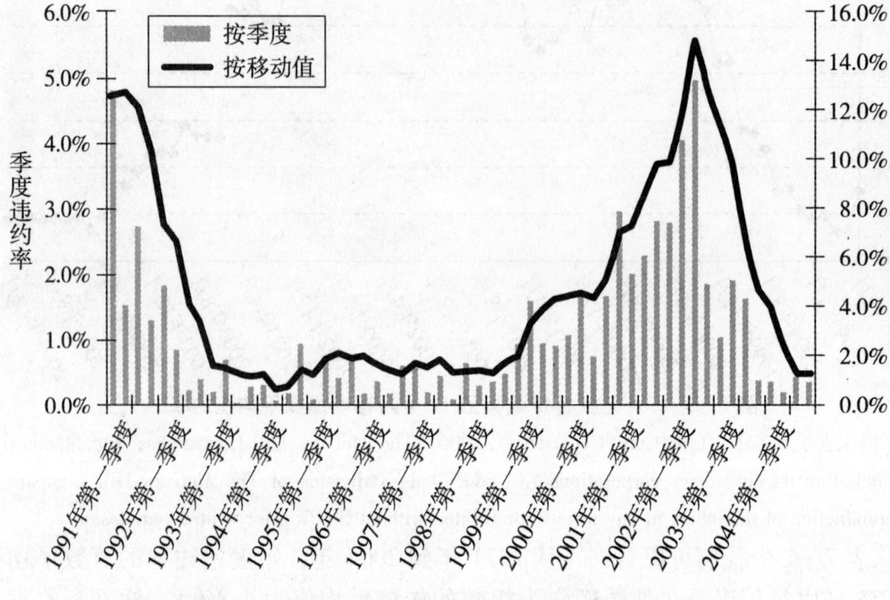

图 7—4　季度违约率与四季度移动平均值（1991—2004）

资料来源：Authors' compilations。

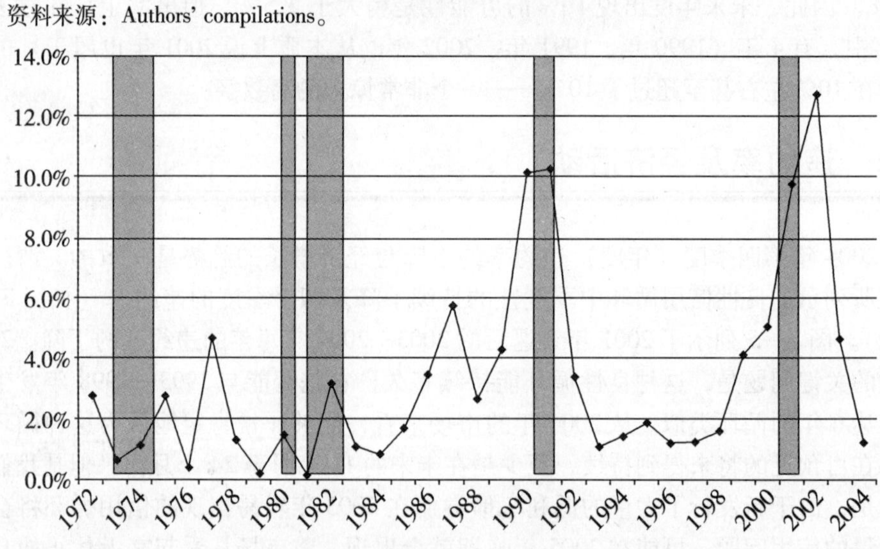

图 7—5　美国高收益债券市场历史违约率及衰退期间（1972—2004）

注：衰退期间为 1973 年 11 月—1975 年 3 月、1980 年 1 月—1980 年 7 月、1981 年 7 月—1982 年 11 月、1990 年 7 月—1991 年 3 月、2001 年 4 月—2001 年 12 月。

资料来源：E. Altman（NYU Salomon Center）and National Bureau of Economic Research。

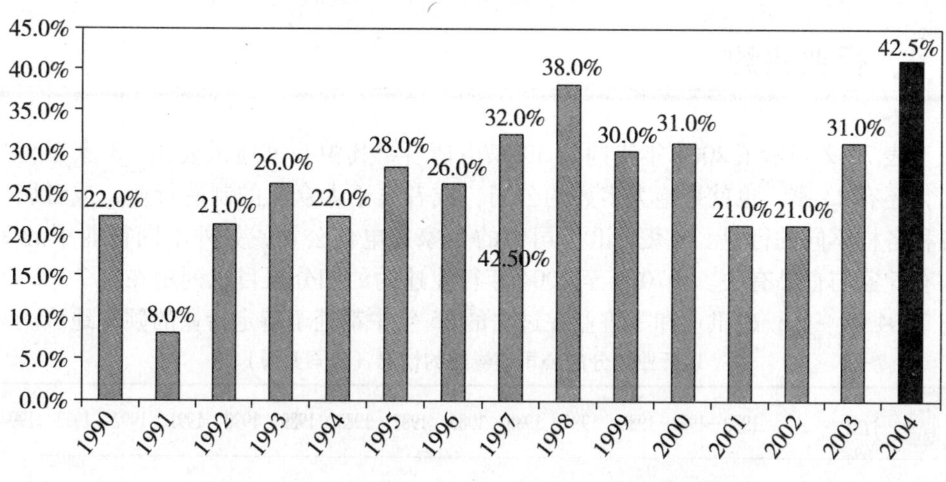

图7—6　评级为B－或以下的新发行高收益债券

资料来源：Standard & Poor's。

7.3　破产

2004年负债超过1亿美元的第11章案件的数量是44家，其负债总额为663亿美元。这一数字大大低于2003年的95家负债超过1亿美元的破产数量，其负债总额为1 100亿美元，同时也远远低于2002年总额超过3 300亿美元的纪录（如图7—7所示）。2004年有9家10亿美元的超大型破产案，其中包括Yukos，USAir，RCN Corp，Stelco，以及Trump Hotels & Casino Resorts（负债均超过20亿美元）。前已述及，在2001—2003年的3年间有100家这样的超大型破产案。10亿美元或更多债务破产案的完整名单参见第1章附录。

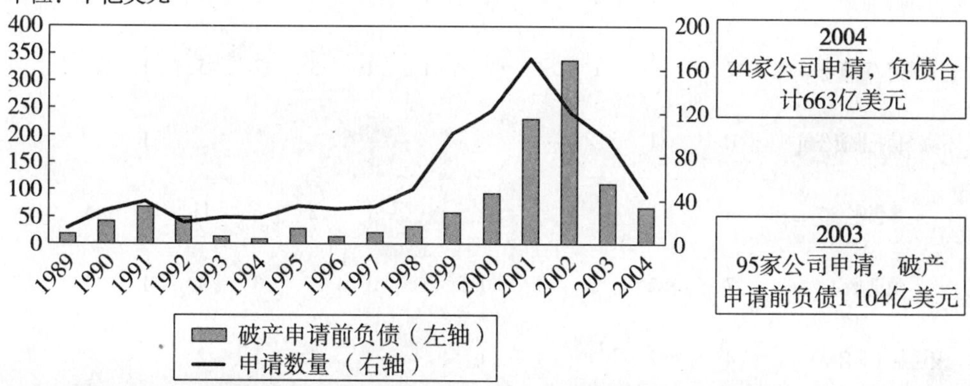

图7—7　1989—2004年申请第11章保护的上市公司负债总额（最少1亿美元）

资料来源：NYU Salomon Center Bankruptcy Filings Database。

7.4 行业违约

表7—2列示了2004年违约的39家申请者，其中6家通讯公司，3家零售公司，还有23家，也就是绝大多数的公司，或者属于大众化的制造行业，或者属于各种各样不同的行业。6家通讯公司中的5家是电信公司，另外不同行业中的23家有5家与食品有关。1970年至2004年行业违约的细分项目也列示在表7—2中。与2004年一样，通讯业和零售业在过去的35年中都处于特定行业的领先地位。

表7—2　　以行业划分的公司债券违约情况（公司数量）

行业	1970—1982	1983	1984	1985	1986	1987	1988	1989	1990	1991	1992	1993	1994
机动车运输业	3							3	3				
联合企业						1	3	1	1	3	3		
能源业	3	3	5	7	12	2	4			4	2	3	
金融服务业	4	1		1			4	11	7	14	3	2	1
休闲/娱乐业						2	4	4	8	2	4	3	4
一般制造业	9	1	1	2	6	3	3	1	5	8	8	7	3
卫生保健业						1	2		2	1	1	1	
混合行业	3	1	2	6	3	1			4	4	3	1	1
房地产/建筑业	7		1	1		1	1	3	7	5	1		
不动产信托投资公司	11	1									1		
零售业	6	1					1	2	6	15	6	4	5
通讯业	7	2	2	1	1	3	1		3	4	1	1	3
交通业（非自动）	4	2		1	1			1	1	2			2
公用事业						1	1				1		
总计	57	12	12	19	23	15	24	26	47	62	34	22	19

续表

行业	1995	1996	1997	1998	1999	2000	2001	2002	2003	2004	总计
机动车运输业	1				1			1			12
联合企业					1			1	1	15	
能源业	1			1	13	1		8	9		78
金融服务业	2	1	2	6	1	6	4	5	6	2	84
休闲/娱乐业	3	1	5	5	8	9	6	5	6		79
一般制造业	8	6	7	6	16	23	43	22	13	17	218
卫生保健业	2			2	8	6	3	4	3		36
混合行业	1		3	3	16	34	38	25	16	6	171
房地产/建筑业	2	1	2	1	4	6	4	3		2	52
不动产信托投资公司								1			14
零售业	6	3	6	6	12	7	12	5	5	3	111
通讯业	2	2	1	6	11	8	39	26	21	6	151
交通业（非自动）			2	1	8	5	7	7	6	2	52
公用事业		1	1			1					6
总计	28	15	29	37	98	107	156	112	86	39	1 079

资料来源：E. Altman，NYU Salomon Center，Stern School of Business。

7.5　违约时期

表 7—3 表明，2004 年 39 家违约公司共 77 次发行 10 年期或以下债券，它们的违约模式在 1989 年至 2004 年间并不是很典型，它们的违约比例在发行后第五年（13%）、第六年（20%）和第七年（12%）达到最大（也就是 1997—1999 年）。实际上，这一现象不足为怪，因为在这些年份有很多的 B - 或以下等级债券发行（如图 7—6 所示）。其他的年份，从第一年至第八年，一般是总数的 10% 左右。另

有高达13%的债券（5家公司10次发行）是在违约前发行的10年或更长期限的债券，这是一个罕见的高比例数字。我们期望2005—2006年将会更高比例地出现以前年份违约的正常模式。违约的期间模式还会在以后死亡率的部分中作进一步的探讨。

表7—3　　　　**从最初发行日至违约的年份分布（1989—2004）**

至违约的年数	1989		1990		1991		1992		1993/1994		1995		1996		1997	
	发行次数	占总额的比例（%）	发行次数	占总额的比例（%）	发行次数	占总额的比例（%）	发行次数	占总额的比例（%）	发行次数	占总额的比例（%）	发行次数	占总额的比例（%）	发行次数	占总额的比例（%）	发行次数	占总额的比例（%）
1	4	63	3	3	0	0	0	0	3	8	1	3	2	8	5	20
2	12	18	25	23	18	13	0	0	6	16	9	28	3	13	4	16
3	15	23	23	21	26	19	7	13	5	14	7	22	3	13	4	16
4	13	20	18	17	29	21	10	19	2	5	3	9	8	33	9	36
5	1	2	23	21	35	26	8	15	4	11	1	3	1	4	3	12
6	7	11	5	5	10	7	12	22	8	22	2	6	5	21	0	0
7	7	11	5	5	4	3	5	9	7	19	2	6	0	0	0	0
8	2	3	4	4	10	7	4	7	0	0	2	6	0	0	0	0
9	1	2	1	1	3	2	0	0	0	0	4	13	0	0	0	0
10	3	5	1	1	2	1	8	15	2	5	1	3	2	8	0	0
合计	65	100	108	100	137	100	54	100	37	100	32	100	24	100	25	100

至违约的年数	1989		1999		2000		2001		2002		2003		2004		1989—2004	
	发行次数	占总额的比例（%）	发行次数	占总额的比例（%）	发行次数	占总额的比例（%）	发行次数	占总额的比例（%）	发行次数	占总额的比例（%）	发行次数	占总额的比例（%）	发行次数	占总额的比例（%）	发行次数	占总额的比例（%）
1	2	6	32	25	19	10	40	12	29	8	18	9	8	10	166	9
2	5	15	37	30	51	28	69	21	51	15	30	15	7	9	327	18
3	10	30	15	12	56	31	87	26	61	18	26	13	8	10	353	20
4	3	10	14	11	14	8	65	19	56	16	23	11	6	8	273	15
5	10	30	7	6	13	7	27	8	45	13	40	20	10	13	228	13
6	2	6	8	6	5	3	14	4	21	6	20	10	16	21	135	8
7	1	3	10	8	12	6	21	6	8	2	25	12	9	12	116	7
8	0	0	2	2	4	2	5	2	7	2	3	1	6	8	49	3
9	0	0	0	0	3	2	4	1	12	3	5	2	1	1	34	2
10	0	0	0	0	6	3	3	1	54	16	13	6	6	8	101	6
合计	33	100	125	100	183	100	335	100	344	100	203	100	77	100	1 782	100

资料来源：Author compilations。

7.6　坠落天使违约

坠落天使违约的情况在2004年发生的非常少，仅USAir和Foster Wheeler Corp.有原发的投资等级债券违约。然而这些一次性的投资等级公司占2004年所有违约发行额的19%（见表7—4），所有违约金额的17%，但只占所有发行公司的5%。实际上，2004年还发生了另外一种坠落天使的违约现象，但它（Interstate Bakeries）只有等级贷款，而没有公开发行的债券。从1977年开始，大约有24%的违约发行在其存在时是属于投资等级，其余的（76%）通常被评定为非投资等级。我们稍后将会进一步探讨这些坠落天使违约对违约损失以及补偿率的影响。

表7—4　　年度原始等级违约情况（投资等级与非投资等级）

年份	违约发行次数①	原始等级为投资等级所占百分比（%）	原始等级为非投资等级所占百分比（%）
2004	79	19	81
2003	203	33	67
2002	322	39	61
2001	258	14	86
2000	142	16	84
1999	87	13	87
1998	39	31	69
1997	20	0	100
1996	24	13	88
1995	29	10	90
1994	16	0	100
1993	24	0	100
1992	59	25	75
1991	163	27	73
1990	117	16	84
1989	66	18	82
1988	64	42	58
1987	31	39	61
1986	55	15	85
1985	26	4	96
1984	14	21	79
1983	7	43	57
1982	20	55	45
1981	1	0	100
1980	4	25	75
1979	1	0	100
1978	1	100	0
1977	2	100	0
合计	1 874	24	76

① 从标准普尔或穆迪公司可以找到的原始等级。

资料来源：Author compilations from S&P and Moody's records。

由于2004 年仅有两家坠落天使发行者违约，因此其坠落天使违约率仅为 0.83%（以发行者为基数），是 1995 年以来的最低水平，1995 年的违约率是 0.25%（见表 7—5）。坠落天使年度平均违约率比原发性高收益发行者的违约率要低，但从统计数据上来看差距不是很大。

表 7—5　坠落天使与原始发行以及所有高收益债券违约率（以发行公司为基数）比较（1985—2004）

年份	12 个月坠落天使平均违约率①(%)	原始发行投机等级债券违约率①(%)	所有投机等级债券违约率①(%)	Altman 美元加权年度违约率(%)
2004	0.83	2.65	2.29	1.25
2003	5.88	5.46	5.53	4.66
2002	6.59	8.55	8.32	12.79
2001	8.46	10.14	10.99	9.81
2000	7.01	7.10	7.03	5.07
1999	4.01	5.10	4.62	4.15
1998	3.31	2.75	2.23	1.60
1997	2.04	2.10	1.71	1.25
1996	1.38	2.00	1.71	1.23
1995	0.25	3.90	3.07	1.90
1994	0.00	2.31	1.70	1.45
1993	1.72	1.99	1.79	1.10
1992	4.50	5.48	5.45	3.40
1991	7.53	10.86	11.66	10.27
1990	5.77	8.30	8.20	10.14
1989	3.74	4.93	5.33	4.29
1988	4.25	3.39	3.95	2.66
1987	4.36	2.92	2.41	5.78
1986	2.46	6.29	4.78	3.50
1985	6.77	4.06	3.24	1.71
算术平均数	4.04	5.01	4.80	4.40
加权平均数(以发行公司数量为权数)	4.22	5.15	5.10	4.39
标准离差率	2.53	2.76	3.06	3.59

① 每年的数字都是以当年 12 个月份的年度平均数为基础的。

资料来源：Author compilation from Standard & Poor's Credit Pro Database and Table 7.1。

7.7　违约损失及补偿

我们以重要损失（1－违约的补偿率）数额加上半年息票支付的损失为基础计算高收益债券对投资者的违约损失率。高收益债券违约的加权平均补偿率（以违约后的市场价格为基础）从 2003 年的 45.5% 大幅度增长到 57.7%（见表 7—6），远远高于 2000 年早期违约率相当高时的 25%～27% 的违约率范围（见表 7—7）。

表 7—6　　**2004 年违约损失率**　　金额单位：美元①

	为坠落天使调整前	仅包含坠落天使	全部，除坠落天使外	为坠落天使调整后价格
背景数据				
2004 年平均违约率	1.249%	0.832%	1.322%	1.267%
违约时平均价格②	57.675	60.025	57.354	57.739
降级时平均价格②		88.994		
平均补偿	57.675	67.449	57.354	58.810
平均重大损失	42.325	32.551	42.646	41.190
平均息票支付	10.296	6.204	10.985	10.296
违约损失计算				
违约率	1.249%	0.832%	1.322%	1.267%
×重大损失	42.325	32.551	42.646	41.190
重大违约损失率	0.529%	0.271%	0.564%	0.522%
违约率	1.249%	0.832%	1.322%	1.267%
×1/2 息票损失	5.148	3.102	5.493	5.148
息票违约损失率	0.064%	0.026%	0.073%	0.065%
重大及息票违约损失率	**0.593%**	**0.297%**	**0.636%**	**0.587%**

① 原书无单位注释，但根据前后文推断，此表金额单位应为美元。——译者注

② 在无法取得违约日价格的情况下采用月末价格。

资料来源：Author compilations and various dealer quotes。

2004 年的违约损失率，包括丧失息票支付的 6 个基点的损失，为 0.59%，远远低于 2003 年 2.76% 的水平和 2002 年 10.15% 的损失记录，而且远远低于历史年度平均水平。2004 年较低的违约损失率与 1996 年和 1997 年的良性损失年度比较类似，当时的补偿率高达 50%。在 27 年的样本期间，高收益债券市场的年度平均损失率为每年 2.45%（加权平均损失率为 3.51%）。

表 7—7　　违约率及损失率[①]（1978—2004）

年份	发行在外面值[①]（百万美元）	违约面值（百万美元）	违约率（%）	违约后加权价格（百万美元）	加权票息（%）	违约损失率（%）
2004	933 100	11 657	1.25	57.7	10.30	0.59[②]
2003	825 000	38 451	4.66	45.5	9.55	2.76[②]
2002	757 000	96 858	12.79	25.3	9.37	10.15[②]
2001	649 000	63 609	9.80	25.5	9.18	7.76
2000	597 200	30 295	5.07	26.4	8.54	3.95
1999	567 400	23 532	4.15	27.9	10.55	3.21
1998	465 500	7 464	1.60	35.9	9.46	1.10
1997	335 400	4 200	1.25	54.2	11.87	0.65
1996	271 000	3 336	1.23	51.9	8.92	0.65
1995	240 000	4 551	1.90	40.6	11.83	1.24
1994	235 000	3 418	1.45	39.4	10.25	0.96
1993	206 907	2 287	1.11	56.6	12.98	0.56
1992	163 000	5 545	3.40	50.1	12.32	1.91
1991	183 600	18 862	10.27	36.0	11.59	7.16
1990	181 000	18 354	10.14	23.4	12.94	8.42
1989	189 258	8 110	4.29	38.3	13.40	2.93
1988	148 187	3 944	2.66	43.6	11.91	1.66
1987	129 557	7 486	5.78	75.9	12.07	1.74
1986	90 243	3 156	3.50	34.5	10.61	2.48
1985	58 088	992	1.71	45.9	13.69	1.04
1984	40 939	344	0.84	48.6	12.23	0.48
1983	27 492	301	1.09	55.7	10.11	0.54
1982	18 109	577	3.19	38.6	9.61	2.11
1981	17 115	27	0.16	72.0	15.75	0.15
1980	14 935	224	1.50	21.1	8.43	1.25
1979	10 356	20	0.19	31.0	10.63	0.14
1978	8 946	119	1.33	60.0	8.38	0.59
算术平均，1978—2004 年			3.57	43.0	10.98	2.45
加权平均，1978—2004 年			4.86			3.51

① 不包括违约发行。

② 为坠落天使调整后的违约损失率为 2002 年 9.3%，2003 年 1.82%，2004 年 0.59%。

资料来源：Author compilations；Tables 7.1 and 7.6.

2004年的损失率没有为坠落天使进行调整。由于仅有两家公司属于坠落天使违约，且其违约债务的补偿率为67.4%，因此2004年调整后违约损失率仅稍稍较低，为0.587%（参见表7—6最后一栏）。我们的调整是在这样的基础上计算的，即高收益投资者只有在坠落天使债券被以当时的价格降级为非投资等级债券时才会购买。2004年的低违约损失率有助于提高高收益债券业绩预期回报，这将在稍后作进一步探讨。

表7—8按优先权列示了2004年以及1978—2004年间的平均补偿率。2004年按优先权列示的补偿率一般依次为：优先担保债券的加权平均补偿率为63.7%，优先无担保债券为56.8%，优先次级债券为37.4%。折现债券确实比过去补偿要多。所有优先等级的债券都比历史平均数和中位数的补偿率要高。需要注意的是，随着时间的推移，优先担保债券（具有不同种类的抵押品）在违约时补偿了大约56%（中位数）的面值额，但其最终补偿率要稍高一些（63%，此处没有列示），而优先非担保债券为42.5%（最终补偿率为43%），优先次级债券的更低，为33%（最终补偿率31%），非优先次级债券为31%（最终补偿率30%）。

表7—8 1978—2004年按优先权列示的每100美元面值违约债券加权（按发行次数）平均补偿率

违约年份	优先担保债券 数量	优先担保债券 金额（美元）	优先无担保债券 数量	优先无担保债券 金额（美元）	优先次级债券 数量	优先次级债券 金额（美元）	次级债券 数量	次级债券 金额（美元）	折价及零息票债券 数量	折价及零息票债券 金额（美元）	所有债券 数量	所有债券 金额（美元）
2004	27	63.67	33	56.77	2	37.44	0	0.00	6	40.66	68	57.72
2003	57	53.51	108	45.40	29	35.98	1	38.00	8	32.27	203	45.78
2002	37	52.81	254	21.82	21	32.79	0	0.00	28	26.47	340	26.25
2001	9	40.95	187	28.84	48	18.37	0	0.00	37	15.05	281	25.62
2000	13	39.58	47	25.40	61	25.96	26	26.62	17	23.61	164	26.74
1999	14	26.90	60	42.54	40	23.56	2	13.88	11	17.30	127	32.20
1998	6	70.38	21	39.57	6	17.54	0	0.00	1	17.00	34	40.46
1997	4	74.90	12	70.94	6	31.89	1	60.00	2	19.00	25	57.61
1996	4	59.08	4	50.11	9	48.99	4	44.23	3	11.99	24	45.44
1995	5	44.64	9	50.50	17	39.01	1	20.00	1	17.50	33	41.77
1994	5	48.66	8	51.14	5	19.81	3	37.04	1	5.00	22	39.44
1993	2	55.75	7	33.38	10	51.50	9	28.38	4	31.75	32	38.83
1992	15	59.85	8	35.61	17	58.20	22	49.13	5	19.82	67	50.03
1991	4	44.12	69	55.84	37	31.91	38	24.30	9	27.89	157	40.67
1990	12	32.18	31	29.02	38	25.01	24	18.83	11	15.63	116	24.66
1989	9	82.69	16	53.70	21	19.60	30	23.95			76	35.97
1988	13	67.96	19	41.99	10	30.70	20	35.27			62	43.45
1987	4	90.68	17	72.02	6	56.24	4	35.25			31	66.63
1986	8	48.32	11	37.72	7	35.20	30	33.39			56	36.60
1985	2	74.25	3	34.81	7	36.18	15	41.45			27	41.78
1984	4	53.42	1	50.50	2	65.88	7	44.68			14	50.62
1983	1	71.00	3	67.72			4	41.79			8	55.17
1982			16	39.31			4	32.91			20	38.03

续表

违约年份	优先担保债券 数量	优先担保债券 金额（美元）	优先无担保债券 数量	优先无担保债券 金额（美元）	优先次级债券 数量	优先次级债券 金额（美元）	次级债券 数量	次级债券 金额（美元）	折价及零息票债券 数量	折价及零息票债券 金额（美元）	所有债券 数量	所有债券 金额（美元）
1981	1	72.00									1	72.00
1980			2	26.71			2	16.63			4	21.67
1979							1	31.00			1	31.00
1978			1	60.00							1	60.00
总数/平均数	256	54.15	947	35.77	399	30.17	248	31.06	144	21.90	1 994	35.43
中位数		55.75		42.54		32.79		31.00		19.00		40.67

资料来源：Author compilations from various dealer quotes。

总之，在2004年，一个稍高于58%的平均补偿率与Altman，Brady，Resti和Sironi（2002，2005）发现的单变量回归模型中的预测是完全一致的。实际上，在图7—8中所列示的2003年修正回归，以几个单变量模型和2004年的1.25%的违约率为基础，预测出了2004年的补偿率大约为50%。这比2004年的实际违约率稍微低一些。有关补偿率以及与其相关的更多文献回顾可以参见本书的第15章，以及Altman，Resti和Sironi（2005）的相关读物。我们对违约时补偿率的估计仅是以违约证券的供需概念为基础的，当违约率较高时，补偿率较低（例如2001年和2002年），而当补偿率较低时，补偿通常会较高（例如2004年的情况）。

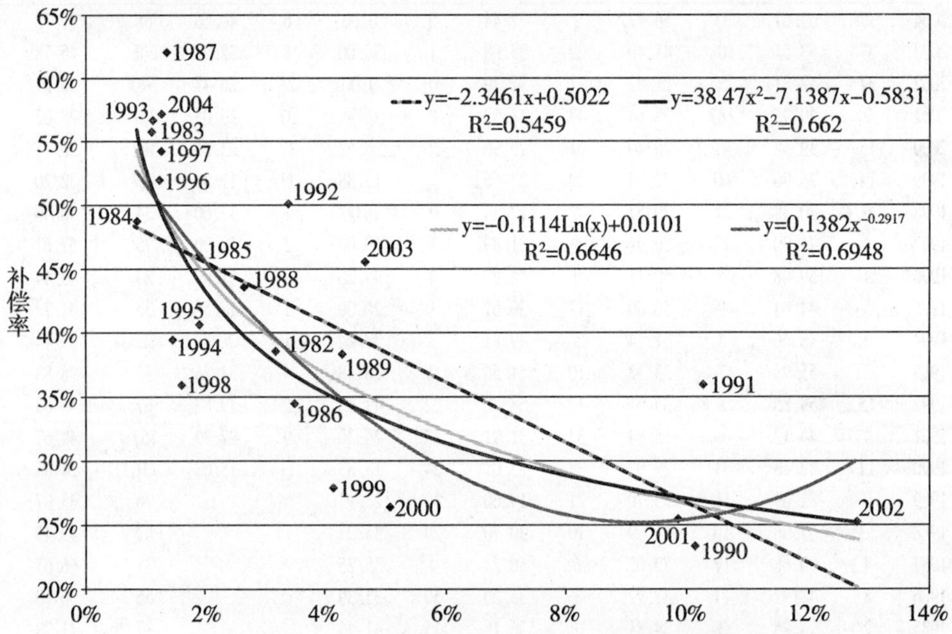

图7—8 补偿率/违约率联系：Altman违约债券数据分布（1982—2004），对美元加权平均违约率的美元加权平均补偿率

资料来源：Update from Altman，Brady，Resti，and Sironi（2005）。

7.8　补偿率的相关结果

表 7—9 列示了自 1971 年以来超过 1 800 个原始等级债券发行违约的平均补偿率。与我们先前所讨论的坠落天使违约补偿一致，我们发现在发行时等级为 AAA、AA 以及 A 的债券补偿率要比等级为 BBB 或以下级别的高出很多。另外注意到，原始发行时为非投资等级的债券在其补偿率方面，从 BB 级直到 CCC 级几乎没有区别（从高到 20% 至低到 30% 的范围）。

表 7—9　　**原始债券等级违约后平均价格（1971—2004）**　　金额单位：美元

等级	观察数量	平均价格	加权平均价格	中位数价格	标准离差	最小价格	最大价格
AAA	7	68.34	76.99	71.88	20.82	32.00	97.00
AA	23	61.33	76.20	54.50	27.04	17.80	99.88
A	118	53.97	47.87	55.32	27.54	2.00	100.00
BBB	318	41.78	32.67	41.00	23.88	1.00	103.00
BB	179	34.88	30.15	33.00	21.54	1.00	107.75
B	994	32.08	28.33	28.00	22.74	0.42	112.00
CCC	210	35.91	32.98	29.00	26.96	0.59	103.25
合计	1 849	36.36	31.44	32.00	24.66	0.42	112.00

资料来源：Author compilation。

表 7—10 表明，一种债券从最初发行到违约的年数并不会对最终的补偿率产生很重要的影响。因此，早期违约是一种不好的现象，这不仅是因为投资者没有足够的时间去收集息票，而且从补偿率的角度来说，这种早期违约并没有好处。

表 7—10　　**按发行年数列示的违约时平均价格（1971—2004）**

至违约的年数	观察数量	平均价格（美元）
1	154	30.29
2	322	32.08
3	378	30.36
4	288	35.60
5	224	34.73
6	180	42.13
7	125	37.72
8	62	35.69
9	39	38.37
10	105	37.10
全部	1 877	34.31

资料来源：Author compilation。

7.9 死亡率及损失

之前对违约率和损失的论述可以被看作是以传统方法为基础来计算所有高收益债券市场的违约数额及影响的，同样的方法可以被用在其他资产上，例如公司贷款。这种计量方法有助于快速取得对目前或过去违约情况的印象，新闻记者及分析师将会发现这些是非常有用的。长期的平均结果，例如每年4.8%的加权平均违约率（表7—6），也会被证明在不同的时期内对公司总体进行风险和收益业绩的评价方面是非常有用的（稍后参见对表7—15的探讨）。

尽管传统的方法在某些情况下是比较合适的，但它在对特定等级的债券或贷款进行衡量方面就略显不足，对其时期长短的影响以及对预期违约率的影响进行不了过多的说明。事实上，我们不可能对某一特定风险等级的债券或贷款的预期或非预期违约率和损失率作精确的判断，当银行采用其先进的内部评级基础（IRB）方法确定其信用资产组合所要求的资本数量时，这些方法对银行使用的输入量更为关键，特别是那些符合国际清算银行（BIS）巴塞尔协定Ⅱ新（2004）资本要求的银行。巴塞尔协定Ⅱ将在2007年大部分的大型银行中实施。

为得到特定信用等级债券更为精确的预期违约率，以下各学者的研究成果均确认了在债券评级的特定时点进行及时分析的大量相关信息，即Altman（1988，1989）；Asquith，Mullins和Wolff（1989）；Fons和Lucas（1990）；标准普尔（1991）的研究成果。但是正如我们将要说明的，死亡率方法测试的债券要考察其发行后直到10年的期间，但这种债券是与其原始等级债券有区别的。穆迪公司和标准普尔通常都是评定特定等级的所有债券的违约率，而不考虑其发行年份。穆迪公司的观点是宏观现象与最佳效果一样是相关的。同时还要注意，一些评级机构主要采用发行公司作为账户基本单位，而我们采用的是美元金额。Fitch Ratings也是采用美元金额。

Altman（1989）保留这样的观点，即单个期间的违约率是以该期间发生的与本期开始时总体基础数据有关的违约情况为基础进行衡量的，如年度违约率的衡量。但当我们从特定群组出发，如某一类等级的债券，并且想要追踪这一群组多个期间的业绩时，计算就变得复杂多了。由于随着时间的推移，原始数据可能会随着大量不同事件的发生而发生变化，因此，我们要考虑相对幸存者数据来说的死亡率，然后输入违约情况以计算死亡率。债券可以由于至少以下四种事件的发生而退出原始数据，即违约、收回、偿还现金以及其他方式的赎回和到期。

每年的单一死亡率叫做边际死亡率（MMR），是按照以下公式计算的：

$$MMR_t = \frac{\text{t 年中的违约债务总价值}}{\text{第 t 年开始时基础债券总价值}}$$

累积死亡率（CMR）是通过一系列时期（1，2，…，T年）来衡量的，是从1中减掉以前年度中每一年的残存数据，也就是：

$$CMR_T = 1 - \prod_{t=1}^{T} SR_t$$

其中，CMR_T 为第 T 年累积死亡率；

SR_t 为第 t 年残存率，$1 - MMR_t$。

每一债券等级单个年份的边际死亡率是以对从发行时起衡量的当年死亡率进行的汇编为基础的，例如，合并第一年的所有死亡率作为样本期间第一年的比率；合并第二年的所有死亡率作为样本期间第二年的比率，以此类推。

死亡率是发行后特定年份以价值为权数的加权平均率，而不是非加权平均数值。如果我们仅将第一年、第二年及以后的死亡率做简单平均，那我们的结果将非常容易受到特定年份重大偏差的影响。例如，如果在某一特定年份内新发行债券非常少，该年份与发行数额相比的违约非常高，那么非加权平均数值的准确性就会受到很大的影响。在这种情况下，我们的加权平均方法向大发行量年份进行了校正，尤其是最近几年的情况更是如此。

从 1988 年开始，我们按照标准普尔等级的每一类别（AAA，AA，A 等）对 1971 年至今的公司债券违约率和死亡率进行了研究，并且每年予以更新。1971 年至 2004 年最新的死亡率统计资料见表 7—11 至表 7—13。表 7—11 按原始债券等级列示了违约金额总额。违约金额随着原始等级的下降呈增长趋势，原始等级为 BBB 级的债券除外，它比 BB 级的金额要高（740 亿美元对 340 亿美元）。这一金额因为 B 级债券的发行再一次增加。BBB 级债券的反常现象一部分原因是由于 2000 年 WorldCom 发行了大量的债券，并且在两年后违约，同时也由于 BBB 级债券存在大量的违约发行情况。

表 7—11　　按原始等级列示的违约金额（1974—2004 年违约发行）

等级	数量	总计（百万美元）	平均值（百万美元）	标准离差	中位数（百万美元）
AAA	7	764.00	109.14	73.92	125.00
AA	23	3 777.40	164.23	175.59	75.00
A	117	13 751.58	117.53	175.45	60.00
BBB	322	73 528.77	228.35	425.17	125.00
BB	178	34 035.46	191.21	198.36	125.00
B	984	163 626.04	166.29	166.75	120.00
CCC	198	26 446.78	133.57	121.71	100.00
CC	8	1 223.30	152.91	88.60	132.25
C	3	615.97	205.32	207.68	195.00
NR	313	39 230.75	125.34	143.74	93.98
合计	2 153	357 000.1	165.80	224.50	110.00

资料来源：Author compilation。

表7—12列示了2004年死亡率的数据。随着违约率趋于平缓，这一结果总体上来说比2003年的死亡率要低，例外的情况是发行后第五年和第六年低等级债券出现的较高的比率。从表中可以观察到在发行后的前几年中比率都比较低。例如，以2003年的数据为基础，等级为B的比率在发行后第一年从2003年的3.06%下降到2.85%，第二年至6.85%；BB级债券在发行后的前两年内下降为1.19%（从1.22%）和2.48%。我们持续观察了发行后前三、四年的期间影响，例外的情况是BBB级债券，它在第二年出现了不规则的比较高的边际死亡率（从2002年开始）。同样，这也要归因于WorldCom的影响。

表7—12　　按原始等级列示的死亡率（%）

——所有等级公司债券[①]（1971—2004）

		发行后年份									
		1	2	3	4	5	6	7	8	9	10
AAA	边际	0.00	0.00	0.00	0.00	0.03	0.00	0.00	0.00	0.00	0.00
	累积	0.00	0.00	0.00	0.00	0.03	0.03	0.03	0.03	0.03	0.03
AA	边际	0.00	0.00	0.32	0.16	0.03	0.03	0.00	0.00	0.03	0.02
	累积	0.00	0.00	0.32	0.48	0.51	0.54	0.54	0.59	0.57	0.59
A	边际	0.01	0.10	0.02	0.09	0.06	0.11	0.06	0.21	0.11	0.06
	累积	0.01	0.11	0.13	0.22	0.28	0.39	0.45	0.65	0.76	0.82
BBB	边际	0.36	3.22	1.43	1.28	0.77	0.45	0.20	0.20	0.14	0.40
	累积	0.36	3.56	4.49	6.16	6.89	7.31	7.50	7.68	7.87	8.18
BB	边际	1.19	2.48	4.40	2.01	2.51	1.16	1.60	0.88	1.70	3.60
	累积	1.19	3.64	7.88	9.74	12.00	12.93	14.36	15.07	16.52	19.60
B	边际	2.85	6.85	7.40	8.55	6.00	4.16	3.72	2.28	1.96	0.86
	累积	2.85	9.51	16.20	23.37	27.94	30.96	33.46	34.97	36.25	36.80
CCC	边际	7.98	15.57	19.55	12.10	4.26	9.45	5.60	3.15	0.00	4.28
	累积	7.98	22.31	37.50	45.06	47.37	52.35	55.01	56.43	56.43	58.30

① 标准普尔以1 719次发行为基础在发行时的评级。

资料来源：Standard & Poor's and author compilation。

我们一般认为在发行后的前两年中，时期长短对违约率的影响会以公司支付利息的能力为标志，即或者以公司的现金流量进行支付，或者以发行债券本身的收入来进行支付。但是大约两年后，仅有年度现金流量构成支付的主要来源。

表7—13中的死亡损失率表明了与我们的死亡率数据大体类似的结果。损失受违约时的补偿、丧失的利息支付，当然还有群组规模的影响。由于2004年存在较低的违约率和较高的补偿率，大部分死亡损失率都低于2003年的总体统计数据。

表7—13　按原始等级列示的死亡损失率（%）
——所有等级公司债券①（1971—2004）

		发行后年份									
		1	2	3	4	5	6	7	8	9	10
AAA	边际	0.00	0.00	0.00	0.00	0.00	0.00	0.00	0.00	0.00	0.00
	累积	0.00	0.00	0.00	0.00	0.00	0.00	0.00	0.00	0.00	0.00
AA	边际	0.00	0.00	0.05	0.05	0.01	0.01	0.00	0.00	0.03	0.02
	累积	0.00	0.00	0.05	0.10	0.11	0.12	0.12	0.12	0.15	0.17
A	边际	0.00	0.03	0.01	0.04	0.03	0.06	0.02	0.04	0.08	0.00
	累积	0.00	0.03	0.04	0.08	0.11	0.17	0.19	0.23	0.31	0.31
BBB	边际	0.25	2.25	1.10	0.77	0.46	0.27	0.10	0.11	0.07	0.24
	累积	0.25	2.49	3.57	4.31	4.75	5.00	5.10	5.21	5.27	5.50
BB	边际	0.69	1.44	2.55	1.16	1.46	0.60	0.90	0.38	0.84	1.28
	累积	0.69	2.13	4.62	5.72	7.10	7.66	8.48	9.83	9.60	10.76
B	边际	1.83	4.75	5.18	5.72	4.06	2.41	2.54	1.34	1.02	0.64
	累积	1.83	6.50	11.34	14.41	19.80	21.73	23.72	24.75	25.51	25.99
CCC	边际	5.33	11.68	14.67	9.32	3.10	7.28	4.31	2.52	0.00	3.22
	累积	5.33	16.39	28.65	35.31	37.31	41.88	44.38	45.78	45.78	47.53

① 标准普尔以1 604次发行为基础在发行时的评级。

资料来源：Standard & Poor's and author compilation。

7.10　各种来源的累积违约率的比较

从表7—14可以看出，如果我们将死亡率结果与那些主要评级公司（穆迪公司及标准普尔）的累积违约率进行比较的话，很多不同等级债券每年的违约率会有非常大的差异。不同的边际违约率和累积违约率的计算方法可以解释这一看起来捉摸不透的结果。其不同之处表现为以下各方面：

（1）金额加权（Altman）与发行公司加权（评级公司）的数据不同；

（2）仅包括国内直接债务（Altman）与国内（或世界范围内）直接加可转换债务（评级公司）的不同；

（3）原始发行评级（Altman）与不考虑发行年份的群组评级（评级公司）的不同；

（4）死亡率方法（Altman）与以原始群组规模为基础的违约率（评级公司）不同；

（5）样本期间不同。

我们认为，迄今为止第三个原因是最重要的，因此我们采用的是当债券初次发行时的债券评级和规模。而评级公司一般都采用一篮子债券，所有的债券在某一特定时点评级都是相同的，不论它们已经在外流通的时间以及初次发行时的等级。所以我们在Altman的死亡率结果中看到了前几年非常低的违约率，低于我们在评级公司中看到的结果。例如，第一年中 B 级债券的死亡率是 2.85%，而穆迪公司一年的违约率就高出很多。要注意，这种差异会一直持续到第四年或者第五年，直到发行期间长短的影响逐渐减小，所有的方法都能得到大体相同的结果为止。

这些结果的差异对银行或者投资者来说是非常重要的，他们需要为巴塞尔Ⅱ估计一年的预期违约率（银行），或者需要为预期的违约和损失储备进行估计（所有用户）。我们相信，分析中的期间分配组合会控制使用的方法和采用的数据。当然，当举借新的债务或投资于新发行债券时，在估计现金流量、违约净值和其他数据方面死亡率方法会更为合理。评级公司的方法可能对更多的成熟的组合会更合理。

表 7—14　　十年累积违约率比较（%）

	1	2	3	4	5	6	7	8	9	10
AAA/Aaa										
Altman	0.00	0.00	0.00	0.00	0.03	0.03	0.03	0.03	0.03	0.03
穆迪	0.00	0.00	0.00	0.04	0.12	0.21	0.30	0.41	0.52	0.63
标准普尔	0.00	0.00	0.03	0.06	0.10	0.17	0.24	0.36	0.41	0.45
AA/Aa										
Altman	0.00	0.00	0.32	0.48	0.51	0.54	0.54	0.59	0.57	0.59
穆迪	0.00	0.00	0.03	0.12	0.20	0.29	0.37	0.47	0.54	0.61
标准普尔	0.01	0.04	0.09	0.19	0.30	0.41	0.54	0.64	0.74	0.85
A/A										
Altman	0.01	0.11	0.13	0.22	0.28	0.39	0.45	0.65	0.76	0.82
穆迪	0.02	0.08	0.22	0.36	0.50	0.67	0.85	1.04	1.25	1.48
标准普尔	0.04	0.13	0.24	0.40	0.61	0.84	1.11	1.34	1.63	1.94
BBB/Baa										
Altman	0.36	3.56	4.49	6.16	6.89	7.31	7.50	7.68	7.87	8.18
穆迪	0.19	0.54	0.98	1.55	2.08	2.59	3.12	3.65	4.25	4.89
标准普尔	0.29	0.81	1.40	2.19	2.99	3.73	4.34	4.95	5.50	6.10
BB/Ba										
Altman	1.19	3.64	7.88	9.74	12.00	12.93	14.36	15.07	16.52	19.60
穆迪	1.22	3.34	5.79	8.27	10.72	12.98	14.81	16.64	18.40	20.11
标准普尔	1.20	3.58	6.39	8.97	11.25	13.47	15.25	16.75	18.16	19.20
B/B										
Altman	2.85	9.51	16.20	23.37	27.94	30.96	33.46	34.97	36.25	36.80
穆迪	5.81	12.93	19.51	25.33	30.48	35.10	39.45	42.89	45.89	48.64
标准普尔	5.71	12.49	18.09	22.37	25.40	27.77	29.76	31.32	32.54	33.75
CCC/Caa										
Altman	7.98	22.31	37.50	45.06	47.37	52.35	55.01	56.43	56.43	58.30
穆迪	22.43	35.96	46.71	54.19	59.72	64.49	68.06	71.91	74.53	76.77
标准普尔	28.83	37.97	43.52	47.44	50.85	52.13	53.39	54.05	55.56	56.45

资料来源：Altman，市场价值加权，按原始标准普尔发行年数，1971—2004 年，以实际评级为基础；穆迪，发行者加权，群组分析，1971—2004 年，以实际评级或暗指的优先无担保评级为基础（Moody's Investors Service，2005）；标准普尔，发行者加权，静态集合分析，1981—2004 年，以实际评级或暗指的优先无担保评级为基础（Standard & Poor's，2005）。

7.11 报酬率及买卖价差

表7—15列示了2004年以及整个样本期间，即1978年至2004年的高收益债券的相对报酬率情况。尽管Citigroup的高收益债券指数（Citigroup's High Yield Bond Index）记录了一个仅低于历史平均报酬率的10.79%的水平，但与27年，即1978年至2004年间的历史平均水平11.37%相比，仍比10年期美国国库券做得更好，其报酬差价达到了5.92%的水平。

表7—15 10年期国库券和高收益债券上的年度报酬率、收益率及买卖价差[①]（1978—2004）

年份	报酬率（%）			承诺收益率（%）		
	高收益债券	国库券	买卖价差	高收益债券	国库券	买卖价差
2004	10.79	4.87	5.92	7.35	4.21	3.14
2003	30.62	1.25	29.37	8.00	4.26	3.74
2002	(1.53)	14.66	(16.19)	12.38	3.82	8.56
2001	5.44	4.01	1.43	12.31	5.04	7.27
2000	(5.68)	14.45	(20.13)	14.56	5.12	9.44
1999	1.73	(8.41)	10.14	11.41	6.44	4.97
1998	4.04	12.77	(8.73)	10.04	4.65	5.39
1997	14.27	11.16	3.11	9.20	5.75	3.45
1996	11.24	0.04	11.20	9.58	6.42	3.16
1995	22.40	23.58	(1.18)	9.76	5.58	4.18
1994	(2.55)	(8.29)	5.74	11.50	7.83	3.67
1993	18.33	12.08	6.25	9.08	5.80	3.28
1992	18.29	6.50	11.79	10.44	6.69	3.75
1991	43.23	17.18	26.05	12.56	6.70	5.86
1990	(8.46)	6.88	(15.34)	18.57	8.07	10.50
1989	1.98	16.72	(14.74)	15.17	7.93	7.24
1988	15.25	6.34	8.91	13.70	9.15	4.55
1987	4.57	(2.67)	7.24	13.89	8.83	5.06
1986	16.50	24.08	(7.58)	12.67	7.21	5.46
1985	26.08	31.54	(5.46)	13.50	8.99	4.51
1984	8.50	14.82	(6.32)	14.97	11.87	3.10
1983	21.80	2.23	19.57	15.74	10.70	5.04
1982	32.45	42.08	(9.63)	17.84	13.86	3.98
1981	7.56	0.48	7.08	15.97	12.08	3.89
1980	(1.00)	(2.96)	1.96	13.46	10.23	3.23
1979	3.69	(0.86)	4.55	12.07	9.13	2.94
1978	7.57	(1.11)	8.68	10.92	8.11	2.81
算术年度平均值（1978—2004）	11.37	9.02	2.36	12.47	7.57	4.90
标准离差	12.45	11.92	12.34	2.85	2.61	2.06
复合年度平均值（1978—2004）	11.16	8.76	2.41			

① 年末收益。

资料来源：Author compilation and Citigroup's High Yield Bond Index。

2004 年的结果提高了高收益债券的历史平均年度差价，在 2003 年的水平上提高了 14 个基点，达到了 2.36%（算术平均）。在我们计算的整个样本期间，以 10 年期国库券的收益为基准，高收益债券在 27 年中有 17 年是正的收益差价，27 年中有 22 年是绝对的正收益。对于吸引投资者来说，超过流动性更强的无违约风险国库券收益并且扣除违约净额的正收益差价是非常必要的，至少要求每年要有 2% 的报酬率来提供足够的正的相关收益，以补偿更高的非预期损失和更高的预期违约损失。

更高的预期和非预期损失会导致高收益债券相对国库券来说正的（投资者要求的）收益差价。27 年间的历史平均水平 4.90% 就起到了预示的作用。实际上，2004 年年末收益差价掉到了 3.14%（表 7—15 最后一列），达到了自 1984 年年末（与 1996 年相似）以来的最低水平，这表明市场预期是认为这种良性循环将会在未来一段时间内得以持续。

如果我们从 4.90% 的平均年度收益价差中减掉 2.45% 的违约平均年度损失率（见表 7—7），其结果，即每年 2.45% 的预期收益价差，与每年的实际收益价差 2.36%（表 7—15 第四列）非常近似。我们对这种被观察到的非常简单但很合理的市场平衡印象非常深刻，它证明了实际收益价差与预期结果非常一致。

2004 年年底仅仅 3.14% 的收益价差暗示了 2005 年市场上将会出现更低的平均违约率。假设在 1.25% 违约率水平上的补偿率是 50%（与 2004 年补偿率近似），2004 年年末高收益债券到期收益率为 7.35%，那么如果 2.36% 的历史平均收益价差能够实现，则 2005 年预期的高收益债券的收益价差将为 2.39%。以上这些可以从根据我们自己的分析得出的公式中获得，该公式为：

$$BEY=\frac{R_f+\left[D_r\ (1-RR)\ +D_r\frac{HYC}{2}\right]}{1-D_r}$$

以及 HYRS = HYY − BEY

其中，BEY 为盈亏平衡收益；

R_f为无风险利率（10 年期美国国库券利率）；

D_r 为违约率（期望）；

RR 为补偿率（期望）；

HYC 为高收益息票利率；

HYRS 为高收益债券收益价差（期望）；

HYY 为高收益债券到期收益率。

这一公式的观点是，高收益债券的投资者赚取的是承诺的收益减掉非违约市场上的违约损失（$1-D_r$）。

7.12 新发行及市场上的其他变化

2004 年新的高收益债券发行创造了一个单年发行的纪录，达到 1 472 亿美元。

为再筹资、坠落天使、上升新星以及违约进行调整后，美国高收益债券市场的规模达到了 9 400 亿美元，与 2003 年年底的 8 860 亿美元相比净增长了 6%。年度坠落天使（341 亿美元）与上升新星（282 亿美元）之比也略高于 1。通常情况下，当投资等级债券被降级为坠落天使出现的可能性大于相反的情况，即坠落天使升级为投资等级时，这一比率数值将会相当高。

7.13　结论

总之，由于各种原因通过美国的高收益债券市场筹资目前已经成为比较成熟的、能够广泛为筹资公司所接受的方法，而且它的证券是合法的资产。下面我们就将对公司出现危机或发生实际违约时的公司证券市场以及公司债务进行探讨。

附录 7—1　季度违约率比较：Altman/NYU—SC 与穆迪公司高收益债务市场（1990—2004）

季度		流通债券面值（十亿美元）	季度违约债券（十亿美元）	季度违约率（%）	Altman/NYU—SC 12 个月移动平均值（%）	穆迪公司以 12 个月发行者为基础移动平均值（%）
1990 年	第一季度	185.00	4.16	2.25		6.51
	第二季度	185.00	2.51	1.36		7.93
	第三季度	181.00	6.01	3.32		8.99
	第四季度	181.00	5.67	3.13	10.14	9.74
			18.35			
1991 年	第一季度	182.00	8.74	4.80	12.67	12.28
	第二季度	182.00	2.75	1.51	12.73	13.00
	第三季度	183.00	5.01	2.74	12.18	11.97
	第四季度	183.00	2.36	1.29	10.31	10.42
			18.86			
1992 年	第一季度	183.20	3.33	1.82	7.35	7.76
	第二季度	151.10	1.26	0.83	6.52	6.19
	第三季度	163.00	0.37	0.23	4.84	5.58
	第四季度	151.89	0.59	0.39	3.40	5.16
			5.55			
1993 年	第一季度	193.23	0.38	0.20	1.71	4.98
	第二季度	193.23	1.33	0.69	1.39	4.59
	第三季度	206.91	0.05	0.03	1.22	4.23
	第四季度	190.42	0.52	0.27	1.10	3.84
			2.29①			

续表

季度	流通债券面值（十亿美元）	季度违约债券（十亿美元）	季度违约率（%）	Altman/NYU—SC 12 个月移动平均值（%）	穆迪公司以 12 个月发行者为基础移动平均值（%）
1994 年 第一季度	232.60	0.67	0.29	1.35	3.14
第二季度	230.00	0.16	0.07	0.60	2.02
第三季度	235.00	0.41	0.17	0.76	2.33
第四季度	235.00	2.18	0.93	1.45	2.07
		3.42			
1995 年 第一季度	240.00	0.17	0.07	1.24	1.40
第二季度	240.00	1.68	0.70	1.85	2.39
第三季度	240.00	0.98	0.41	2.09	2.70
第四季度	240.00	1.72	0.72	1.90	3.65
		4.55			
1996 年 第一季度	255.00	0.44	0.17	2.01	3.80
第二季度	255.00	0.89	0.35	1.58	3.08
第三季度	271.00	0.41	0.15	1.36	2.29
第四季度	271.00	1.59	0.59	1.23	1.93
		3.34[1]			
1997 年 第一季度	296.00	1.85	0.63	1.75	1.85
第二季度	318.40	0.60	0.19	1.51	1.89
第三季度	335.40	1.48	0.44	1.74	2.40
第四季度	335.40	0.27	0.08	1.25	2.17
		4.20			
1998 年 第一季度	379.00	2.37	0.63	1.41	2.66
第二季度	425.70	1.22	0.29	1.41	2.99
第三季度	465.50	1.62	0.35	1.29	2.75
第四季度	481.60	2.26	0.47	1.60	3.81
		7.46[1]			
1999 年 第一季度	515.00	4.76	0.92	2.05	3.87
第二季度	537.20	8.42	1.57	3.31	5.12
第三季度	567.40	5.24	0.92	3.85	5.91
第四季度	580.00	5.11	0.88	4.15	5.77
		23.53			
2000 年 第一季度	584.00	6.06	1.04	4.28	5.69
第二季度	595.60	9.97	1.67	4.52	5.52
第三季度	597.50	4.32	0.72	4.27	5.23
第四季度	608.15	9.95	1.64	5.07	5.65
		30.29[1]			

续表

季度		流通债券面值（十亿美元）	季度违约债券（十亿美元）	季度违约率（%）	Altman/NYU—SC 12个月移动平均值（%）	穆迪公司以12个月发行者为基础移动平均值（%）
2001年	第一季度	613.20	18.07	2.95	6.96	7.42
	第二季度	648.60	12.82	1.98	7.37	7.92
	第三季度	649.00	14.65	2.26	8.56	9.17
	第四季度	647.70	18.07	2.79	9.80	11.11
			63.61			
2002年	第一季度	669.00	18.54	2.77	9.89	11.24
	第二季度	674.00	27.07	4.02	11.71	10.29
	第三季度	757.00	37.48	4.95	15.01	9.01
	第四季度	756.30	13.77	1.82	12.79	7.33
			96.86			
2003年	第一季度	750.00	7.62	1.02	11.36	5.78
	第二季度	774.50	14.54	1.88	9.79	5.81
	第三季度	825.00	13.25	1.61	6.56	5.67
	第四季度	856.00	3.04	0.36	4.66	5.39
			38.45			
2004年	第一季度	886.00	3.07	0.35	3.96	4.40
	第二季度	919.60	1.75	0.19	2.38	3.76
	第三季度	933.10	3.80	0.41	1.27	2.73
	第四季度	948.50	3.04②	0.32	1.25	2.70
			11.66			

① 原书如此，可能是由于四舍五入问题而导致的误差。——编者注

② 原书错误，经计算，此处应为3.04。——编者注

资料来源：Author compilation，Citigroup，Moody's Investors Service，and NYU Salomon Center（NYU—SC）database。

第8章 危机证券投资

在本书的1993年版本中，我们写到了危机公司的债务市场，即所谓的“秃鹫”市场，获取了前所未有的利息和想象空间。2005年，即10多年以后，不仅这一表述依然是正确的，而且这一市场的规模从1993年起增长了5倍多，投资于这类资产的投资机构数量也增加到了2倍多（参见附录8—1，2005年6月危机投资者名单）。这一市场已经成熟，并且能够合法地宣称这是一个真正的资产投资类市场。我们跟踪了整个过程，利用统计数据及分析进行观察、评述、促进其成长和成熟。[①] 除市场上出版的一些文章和报告外，还有很多与此相关的书，包括Ramaswami 和 Moeller（1990），Altman（1990，1991，1992，1999，2002），Rosenberg（1992，2000），Branch 和 Ray（1992），Carlson 和 Fabozzi（1992）以及Parker（2005）。

8.1 市场规模

下面两章的主要目的就是从两个方面对危机债务资产类别进行评述和分析，即对该市场主要特征和参与者进行描述性剖析以及对其动态定价进行分析处理。第9章将阐述其业绩特征，并对1987—2004年的18年进行回顾，尤其是对后几年进行剖析。

紧随20世纪80年代美国高杠杆重组趋势而在1989—1991年产生的大量危机公司，是我们对这一市场产生兴趣并且在1991年撰写第一篇文章的催化剂。从图8—1可以看出，公开的和私人的违约和危机债务市场规模在1990年年底是3 000亿美元（面值）和大约2 000亿美元（市场价值）。按照当时新开发的违约债券业绩指数（参见 Altman Foothill Reports on bonds（1990）and bank loans（1992）以及我们稍后进行的讨论）进行计算，瞄准这一市场进行投资的投资收益率在1991年剧增到超过41%。另一个加剧增长的催化剂是在2000—2002年间发生了大量的违约和破产情况，当时市场规模猛增到了一个历史纪录水平，9 400亿美元（面值），比2002年高出5 000亿美元（市场价值）。最近的成长期是随着1993年至1998年良性信用循环对已经减小的市场规模的影响而产生的。危机和违约公司的数量由于以下一个或多个原因激增到了空前的水平，这些原因是：前苏联的解体和1998年长期资本管理公司（Long-Term Capital Management）被接管；大量的大型高负债公

① 实际上，“Altman 的违约和危机债务市场投资业绩报告”是年度报告，由 Stern 商学院的 NYU Salomon Center 和 Citigroup 共同发行。目前最新的版本是 Altman 和 Miranda（2005）。

司的欺诈（例如 Enron，WorldCom，Adelphia 以及 Global Crossing 等）；电信泡沫的破灭；以及发生在航空、钢铁、医疗卫生及零售等行业的大量破产案（参见附录1—1 的破产公司名单）。

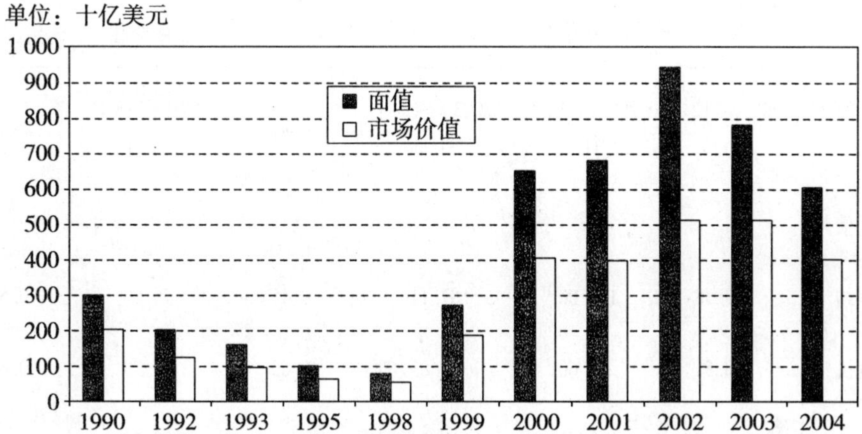

图8—1 违约和危机债务市场规模（1990—2004）

资料来源：E. Altman，NYU Salomon Center，Stern School of Business。

2001 年至 2003 年发生的破产案太多了！事实上，仅在这 3 年间就有 100 家公司申请第 11 章破产，这些申请的公司都有至少 10 亿美元的债务，其中有 12 家的债务至少达到了 50 亿美元。具有 10 亿美元债务的公司数量在 2004 年降到 10 家，事实上这还是一个令人印象深刻的数字。仅 2002 年一年，破产负债就超过 3 300 亿美元，随后 2003 年 1 100 亿，2004 年 660 亿美元（参见前一章的图 7—7）。这些负债，包括所有的形式，如债券、贷款、租赁、商业债务及其他请求权，构成了危机债务投资行业的组成要素。

我们对危机债务市场规模的衡量包括公开债券和私人债务、大部分的银行贷款、抵押以及商业负债。它们既包括那些已经违约的负债，也包括没有违约但已经发生危机的负债。后者是指按至少高于 10 年期国库券 1 000 个基点的到期收益率（YTM）销售的债券和按低于 90 美分销售的银行贷款。

表 8—1 表明了我们对 2003 年和 2004 年年底违约和危机市场规模的估计，包括公开的市场和私人的市场。我们已经对公开市场的规模跟踪了很多年，这些大量的数字都是具有坚实的基础的。为估计私人市场的规模，我们利用了破产主体的样本技术以评估私人债务对公开债务的比率，并利用这一比率来取得我们的私人债务数据。例如，根据对 2002 年至 2004 年间 150 家破产公司的最新取样可知，私人债务与公开债务的平均比率是 2. 2。而在以前年度即 1990 年至 2002 年的取样中，我们曾经使用过高达 2. 4 的比率，也使用过低至 1. 4 的比率，这些比率的数值有助于我们估计在图 8—1 中所见的市场规模时间序列（注意，特定年份的规模是估计不到的）。正如我们稍后将要讨论的，市场规模在 2004 年年底下降到了约 6 000 亿美元（面值）和 4 000 亿美元（市场价值）的水平，而当时最新的良性信用循环已经进入了旺盛期。基于我们对 2004 年年底的预测，即违

约率和危机证券比2004年将有所提高，我们认为2005年危机债务市场的规模将会恢复增长。

表8—1　违约和危机债务市场的面值及市场价值估计额（2003—2004）　单位：十亿美元

	面值		市场价值			
	2003年12月31日	2004年12月31日	2003年12月31日	×面值	2004年12月31日	×面值
公开债务						
违约	193.58	152.00①	87.11	0.45	76.00	0.50
危机	50.51	36.60②	32.83	0.65	23.79	0.65
公开债务合计	244.09	188.60	119.94		99.79	
私人债务						
违约	425.88	334.41③	298.11	0.70	234.09③	0.70
危机	111.12	80.60③	94.45	0.85	68.51③	0.85
私人债务合计	536.99④	415.01	392.56		302.60	
公开债务及私人债务合计	781.08	603.61	512.50		402.39	

① 利用（2003年违约数据）+（2004年违约数据－2004年突发数据）进行计算。

② 以高收益市场规模的3.9%为基础（9 400亿美元）。

③ 对2003年12月31日和2004年12月31日，我们采用2.2的私人债务/公开债务比率。

④ 原书如此，可能是由于四舍五入问题而导致的误差。——编者注

资料来源：Estimated by Edward Altman, NYU Stern School of Business, from NYU Salomon Center Defaulted Bond and Bank Loan Databases。

图8—2列示了从1990年至2004年公开债券市场总的危机和违约债券占高收益及违约债券市场的比例。这里需要注意的是，例如，在2002年违约率创造纪录之前的2000年年底危机债务的巨大比重（31%）。当未来存在违约的迹象时，如果信用市场像上一次1998年良性信用循环那样迅速增长的话，危机债务的比率可能会产生误导作用，非危机证券会在12个月的期间内变为危机和违约证券。我们注意到2004年年底危机债务比率仅为3.3%。

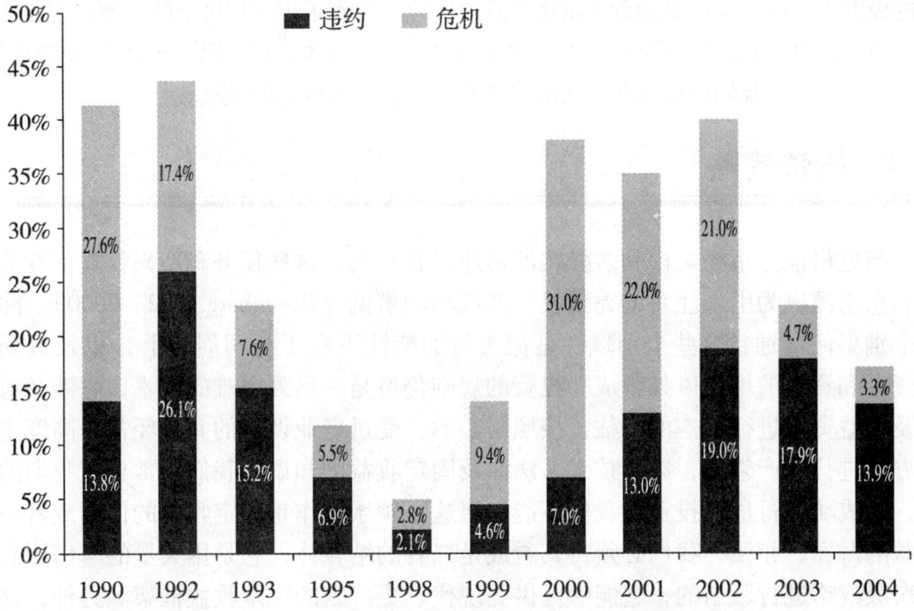

图 8—2　危机及违约债券占高收益及违约公开债务市场总和的比例（1990—2004）

资料来源：NYU Salomon Center Default Database。

8.2　危机证券投资者

我们观察到，危机债务投资者的数量随着 1990—1991 年的大量违约迅速增长，1992 年我们估计约有超过 100 亿美元正在接受着这样的投资管理。这些投资者大部分都将注意力集中并专注于危机债务上，某些情况下还集中并专注于从第 11 章出现的公司的权益上。我们公布了第一批危机投资者的名单（参见 Altman 1991 附录 A），名单上的数量超过了 50 家。2004 年年底我们的名单上有约 150 家是在美国（参见附录 8—1），大约 22 家属于欧洲（参见附录 8—2）。它们的范围非常广泛，小至资产总额低于 5 000 万美元的 2 ~5 个人的小型专营“商店”，大到旗下资产为 100 亿至 150 亿美元、拥有 20 多个投资组合管理者及分析师的超大型公司。

对危机证券投资中的资金总额没有一个特别明确的估计，但是有根据推测在 2005 年年初其金额约为 1 500 亿美元。一些大型投资者和私人权益公司会周期性地对这些证券发生兴趣，并且可能成为这些危机或破产公司的控制者，但是我们在危机投资者名单中及对规模进行估计时并没有包括它们（例如，购买了对 Finovia 控制权的 Warren Buffett’s Berkshire Hathaway）。我们的名单包括成长中的保值基金以及在其危机债务中拥有大量资产作为大量不同投资战略组合组成部分的私人权益集团。这样的例子，比如 Concordia Advisors，它将自己公司旗下超过 20 亿美元中的 3. 5 亿美元资金投资于危机债务和从第 11 章出现的公司的权益上。

因此，从供需方面来看，2004 年市场已经成熟，20 世纪 90 年代早期以及 2002 年出现的极度不均衡状况已经随着需求逐步赶上供应而得到了很大程度上的缓解。也正因为这一原因，也是我们将在第9章探讨的原因之一，业绩才会在后期（2003年和2004年）变得这么好。但我们相信，在不久的将来有可能会出现更多的挑战。

8.3 投资战略

与危机债务市场规模和多样化的迅速增长一起，这些债务和新兴权益证券的又一利息来源成为引人注目的秃鹫投资者成功的事例（Rosenberg 1992，2000）。除这些个别事件（通常这些个别事件是把大量的赌注下在了公司周转上）以及近期新投资者和资本的增长以外，成功投资的规则仍将是一系列困难的技术，它涉及对债务及权益资本进行基本的评估，按照耐心的、受过专业训练的并且经常是高度主动的方法进行资产管理，以及技术、法律及固定收益的知识。我们经常告诫我们的学生，为成功进行危机投资，我们不能仅将这一领域看作是固定收益的信用或者一项权益的博弈，相反，我们必须将其看成是二者的结合体，它是用大量的与信用有关的次级战略进行联结的，它能够提供更现代、更严密的风险收益框架。另外，这种资产等级的吸引力不仅在于其独立的证券业绩，更重要的是在于与其他资产等级相关的超级低的收益。我们将在本章以后部分探讨这一重要方面。

至于投资战略，图8—3说明了三种类型，并且说明了一些额外的次级战略，以及危机债务投资者的目标收益。这些投资者的投资组合通常包括公开违约债券、私人贷款、高收益债券以及危机的杠杆贷款和剩余现金及现金等价物。另外，投资者还会为保值的目的持有其他工具，例如信用衍生品或空头。

主动控制	主动/非控制	被动
要求持有至少1/3的债务金额，控制至少1/2的债务数量；可能需要合伙人 通过债务权益互换取得公司控制权 与公司重组甚至购买相关；滚雪球 资本注入；运作公司 退出2~3年 关注大型或中等资本 目标收益：20%~25%	优先担保，优先非担保 积极参与重组过程；对过程有影响 通过债务或权益市场（第11章后）退出 通常情况下不进行控制 持有期间为1~2年 关注大型或中等资本 目标收益：15%~20%	投资于在危机水平上进行交易的被低估的证券 次级战略：交易/持有购入/优先或优先担保/次级债务/“被降级的转换品”/资本结构套利/中等，价值 以交易为导向；有时会受到限制 持有期间通常为6个月至1年；有时更长 目标收益：12%~20%

图8—3　危机和债务投资的投资类型和目标收益

8.3.1　主动控制

主动控制战略主要涉及的是危机债务购买行业的“大男孩儿女孩儿们”。这一战略要求在特定的公司证券上要有重大的资本投资，这样危机投资者才可能取得整个主体的控制权。从某种意义上来说，这基本上是一种私人主体战略，只是最初涉及的，并且最终在最后取得控制权的手段通常是银行贷款以及（或）公开债券。另外，控制通常还要求随后要有权益资本的注入，以有助于公司的成功复原和周转。在一些行业中有很多成功的令人印象深刻的危机公司控制案例，例如电影制作业、钢铁行业和零售业。

与主动控制投资相关的战略是在相同行业购买不同的公司，使其成为组合的“滚雪球”战略，并最终运作或销售这一组合公司。这一战略的例子，比如21世纪初期 W. L. Ross 在美国钢铁行业内进行的滚雪球，它耗时两年多，涉及的主要公司包括 LTV Corporation，Acme Steel，Bethlehem Steel，Weirton 以及 Georgetown Steel，并且最终将这一组合公司 International Steel Group（ISG）销售给了其他公司。我们在撰写本章的时候，这笔买卖正在进行协商，其买方是一家印度公司——Mittal Steel Group。其他的例子还包括 Philip Anschutz 在电影制作业所作的努力和 Eddie Lampert 购买 Kmart 然后加入 Sears。这种破产收购的目的是释放潜在的盈利能力，重组公司负债，并且大幅度降低成本。这些收购成功的效果，如果有的话，通常会在体现公平的二级市场上表现出来，在这个市场上它们会以面值交换以前以很大折扣购买的债务。

这些危机资产购买的一个主要动机是这样的一个概念，即利用足够的权益资本和资本市场可信度聚焦的新管理可以使努力奋斗中的公司转向。在钢铁行业的例子中，一个关键的因素就是涉及退休员工退休金和医疗保险等的一些或所有遗赠成本的消失，这几乎是不可能的，除非是在破产法庭更为灵活的协商环境下。在2000年 LTV 进行第22章申请之后的最新退休金环境已经比1986年 LTV 提出第一次破产申请时要更容易适应，后者在经历了与政府的 Pension Benefit Guarantee Corporation 激烈的斗争后，花费了7年的时间终于使事情得到解决，即该公司最终接管了 LTV 的大部分退休金债务。

最基本的评估情况是，当且仅当 LTV 不需要考虑该公司过去的大部分遗赠成本时，令 LTV 持续经营会比令其清算更值得。重组中保留的职位、资产和期望利润可能普遍比清算价值对社会更有意义。由于危机投资者，在本例中是 W. L. Ross & Co. ,在一个或所有弱势债务等级中持有至少1/3的负债从而对整个过程具有了控制权，因此债权人都有明确的动机会为这一计划投赞成票。随着将 LTV 和 Bethlehem Steel 卖给 Ross 后的几年内钢铁价格的持续上涨，这一战略显示了巨大的成功。目前，相似的战略正被 Ross 应用于纺织行业中。

正如图8—3所示，对危机证券进行收购的主动控制战略通常要求在一个或多个主要的弱势债务等级（例如无担保债券和（或）贷款）中持有至少1/3的债务金额和1/2的债务数量，并且通常要求要由危机债务投资者或者战略伙伴进行权益注入，其假设条件是公司的控制权是通过权益资本互换或者在公司从第11章中出现以后交换取得的，或者在将来无限期的时期内管理该公司，或者在2~3年内将希望目前能够复原的公司销售，且投资的目标收益至少为每年20%~25%。在大多数情况下，其注意力都在大型或中等资本公司上。事实上，有大量著名的私人权益公司在2001年和2002年的高速增长之后进入或准备进入到危机债务市场中来。其典型情况是，或者在投资公司内组织新的投资资金，或者组织一个新的单位以获取经验。

8.3.2 主动/非控制

同样涉及危机投资者主动行为的第二种战略并不要求在重组期后对公司形成控制。投资者可以以作为债券人委员会成员以及（或）安排申请后筹资的方式主动参与公司的重组过程。投资者通常会在公司出现后至少六个月至两年的期间内持有公司的权益，甚至会在出现后公司的董事会中安排自己公司的成员。由于资本要求比控制战略要小，目标收益会较低，通常在每年大约15%~20%的水平上。同样，其注意力通常还是会放在大型或中等资本公司（至少从销售和负债的角度看）上，并且会涉及很多的主动/非控制投资者。

8.3.3 被动投资者

随着危机投资者出现的一种相当普遍的战略种类是因为希望该公司会恢复而不是走向破产而购买危机公司债券或贷款。它的潜在优势就在于从折扣非常大的价格，例如面值的50%到60%，或者达到面值，或者是价格的一个巨大增长，而这些在公司完成危机重组或者以比危机投资者支付的原始购买价小得多的价格获得足够的资本来对公司进行正式的管理之前就能完成。这样的例子，比如2004年的Level 3 Communications，它为该公司发行在外的某些公开债券仅支付了15%的价格。而这一支付消息刚刚发出，债券价格就迅速做出利好反应，上涨至面值的80%，甚至某些还会更高。同样的情况还发生在2005年的Charter Communications身上。

对于危机但不违约债务的战略是预测该公司是否会破产。类似Z-Score模型、KMV's EDF模型、CreditSights' BondScore模型，或者其他失败预测模型都可以用来评估违约概率（这些模型将在第11章中进行探讨）。对在相当短的时期内（如6~12个月）公司价值从危机状态涨至面值的期望在最近几年的很多案例中都得以实现，包括主动投资者和被动投资者，尤其是2003年，那一年，最低等级的非违约债券（CCC级）投资者获得了高达60%的平均收益率。事实上，我们的违约债券指数中投资者实现的收益率在2003年超过了80%，2004年接近19%（参见下一章的内容）。

被动投资者还会投资于违约和破产公司的证券，期待这些公司的状况恶化到必须进行正式的重组。如图8—4所示，对当价格达到最低点以后价值增长的期望是其最大的动机。图8—4是优先无担保债券的动态时间序列程序图，它表明了债券从违约前一年（当时债券处于相当严重的危机之中，并且以面值的巨大折扣进行销售），到重组尝试失败以后发生违约，最后持续违约的过程。在我们的典型债券时间线上，正式的破产申请是在公司无法进行利息的支付和违约后的几个月内提出的。实际上，在我们考察的案例中，有大约40%是在违约日以后才提出第11章申请的，二者不是同时发生的。

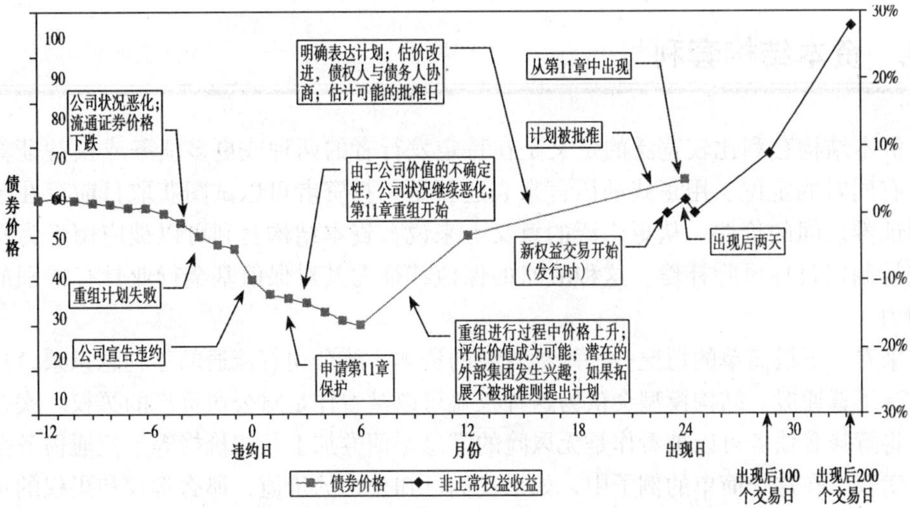

图8—4 证券价值时间程序线：破产公司的违约无担保优先债务以及新权益

破产以后公司的前景就比较清晰了，因为有多次的执行债务人融资（DIP）辅助，然后价格开始在重组公司预期估价的基础上上涨。当计划被提交并被法庭批准以后（不论是以债权人的认可为基础，还是在某些情况中的以破产法官的“向下填充”为基础），公司通常就会在被批准后的1~3个月内出现。新的证券与原有债务，有时是原有权益，进行交换，这可以使其参与到新出现的主体中来。对于重新出现的公司，那些仍然持有债务证券的人通常会获得新的债务和（或）新的权益，因此关键的决策就在于是否应继续持有还是将新权益卖掉。由Eberhart，Aggarwal和Altman（1999）进行的一项研究发现，作为首次公开发行（IPO）的这些新证券在出现后的240天期间内表现得非常好（同样参见Altman 1969以及Altman和Eberhart 1994）。Eberhart等人（1999）以1993年以来以及1995年最初流通的数据为基础进行的研究随后引起了对这些权益进行投资的危机投资者的兴趣。在1993年至1999年的良性信用循环期间，这些权益的业绩最多也就是普普通通的，直到2002年以后其业绩才非常出色。事实上，在2003年和2004年，这些证券具有令人吃惊的收益，可能达到了超过100%的平均年收益率。除很少的学术分析，例如Jefferies & Company（2003）和J. P. Morgan（2004），显示出了异常结果以外，几乎没有人对此作进一步的实证研究。

在很多情况下，被动投资者基本上是投资时间长度少于一年的特定危机证券的交易者。保值技术通常被用于保护投资者，防止情况向不利于投资者的方向转化。措施可能包括在购买了本以为会有机会改进最后却发生了违约的危机债券或贷款以后，卖空公司的基本权益。保值还可以通过购买信用保险而取得，通常是通过信用衍生品市场购买，因此如果公司在一种或几种公司证券上违约的话，危机投资者可以获得其面值加利息。当然，所有的这些保值工具成本都很高，而且不需要全部都被执行。下面我们将分析一种新的保值战略，叫做资本结构套利。

8.4 资本结构套利①

资本结构套利比较宽泛的定义是在特定发行者的两种或更多债务或权益证券中具有同时的定位。用正式的语言来表述就是，投资者可以试图获取目前存在于不同证券之间的价差。从更广泛的意义上来说，资本结构套利可以被应用于为特定交易制定目标风险补偿。这种战略的保值特征尤其对保值基金行业具有特别的吸引力。

来看一下最简单的情况——两种等级的资本，该公司有流通的零利息息票，然后发行了普通股。结构模型会认为这种权益可以被看作是对公司资产的买权。卖权平价将意味着债务可以被看作是无风险的零息票债券加上行权价格等于流通债务金额的卖权。在这个简单的例子中，如果我们已知公司的价值，那么卖权和买权的不稳定性就应该是相同的。由于它们是不同的，因此存在套利的机会。

但不幸的是，在实践中应用纯粹的结构模型来确认资本结构机会是非常复杂的，原因就在于资本结构比以上提到的简单的两种等级模型要复杂得多，而且某些变量是不清楚的。首先，公司价值不容易取得。很多公司经常会按照不同的方式划分其资本结构，其目的是与这种资本的加权平均成本最小化对比来平衡其对财务灵活性和流动性的要求。因此，一家公司可能会有大量的流通证券，包括担保的浮动利率银行债务、固定利率的优先债务、次级债务、可转换债券、优先股，另外还有普通股。由于可能会有不同的债务到期日、现金支付工具、嵌入式期权和组合担保，因此在实践中构建资本结构模型并且应用套利技术是非常具有挑战性的。

尽管存在以上因素，还是有一些投资者试图去建立他们认为存在的这一异常规则，这或许就是这样的一种情况，即两种证券价格暗示了根本不同的违约概率。例如，即使不十分了解发行公司的基本情况，如果投资者看到在一年内到期的 XYZ 公司 10% 的优先票据正以面值一定的折扣在进行交易，而同一发行公司、同一到期日的 11% 的次级票据正以 108 美元进行交易，那么他就可以推测价差是存在的。尽管不幸的是这种不等价的现象是很少存在的，但这一例子确实能够说明资本结构

① 这一阐述是由 Allan Brown 提供的，他是 Concordia Advisors 的危机债务基金投资组合管理者。

套利被应用的方法。下面是一个更现实的例子：

10% 优先票据，5 年到期，以 100 美元交易（到期收益率 10.00%）。

11% 优先次级票据，6 年到期，以 98 美元交易（到期收益率 11.47%）。

我们必须在发行者随着时间的推移发生违约的可能性以及每一次发行的相关补偿率环境下考虑这两种票据的这 147 个基点的相关差价。例如，如果我们比较相信该公司违约的可能性是相当低的，并且在这种不大可能发生的违约情况下，公司价值可能很大程度地满足优先和次级债务的请求权，那么这种收益差价就会被认为是比较合适的。但是，如果该公司本身就很可能发生违约，并且通过基本的分析表明对优先债务的补偿率最终会达到面值，而每 1 美元的次级债务仅能被补偿 50 美分，那么这两次发行之间的这一收益差价就可能太小了。在这种情况下，投资者可以通过买空优先债券，卖空次级债券来建立一个有效的类似卖权的选择权。如果发行者陷入危机，那么差价有可能增大，如果差价增大，那么这样的交易就会获利。可以按照股票被卖空的同样方法对债券进行卖空。投资者首先必须对债券进行定位（也就是找到债券持有者，该持有者愿意将债券借给想要卖空债券的投资者）。这种服务一般都是由主要的经纪人通过出借证券来提供的。尽管有保证金的规定，但是债券交易者不一定必须向其经纪人宣告其要卖空（他们仅是卖）的意图，他们也不必服从提高报价规则。卖空债券的交易者必须向证券的出借者支付相当于息票收入的金额，与卖空股票的交易者必须支付股利非常相似，如果可以把二者进行比较的话。

为简化起见，我们来看一个一年期的二元结果：发行者或者违约，或者不违约（见表 8—2）。在后一种情况中同样为简化起见，我们假设收益保持不变。在不违约的情况下，在当年会有一个小的净值为负的结转额，另外随着次级债券向其面值方向增长、价格提高，在我们卖空的位置上还会损失 1/4 个基点。

表 8—2　**资本结构套利举例：同一公司的不同优先等级债券**

	今天	从今天开始的一年			
	价格（美元）	价格（美元）	收益率（%）	收益（美元）	收益总额（美元）
状态特征：不违约					
10% 优先债券	100	100	10.00	10	10
11% 次级债券	98	98.25	11.47	−11	−11.25
					−1.25
状态特征：违约					
10% 优先债券	100	85	无数据①	5	−10
11% 次级债券	98	40	无数据①	−5.5	52.5
					42.5

① 我们假设由于公司违约，第二个半年的利息没有被支付。

在违约的情况下，我们假设优先债券和次级债券的最终补偿分别为100美元和50美元。由于最终补偿是第11章重组过程的时间函数，我们可以预测，在违约的情况下优先债券将会以这一最终补偿的一定折扣进行交易（例如按85美元交易，见图8—3）。尽管我们预测由于违约这两类债券的价格都会下降，但是资本结构套利的观点认为次级债券的价格会下降得更多（例如直到40美元），因此，卖空位置上的利润就不只是仅抵消了发生在多头地位上的亏损而已。

对于那些被认为目前定价比较公平的原始债券，这种交易的期望收益比率应该等于一年的无风险利率。采用3%的一年无风险利率就意味着在这种情况下的违约可能性会小于10%。如果交易者猜想违约的可能性会大大高于10%，那么他（她）就将进行这项交易。（或者是，如果猜想违约的可能性接近于0，那么交易者可以进行相反的交易，即买空次级债券，卖空优先债券。）在这种情况下，“尾巴风险”（也就是违约风险）的可能性就很小。

但读者必须明确，某特定时间点上的二元结果虽然能够起到一定的解释作用，但通常情况下它不能用来反映事实。违约可能会在持续的时间内连续发生，因此，有必要建立累积违约概率函数以准确地反映结果。同样，作为时间函数的补偿率也可能受到很多因素的影响，例如未来的经营现金流量、资产折旧、公司资本结构未来的可能变化以及危机债务市场的供求状况等（参见第15章对补偿率的探讨以及Altman等人的著作（2002，2005））。从今天的价格看，未来特征的状态将会形成具有许多不同数学维度的连续统一体，而不仅仅是两个离散的结果。

基于优先权差别的资本结构套利战略也可以被用于债券和普通股之间以及担保银行债务和无担保债券之间。这些交易可以在熊市或牛市中应用，可以通过最优化一系列参数来决定保值比率。例如，某个交易者可能按以下方式决定其保值比率，即以他（她）在任一特定情况下可能发生的最大损失为限制，使其期望收益达到最大（以一精确的资本数额为基础）。

资本结构套利交易也可以被用于具有不同到期日的两个优先证券中。在这种情况下，我们可以知道在违约时两种证券的补偿率将是相等的。目前，两种证券的价格和收益率不同意味着可察觉的有关累积违约的可能性曲线将倾向于发行者，在某种情况下，倾向于证券的相关息票率。

对于具有不同种类的流通债券的（有很多不同的到期日）发行者来说，我们可以构建一个收益架构——收益曲线。对于非危机的信用来说，这种收益曲线通常是非常普通的，也就是说，是到期日的单调递增函数。但是，随着发行者的信用质量恶化至危机，收益曲线将发生转化，短期债券将会获得更高的收益（到期）。当与比短期到期日的同类债券收益更低的债券进行交易时，长期的债券同样将会具有比较低的美元价格，并且在更接近期望的最终违约补偿率水平上进行交易。如果意识到短期债券比长期债券发生汇总违约的概率要小的话，那我们就能够理解这一现象了。短期债券可能在短期内就有合理的机会得到面值的支付，而长期债券只能伸出双手，取得能送到它们手上的东西。由于1年期债券的收益比较高（高回报），通常它们也会有比较高的美元价格，并且在一旦违约的情况下有很大的下降空间（更高的美元损失潜力）。

期限能够转化的利率结构对任何公司都是不能成立的。一般而言，情况不是变得更好（价格回升），就是变得更坏（违约）。考虑拥有以下两种流通债券的违约发行者的情况：

8%票据，1 年到期，交易价格 80 美元（到期收益率 33.1%）

8%票据，20 年到期，交易价格 45 美元（到期收益率 18.5%）

对信用进行的基本分析可能会得出，如果债券违约，它们的交易价格大约应为 35 美元（也就是意味着最终补偿为 45～50 美元）。交易者还会假设，在公司复原并且能够支付 1 年期票据的情况下，那种长期票据也会有一定程度的恢复，并且交易价格可能上升 10 个基点，达到 15.4%。如果交易者卖空一张 1 年期票据，同时买空一张 20 年期票据，那么每种特定情况的净利润将如表 8—3 所示。

表 8—3　　资本结构套利举例：同一公司具有不同到期日的不同债券

	今天	从今天开始的一年			
	价格（美元）	价格（美元）	收益率（%）	收益（美元）	收益总额（美元）
状态特征：补偿					
8%的 1 年期票据	80	100	到期	-8	-28
8%的 20 年期票据	45	55	15.40	8	18
					-10
状态特征：违约					
8%的 1 年期票据	80	35	无数据①	-4	41
8%的 20 年期票据	45	35	无数据①	4	-6
					35

① 我们假设由于公司违约，第二个半年的息票没有被支付。

读者可以看到，这种交易在违约的时候是赚钱的，但如果公司复原则会赔钱。但是，如果我们改变保值比率，为我们卖空的每一张 1 年期票据买入两张长期票据，那么在每种特定情况下盈利都会是正的。实际上，对于每一个高于 5.5 且低于 6.8 的保值比率，在每种特定情况下的净盈利都是正的（读者可以自己对此进行验证）。同样，保值比率可以被用来优化交易者感兴趣的特定参数，使收益最大化、风险最小化，或者其他。

我们必须承认，这种交易例子的一个很明显的缺陷就在于它不考虑第三种通常也是变动的结果。例如，如果发行公司能够通过发行 4 年期担保票据来为该 1 年期票据重新筹资，那么现存的长期票据就会发现自己的等级远远低于新发行的证券。在这种情况下，该公司 20 年期无担保票据的价格可能会下降，以反映它们目前的等级已经低于新债券情形下的更低的预计违约价格（也就是说，这已经不是不同到期日证券的结构了)。

我们已经举了两种相对简单的资本结构套利例子，读者应该可以认识到交易和保值比率的可能的组合数量是非常多的。随着公司资本结构越来越复杂，衍生证券的数量和种类持续增长，成功运用资本结构套利交易战略的可能性非常大。事实上，目前的投资者通常更会去购买公司的信用衍生品（也就是为防止违约而购买保护)，而不是卖空实际的证券。

我们的例子没有考虑交易成本，而交易成本是可以被纳入考虑范围的，尤其是对长期保值来说，比如要卖空的情况下。因此，我们必须仔细考虑扣除这些交易成本以及其他不确定性（例如对手风险）以后的资本结构套利机会的利润优势。对手风险尤其在衍生品交易中作用比较大，因为如果违约，盈利也会是对手违约风险和与发行者风险相关的补偿率的函数。

8.5 债券与贷款

与资本结构套利战略相联系，观察违约开始以及违约之后同一家公司债券和贷款的相关价格变动是非常有意思的。Altman，Gande 和 Saunders（2004）最近进行的一项研究发现，当违约刚刚开始时公司贷款价格的下降比债券价格的下降要早。因此我们可以推断，以每日二级市场价格为基础的证券价格信息效率，贷款的要比债券的更高。

附录 8—1 2005 年美国危机债务和权益管理者

Abrams Capital
AEG
Angelo，Gordon & Company
Apollo Management
Appaloosa Management
Ares Corporate Opportunities Fund
Ashmore Asian Recovery
Avenue Capital Partners
Basso Asset Management
The Baupost Group
Bay Harbour Advisors
Bayside Capital
Beltway Capital
Bennett Management Company
Black Diamond
Blackport Capital Fund，LTD
The Broe Companies
Buckeye Capital Partners
Canyon Capital
Cardinal Capital
Cargill Value Investment
Carl Marks
Carlyle Strategic Partners
Catlock Capital
Cerebrus Partners
Citadel Investments
Cohanzick Management
Commonwealth
Concordia Advisors
Contrarian Capital Management
Corsair
Cypress Management

D. B. Zwirn Partners
D. E. Shaw
Davidson/Kempner （MH Davidson）
DDJ Capital Management
Deephaven Capital Management
Delaware Street Capital
Deltec Recovery Fund
Durham Asses Management
Eagle Rock Capital
Elliott Advisors
Endurance Capital
EOS Partners
Epic Asset Management
Fairfield Greenwich
Farallon Partners
Forest Investment Management
Fortress Capital
Franklin Mutual Recovery
GE Finance
Glenview Capital Management
Golden Capital
Golden Tree LLC
Gracie Capital
Gramercy Capital
Greenwich Capital
Greywolf Capital
Gruss Asset Management L. P.
GSC Capital
H. I. G.
Halcyon/Slika （Alan B. ） Management
Harvest Capital
Helios Advisors
Highbridge
Highland Capital
Ivory Investment Management
JLL Partners
JMB Capital
John A. Levin & Co.
K Capital Partners
KD Distressed Capital
King Street Advisors
KPS Special Stuations Fund
KS Distressed Debt
Lampe Conway
Langley Management
Laurel Ridge Asset Management
Leucadia National Corporations
Levco Debt Opportunities
Litespeed Partners
Loeb Partners
Lonestar Partners
LongAcre Capital Partners
Longroad Asset Management
Marathon Capital LLC
Mariner Investment Group
Mason Capital Management
MatlinPatterson Global Advisors
Mellon HBV Capital Management
MHR
Millenium
MJ Whitman Management Co.
Moore Asian Recovery Fund
MSD Capital
Murray Capital
MW Post
New Generation Advisers
Oakhill
Oaktree Capital
Och Ziff Friedheim
Owl Creek Capital
Pacholder Associates, Inc.
Pacific Alternative Asset Management
Patriarch
Pegasus Investors
Pequot Capital
Perry Partners
Peter Schoenfeld Asset Management
Pine Creek
Pinewood Capital Partners LLC
Plainfield Asset Management
PMI
PPM America

Proprietary Trading of Market Makers
Quadrangle Group LLC
Questor Management
Radius Equity Partners
Redwood Capital
Republic
Resolution Partner
Restoration Capital Management
Resurgence Corporate Fund
Salisbury
Sandell Asset Management
Satellite Asset Management
Schultze Asset Management
Scoggin Capital
Scott's Cove Capital Mgmt. LLC
Seneca Capital Investment Partnership
Signature Capital partners
Silvergang
Silverpoint Capital
Spring Street
Stanfield Capital Management
Stark Investments
Stonehill Capital
Strategic Value Partners
Summit Capital
Sun Capital Partners, Inc.
Sunrise Capital Partners
TA Mackay & Co.
Taconic Capital Partners
Third Avenue Value Fund
Third Point Management
Triage Capital
Trilogy Capital
Trust Company of the West
Turnberry Capital
Tyndall Partners
Van Kampe
Varde Partners, Inc.
W. L. Ross & Co.
Wayland Fund
Wellspring Capital Partners
Wexford Capital
Whippoorwill Associates, Inc.
William E. Simon & Sons
Woodside Management
York Capital
Xerion Partners

附录 8—2 欧洲危机投资者

2005 年有欧洲办事处的美国危机基金	2005 年欧洲危机债务管理者
Cerebrus Partners	Argo Capital
Citadel Investments	Bluebay Asset Management
Elliott Advisors	Centaurus Capital
Fortress	Cognis Capital
Highbridge	Cyrus Capital
LoneStar	Orn Capital
Millenium	Picus Capital Management
Oaktree Capital	RAB Capital
Och Ziff Friedheim	Sisu Capital
Strategic Value Partners	Thames River
	Tisbury Capital
	Trafalgar Asser Managers

第 9 章 违约债券和银行贷款的风险收益业绩

在上一章，我们对危机债务市场进行了深入的剖析，包括不论在危机证券还是违约证券上的投资。我们探讨了这一市场的很多要素，包括其规模及成长，以及市场的主要参与者及战略等。下面我们将在投资报酬、风险参数以及报酬与其他相关资产等级的相关性等几方面对违约债务市场的业绩品质进行具体的分析。

9.1 违约公司债券指数

Altman-NYU 所罗门中心违约债券指数（*Altman-NYU Salomon Center Defaulted Bond Index*）是在 1990 年发展起来的，其目的是衡量和监控违约债务证券的业绩。[①] 那时候还没有对业绩进行评估的量度，因此我们决定构建一个。指数的样本期间从 1987 年 1 月开始，至 2004 年 12 月 31 日，包括了 54 家公司的 104 次发行。2004 年指数的市场价值是 169 亿美元，面值是 321 亿美元。我们的指数规模如果用公开违约债券面值衡量，是该指数面值的 1.5 倍，是 20 世纪 90 年代早期市场价值水平的 3 倍，但仅是 2002 年创纪录的面值水平的一半。由于现行债券及 2003 年和 2004 年新违约债券价格的大幅度上涨，2004 年年末指数的市场价值水平实际上比 2002 年高。表 9—1 列示了自 1987 年其最早出现以来用各种方法衡量的指数规模。发行次数的不同还是值得注意的，其最低是在 1998 年，36 次，最高是在 1992 年，231 次。1996 年至 1999 年期间新发行的大量非投资等级债务（参见第 7 章）导致了从后一年开始直至 2002 年的违约金额的增加。随着 2003 年和 2004 年违约率的下降以及不按规则进行交易的一些劣质发行，我们观察到发行数量显著下降，到 2004 年年底该指数的面值为 321 亿美元。

---

① 这一指数最早是在 Altman's Foothill Report（1990）中发展起来的，它在 Leonard N. Stern School of Business 的 NYU Salomon Center 保持每月出版一次。可以从该中心（212-998-0701 或 212-998-0709）订阅该指数和高收益债务违约率及业绩的数据与报告。

表 9—1 Altman-NYU 所罗门中心违约债券指数规模（1987—2004）

年末	发行数量	公司数量	面值（十亿美元）	市场价值（十亿美元）	市场价值/面值比例
1987	53	18	5.7	4.2	0.74
1988	91	34	5.2	2.7	0.52
1989	111	35	8.7	3.4	0.39
1990	173	68	18.7	5.1	0.27
1991	207	80	19.6	6.1	0.31
1992	231	90	21.7	11.1	0.51
1993	151	77	11.8	5.8	0.49
1994	93	35	6.3	3.3	0.52
1995	50	27	5.0	2.3	0.46
1996	39	28	5.3	2.4	0.45
1997	37	26	5.9	2.7	0.46
1998	36	30	5.5	1.4	0.25
1999	83	60	16.3	4.1	0.25
2000	129	72	27.8	4.3	0.15
2001	202	86	56.2	11.8	0.21
2002	166	113	61.6	10.4	0.17
2003	128	63	36.9	17.7	0.48
2004	104	54	32.1	16.9	0.53

资料来源：Altman-NYU Salomon Center Defaulted Bond Index Database。

9.2 违约公司银行贷款指数

危机证券的管理者通常会在违约公司的危机债券和私人债务（尤其是银行债务）之间进行套利。随着市场参与者向银行贷款的交易投入了大量的资源，危机贷款市场的规模和流动性都得到了提高。依照 Loan Pricing Corporation 的数据，2003—2004 年间有大量的危机银行债务交易（贷款交易价格为每 1 美元 90 美分或低于 90 美分）。实际上，2003 年有 40% 的交易是针对危机和违约贷款的，2004 年是 37%。① 对于这种银行贷款交易水平的上涨，我们可以引入一个违约银行贷款工具指数（Index of Defaulted Bank Debt Facilities）来加以说明，同时使用 1996 年的债券和银行贷款组合指数。

与违约债券指数一样，Altman-NYU 所罗门中心违约银行贷款指数（Altman-NYU Salomon Center Defaulted Bank Loan Index）是一种包括美国和加拿大公司的，以市场价值为权数的每月收益总额指数。1995 年 12 月，该指数刚刚开始发展时包括 17 次发行，到 2001 年 12 月 31 日发展为 56 家借款公司的高达 141 次发行，然后到 2004 年年底缩水至 26 家借款公司的 45 次（见表 9—2）。2004 年年底，该指数市场价值为 182

① 取自 Loan Pricing Corporation（LPC）。2004 年的比重与 2003 年的不能进行精确的对比，因为 LPC 的计算方法发生了变化。2004 年的数值是用外推法计算得出的。

亿美元，面值为229亿美元。2004年破产公司数量及债务的下降以及近些年已经处于破产局面的公司大规模出现可以被解释为该市场规模下降的原因。

表9—2 Altman-NYU所罗门中心违约银行贷款指数规模（1995—2004）

年末	发行数量	公司数量	面值（十亿美元）	市场价值（十亿美元）	市场价值/面值比例
1995	17	14	2.9	2.0	0.69
1996	23	22	4.2	3.3	0.79
1997	18	15	3.4	2.4	0.71
1998	15	13	3.0	1.9	0.63
1999	45	23	12.9	6.8	0.53
2000	100	39	26.9	13.6	0.51
2001	141	56	44.7	23.8	0.53
2002	64	51	37.7	17.4	0.46
2003	76	43	39.0	23.9	0.61
2004	45	26	22.9	18.2	0.80

资料来源：Altman-NYU Salomon Center Defaulted Bank Loan Index Database。

9.3 市场价值/面值比例

我们认为，组成这些指数的证券的市场价值总额与面值总额之比是一种重要的衡量方法，可以用来衡量违约债务市场目前的状况以及潜在的获利能力。违约债券这一比例（年末数）的范围是，1987年达到最大0.74，2000年最小0.15（如图9—1所示）。由于违约债券指数市场价值/面值比例在18年（1987—2004）样本期间的大部分年份是在一个很小的范围0.30~0.50之间变动，因此该指数的非正常年度收益导致了一系列超出这一范围的市场价值/面值比例的观察数据。实际上，1998—2002年的5年间，其数值等于或低于0.25，2002年以0.17结束。2003年这一比例增长了将近两倍，达到0.47，甚至在2004年增长到了接近历史纪录水平，达到0.53。而且要注意的是，违约银行贷款指数在2002年降到了0.46的低水平，但在一年后迅速反弹至0.61，并在2004年年底达到了一个新的纪录水平0.80。

从图9—1中我们可以看出，违约债券2004年的市场价值与面值之比比1987—2004年间的平均数和中位数略高（0.53对中位数0.45），而违约银行贷款的值（0.80）就比平均水平（0.63）和中位数（0.62）高出很多。因此我们可以推断，如果违约债券和违约银行贷款的平均价格水平都向平均数回归，那么2004年以后两种指数就都会下降，至少不会上升那么多。

我们的指数是以仅做长期投资战略组合为基础的。当然，目前很多危机债务的投资者不仅仅遵循长期战略，他们还利用卖空技术通过各种不同的套利战略对其投资组合进行保值，如资本结构套利以及信用违约互换等。危机投资者除持有现金以外还可以对其他工具进行投资，如从破产中出现的公司的权益、高收益债券和贷款等。

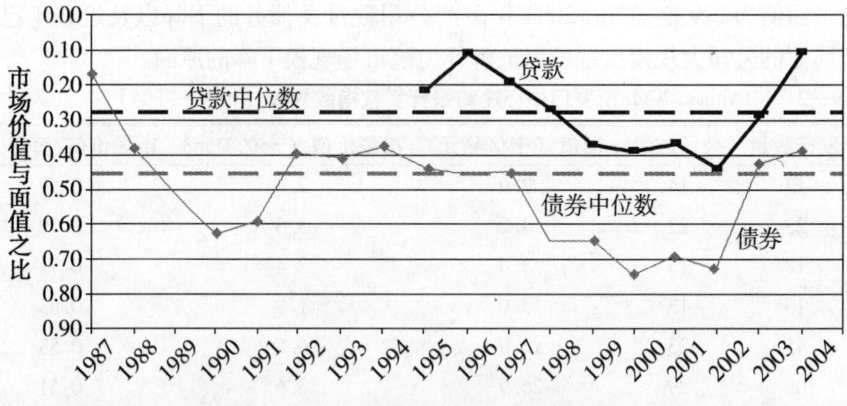

图 9—1 违约债务指数：市场价值与面值之比（年度数，1987—2004）

注：贷款市场价值与面值之比中位数为 0.62，平均数 0.63；
债券市场价值与面值之比中位数为 0.45，平均数 0.39。

9.4 业绩衡量

我们的指数包括不论在破产还是重组中任何阶段的公司的证券，为这些指数计算收益时利用的数据是从刚刚开始违约直到破产公司从第 11 章出现或清算，或直到通过交换“治愈”违约或解决违约。危机的重组公司证券也包括在该指数中，直到重组结束。违约债券指数包括所有的证券发行，从优先担保债券到次级无担保债券。由 Altman 和 Eberhart（1994）首先进行，并由标准普尔（Brand and Behar 2000）进行了更新的一项研究衡量了从最初发行，经过违约，直到破产出现的整个过程的违约债务业绩。这些研究表明，发行的优先级别是违约证券在特定期间内的业绩的一个非常重要的特征，不论是从发行到出现，还是从违约到出现的特定期间。在这两项研究中，优先债务证券的业绩都超过了次级债券。

我们的指数不包括可转换证券，不包括非美国或加拿大公司的证券，不包括非美元计价的发行，也不包括危机但不违约的证券。并且，正如以上所指出的，业绩衡量是以长期战略的完全投资为基础的。收益根据个人债券和银行贷款的变动来计算，不以管理者的平均业绩为基础。收益是毛收益，不反映管理者的费用成本。我们还可以在《华尔街》（*Wall Street Journal*）杂志上得到每日的危机债务投资者的管理业绩指数。

9.5 2004 年违约债券业绩

Altman-NYU 所罗门中心违约债券指数在 2004 年继续其令人印象深刻的业绩，增长率达到 18.93%，这标志着 18 年间该指数的第 12 次正的年度收益（见表 9—3）。2004 年的 12 个月中该指数经历了 7 次正的收益，这一结果也是很好理解的，因为新违约的债券发行在整个年度大幅度下降，从而提升了价格。该指数从2003年年底的337.5上升到2004年年底的401.3（1986年12月为100）。

2004年完成的标准普尔500指数2004年的年度收益率为10.88%（假设股利进行再投资）。违约债券指数连续第四年超过标准普尔500的总收益。违约债券指数同时还超过了Citigroup高收益债券市场指数，其收益率数值为10.79%。10年期政府债券不如我们的有风险债券指数，其收益数值仅为正的4.87%。我们稍后将会对这些不同资产等级收益率的相关性作进一步的分析。

表9—3　Altman-NYU所罗门中心违约债券指数：收益率比较（1987—2004）

年份	Altman-NYU所罗门中心违约债券指数（%）	标准普尔500指数（%）	Citigroup高收益债券市场指数（%）
1987	37.85	5.26	3.63
1988	26.49	16.61	13.47
1989	-22.78	31.68	2.75
1990	-17.08	-3.12	-7.04
1991	43.11	30.48	39.93
1992	15.39	7.62	17.86
1993	27.91	10.08	17.36
1994	6.66	1.32	-1.25
1995	11.26	37.56	19.71
1996	10.21	22.96	11.29
1997	-1.58	34.36	13.18
1998	-26.91	28.58	3.60
1999	11.34	20.98	1.74
2000	-33.09	-9.11	-5.68
2001	17.47	-11.87	5.44
2002	-5.98	-22.08	-1.53
2003	84.87	28.70	30.62
2004	18.93	10.88	10.79
1987—2004年算术平均（年度）比率	11.34	13.38	9.77
标准离差	28.32	17.51	12.30
1987—2004年复合平均（年度）比率	8.03	12.03	9.15
1987—2004年算术平均（每月）比率	0.74	1.04	0.76
标准离差	4.35	4.49	2.12
1987—2004年复合平均（每月）比率	0.60	0.91	0.73

资料来源：NYU Salomon Center，S & P，and Citigroup。

9.6 18 年比较业绩

表 9—3 列示了违约债券、普通股及高收益债券在 1987 年至 2004 年整个 18 年样本期间的收益。Altman-NYU 所罗门中心违约债券指数的年度算术平均值增长至 11.34%，比上一年增长了 0.45%。这一算术平均的年度收益比标准普尔 500 指数的数值（每年 13.38%）大约低 2%。而样本期间的违约债券指数的年度平均收益比 Citigroup 高收益债券市场指数（每年 9.77%）高。在这 18 年中，有 8 年违约债券业绩比另两种指数都要好，有 7 年违约债券指数是最差的。

违约债券指数年度收益的标准离差在 2004 年有所下降，但在第二年它在这三种指数中达到最高。但是如果以每月为基础比较变动性的话，实际上，违约债券发行的每月收益标准离差（4.35%）要比标准普尔 500 指数的（4.49%）稍低一些，而这两种指数实际上都比高收益债券市场指数（2.12%）波动性更大。我们认为高收益债券相对较低的标准离差与违约债券更高数量之间的差异是存在的，因为高收益债券通常会支付一个比较稳定的固定利息，而违约债券通常不支付任何利息。

9.7 违约银行贷款业绩

危机债券的管理者投资于违约公司的危机债券和私人债务（尤其是银行债务）也是比较典型的。正如以上所阐述的，随着银行贷款市场规模及流动性的提高，对违约的私人债务的投资也增加了。最近，Altman，Gande 和 Saunders（2004）对违约公司银行贷款与公开债券每日价格的信息效率进行了比较分析。他们发现，当公司开始向违约方向发展时，银行贷款的价格的下降比债券价格要早，至少 1999 年至 2001 年间是这样。

2004 年，与大多数资产等级相比，我们的违约银行贷款指数业绩相当好，当年收益 11.70%，以 171.4 结束（1995 年 12 月为 100）。这一指数的业绩不如违约债券指数的业绩好，但是确实要比 Citigroup 高收益债券市场指数以及标准普尔 500 指数要稍微好一些（见表 9—4）。在 1996 年至 2004 年间，违约银行贷款比普通股及高收益债券都差，但是时间序列非常短。在我们 9 年的样本期间中，该指数有 3 年业绩是最好的，但是也有 3 年是最差的。银行贷款指数在 2004 年有 8 个月收益为正。从 1996 年起，违约银行贷款指数的平均年度收益到 2003 年年底从 6.20% 提高到了 6.81%。可比期间该指数的算术平均年度收益稍低于 Citigroup 高收益债券市场指数（7.72%）。违约银行贷款收益的波动性远比违约债券要低，同时也低于股票的波动性。它们仅比高收益债券的波动性要稍高一些。

表 9—4　Altman-NYU 所罗门中心违约银行贷款指数：收益率比较（1996—2004）

年份	Altman-NYU 所罗门中心违约银行贷款指数（%）	标准普尔 500 指数（%）	Citigroup 高收益债券市场指数（%）
1996	19. 56	22. 96	11. 29
1997	1. 75	34. 36	13. 18
1998	-10. 22	28. 58	3. 60
1999	0. 65	20. 98	1. 74
2000	-6. 59	-9. 11	-5. 68
2001	13. 94	-11. 87	5. 44
2002	3. 03	-22. 08	-1. 53
2003	27. 48	28. 70	30. 62
2004	11. 70	10. 88	10. 79
1996—2004 年算术平均（年度）比率	6. 81	11. 49	7. 72
标准离差	12. 31	20. 71	10. 60
1996—2004 年复合平均（年度）比率	6. 19	9. 64	7. 28
1996—2004 年算术平均（每月）比率	0. 56	0. 88	0. 62
标准离差	2. 76	4. 69	2. 36
1996—2004 年复合平均（每月）比率	0. 53	0. 71	0. 56

资料来源：NYU Salomon Center, S & P, and Citigroup。

9. 8　债券和银行贷款复合指数

我们的违约证券复合指数的计算是以违约公开债券和私人银行贷款的相关市场价值和总收益为基础的。从 1996 年开始直到 2004 年的指数收益列示在表 9—5 中。2004 年复合指数的年度收益率高达 15. 14%。累积指数水平在 2003 年年底为 144. 4，2004 年以上升至 166. 3 的水平结束（1995 年 12 月为 100）。复合指数使我们能够对更广泛的违约证券市场业绩进行评判。2004 年年底债券与银行贷款指数的市场价值非常接近，债券为169亿美元，银行贷款为182亿美元。

表9—5　　Altman-NYU所罗门中心违约公开债券和银行贷款复合指数：收益率比较（1996—2004）

年份	Altman-NYU所罗门中心违约证券复合指数（%）	标准普尔500指数（%）	Citigroup高收益债券市场指数（%）
1996	15.62	22.96	11.29
1997	0.44	34.36	13.18
1998	-17.55	28.58	3.60
1999	4.45	20.98	1.74
2000	-15.84	-9.11	-5.68
2001	15.53	-11.87	5.44
2002	-0.53	-22.08	-1.53
2003	49.30	28.70	30.62
2004	15.14	10.88	10.79
1996—2004年算术平均（年度）比率	7.40	11.49	7.72
标准离差	20.10	20.71	10.60
1996—2004年复合平均（年度）比率	5.81	9.64	7.28
1996—2004年算术平均（每月）比率	0.52	0.88	0.62
标准离差	3.26	4.69	2.36
1996—2004年复合平均（每月）比率	0.41	0.71	0.56%

资料来源：NYU Salomon Center，S & P，and Citigroup。

9.9　多元化：管理类型与收益相关性

下面我们将探讨违约债务投资的风险性，以及投资者采用的不同的投资战略。

9.9.1　收益相关性

我们的分析建议有效的战略应该在大量的风险证券投资组合中包括违约债务。

国内几个退休基金和一些国外的投资组合已经有效地运用了这一战略，它们将其总的投资额拿出一部分交给危机债务资金管理者。当然，这是某些组合基金主要战略。这一战略背后的基本原理就是，投资于危机债务证券的收益与其他主要资产等级的相关性非常低，在组合基金情况下，不同的投资者类型是互补的。前者可以从我们追踪了很多年的收益相关性数据以及上一章图 8—3 中列示的投资战略中得到清晰的体现。

表 9—6 展示了 1987 年至 2004 年间 Altman-NYU 违约债券指数与其他两种风险资产等级（普通股和高收益债券）以及 10 年期美国国库券之间的相关性。到 2004 年 12 月 31 日，1987 年至 2004 年间违约债券和标准普尔 500 之间的每月收益相关性仅为 28.84%。2004 年违约债券和标准普尔权益之间的相关性稍高于 2003 年这两种资产等级的相关性（28.64%）。很显然，相关性是非常差的，因为违约债券的持有者通常会将其债务与第 11 章出现主体的权益进行交换，除非他们在正要出现之前将其卖掉。但是，我们目前还没有能够衡量出现权益业绩的指数。其实与 2003 年一样，2004 年出现权益的业绩也是令人印象非常深刻的（我们没有精确的结果）。对第 11 章出现公司权益业绩的分析参见 Eberhart，Aggarwal 和 Altman（1999）以及 J. P. Morgan（2004）。

表 9—6　　Altman-NYU 所罗门中心违约债券指数与其他证券指数相关性（1987—2004）：每月债券指数相关性

1987 年 1 月至 2004 年 12 月每月收益相关性				
	Altman 违约债券指数（%）	标准普尔 500 指数（%）	Citigroup 高收益债券指数（%）	10 年期国库券（%）
Altman 违约债券指数	100.00	28.84	61.35	-19.07
标准普尔 500 指数		100.00	50.13	3.90
Citigroup 高收益债券指数			100.00	10.61
10 年期国库券				100.00

资料来源：NYU Salomon Center，S & P，and Citigroup。

违约债券和高收益债券之间的相关性是非常强的。每月的收益相关性为 61.35%，而这两种资产等级之间的季度相关性稍高一些，二者都比 2003 年稍低一些。与过去的情况一样，高收益债券与违约银行贷款指数之间的相关性比违约债券与高收益债券之间的相关性要差，为 44.69%（见表 9—7）与 61.35%（见表 9—6）。违约银行贷款的收益与标准普尔 500 负相关（-0.90%），与 10 年期美国国库券负相关的程度更高（-19.64%）。最后，我们的两种违约债务指数（债券和银行贷款）每月收益相关性“仅”有 61.09%。稍高一些的相关程度也是可以被期望的，但事实可能会反映危机投资者的交易战略，如资本结构套利，其中债券被投资于长期而贷款被投资于短期，反之亦然，也同时会反映破产过程中对相关的贷款请求权与债券请求权进行协商的变化情况。实际上，在一些月份我们观察到一种证券非常引人注目的上升（例如，2005 年 2 月 Owens Corning 的银行贷款），同时，同一家公司的债券急剧下降的情况，反之亦然。

表 9—7 和表 9—8 同样还列示了在 18 年间进行二次抽样的样本期间内相关性的结果。违约债券与其他资产等级的相关性在良性信用循环的 6 年间，即 1993 年至 1998 年是最差的，当时的违约率极低。正如我们在第 7 章探讨的，信用市场在 2004 年年底前的 15 个月内属于良性循环期间（而且这种情况一直持续到至少 2005 年的前半年）。

表 9—7　Altman-NYU 所罗门中心银行贷款指数与其他证券指数相关性（1996—2004）：每月贷款指数相关性

1996 年 1 月至 2004 年 12 月每月收益相关性					
	Altman 贷款指数（%）	标准普尔 500 指数（%）	Citigroup 高收益债券指数（%）	10 年期国库券（%）	Altman 债券指数（%）
Altman 贷款指数	100.00	-0.90	44.69	-19.64	61.09
标准普尔 500 指数		100.00	49.48	-16.67	24.18
Citigroup 高收益债券指数			100.00	-6.49	63.69
10 年期国库券				100.00	-25.57
Altman 债券指数					100.00
1996 年 1 月至 2000 年 12 月每月收益相关性					
	Altman 贷款指数（%）	标准普尔 500 指数（%）	Citigroup 高收益债券指数（%）	10 年期国库券（%）	Altman 债券指数（%）
Altman 贷款指数	100.00	-7.41	39.51	-30.73	58.68
标准普尔 500 指数		100.00	56.12	16.55	18.53
Citigroup 高收益债券指数			100.00	2.97	56.16
10 年期国库券				100.00	-44.65
Altman 债券指数					100.00
2001 年 1 月至 2004 年 12 月每月收益相关性					
	Altman 贷款指数（%）	标准普尔 500 指数（%）	Citigroup 高收益债券指数（%）	10 年期国库券（%）	Altman 债券指数（%）
Altman 贷款指数	100.00	14.74	50.95	-10.27	60.16
标准普尔 500 指数		100.00	52.50	-47.92	45.72
Citigroup 高收益债券指数			100.00	-11.83	75.59
10 年期国库券				100.00	-9.69
Altman 债券指数					100.00

资料来源：NYU Salomon Center，S & P，and Citigroup。

表9—8　Altman-NYU所罗门中心违约债券指数与其他证券指数相关性（1987—2004）（二次抽样样本期间）

1987年1月至1992年12月每月收益相关性				
	Altman债券指数（%）	标准普尔500指数（%）	Citigroup高收益债券指数（%）	10年期国库券（%）
Altman债券指数	100.00	37.62	60.28	-18.64
标准普尔500指数		100.00	49.25	21.52
Citigroup高收益债券指数			100.00	21.40
10年期国库券				100.00
1993年1月至1998年12月每月收益相关性				
	Altman债券指数（%）	标准普尔500指数（%）	Citigroup高收益债券指数（%）	10年期国库券（%）
Altman债券指数	100.00	14.59	50.49	-25.18
标准普尔500指数		100.00	61.45	26.74
Citigroup高收益债券指数			100.00	33.92
10年期国库券				100.00
1999年1月至2004年12月每月收益相关性				
	Altman债券指数（%）	标准普尔500指数（%）	Citigroup高收益债券指数（%）	10年期国库券（%）
Altman债券指数	100.00	32.69	68.92	-15.06
标准普尔500指数		100.00	46.76	-31.53
Citigroup高收益债券指数			100.00	-8.80
10年期国库券				100.00

资料来源：NYU Salomon Center，S & P，and Citigroup。

9.9.2　管理者类型多元化

基本上所有在危机市场进行投资的投资组合管理者都是这方面的专家，他们远胜于进行大范围投资组合的危机证券投资者。（但一些保值基金为投资者提供了多种资产的选择机会。）因此，采用多元化的途径就可以利用不同的投资管理者。一般情况下，共同基金都会提供更多的传统债务和权益证券与危机证券的组合投资（例如Franklin共同补偿基金），很少出现例外的情况。一些组合基金和外币固定金额的基金已经采取了选择不同类型的危机证券管理者的投资战略。除资产等级的多元化以外，这些基金还采用了危机证券管理者实行不同（例如主动、被动、控制、买空卖空、优先与次级等）的投资战略。我们在第 8 章探讨了其中三种主要的战略类型以及它们的次级战略。2004 年年底大约有 150 家投资机构专门投资于危机债务。我们估计，这些投资公司在 2004 年年底会有大约 1 500 亿美元的资产被投资到了出现公司的危机债务和权益投资方面。

9.10 危机和违约公开及私人债务市场的分布和规模

2004 年年底，美国定息（非可转换）高收益和违约公司债务市场的危机和违约公开债务包含 17.2% 的高收益和违约债务市场的组合金额总额（大约 1.1 万亿美元），与 2003 年的 22.6% 相比大幅下降（如图 8—2 所示）。2004 年，收益率至少超过 10 年期国库券 1 000 个基点的违约债券部分是 3.3%（仅高收益市场的为 3.9%）。这一水平比 2003 年的 4.7% 要低，并且是自从 1998 年以来的最低点，1998 年股票为 2.8%。尽管相当低的构成一般来说预示着在今后的一年中违约率也应该较低，但是我们的观察结果却是虽然 1998 年的危机构成比例非常低（如图 8—2 所示），但 1999 年的违约率大幅度增长至 4.15%（见表 7—1）。

违约债务比例在 2004 年也下降了，从一年前的 17.9% 下降为 13.9%，这反映了与从重组中出现的超过 530 亿美元的债券相比，2004 年的新违约规模非常小（117 亿美元）。

违约和危机公开及私人债务总额 2004 年下降至稍高于 6 000 亿美元（面值）和大约 4 000 亿美元（市场价值）的水平（如图 8—1 和表 8—1 所示），这其中包括仍流通的违约债券 1 520 亿美元（面值）。随着持续出现大量新的违约，这一数额也比一年前有了大幅度的下降，下降额超过 400 亿美元。实际上，2004 年至少有 30 家公司携其公开债务从第 11 章出现，其负债最少为 1 亿美元。这其中包括 2004 年 4 月 MCI/WorldCom 的大型破产案，带领了 7 家出现公司，公开债务高达 10 亿美元。2004 年年底，我们的危机债务总额降至稍低于 370 亿美元（面值）的水平。公开和私人违约证券的市场价值下降为稍高于 4 000 亿美元，与一年前相比下降幅度超过 1 000 亿美元。但是我们已经看到，危机和违约债务的规模在 2005 年上半年又得到了提高。

9.11 结论

公平地说，我们相信危机债务市场已经发展到了这样的程度，即它可以被认为是合法的资产投资等级，具有自己的业绩衡量特征、专门的投资者以及与其他资产等级的相关性。尽管随着时间的推移这一市场的规模有所不同，但目前已经非常明确的是它将作为一项资产等级持续发展下去，并值得获得专业的分析和关注。

第10章 危机企业的公司治理

当公司进入财务危机和破产时，几乎公司治理的各个方面都会受到不同方式的影响。从开始起，一般认为当公司处于所谓的无力偿还状态时，原来仅限于公司管理者和公司董事的信托义务就扩展到包括债权人。由于重组中各个不同集团，包括债权人和股东，其利益经常发生冲突，这就给确定管理者的责任带来了困难。另外，管理层和董事会也可能会经历严重的人员更替，尤其是当公司申请第11章保护时。随着这些变化的到来，补偿合约就需要在重组的过程中进行修订。最后，大部分重要的重组都会导致所有权的很大变化，原债权人经常会以公司新的所有者身份出现。其结果是，尽管这种情况发生的机制与非危机公司的有很大不同，但控制权的变化确实是很普通的。本章将对公司治理的这些方面进行探讨，并探讨它们对重组过程中管理者和其他参与者动机的影响。

除在少数情况下债权人或其他参与者可以成功申请法庭为其指定托管人外，一般情况下，债务人的管理层会继续经营第11章中的企业。管理层在破产的前120天及法庭批准的额外期间内享有提出重组计划的专有权。破产法案支持债务人的这一特征导致了负有责任的管理层对重组过程及计划发展具有重要的影响。在已知可能涉及的债务人、股东和其他参与者数量的情况下，破产法案规定了对其他参与者委员会的指定。这些委员会以专业顾问为代表，其成本由债务人支付（最终从计划中分配支出）。对于大型的公众公司通常指定非优先债权人委员会，但其他委员会必须经法庭批准，由美国托管人办公室指定，这使得它们对协商过程的影响具有更大的不确定性。例如，Betker（1995）发现，1982年至1990年期间，75家第11章的样本公司中有权益委员会的只占37.3%。破产公司的监管结构将对各参与集团的被批准作用及重组计划的发展具有非常重要的影响。

10.1 管理者和公司董事的信托义务

当公司具有偿还能力时，管理者和公司董事对公司和公司股东负有信托义务。债权人的权利仅限于在原始合约中规定的条款。但当公司不具备偿还能力时，这种关系发生了变化。在法律专家中一个主要的观点就是，在无力偿还债务的公司，公司董事和高级职员既对债权人又对公司股东负有信托义务（Branch 2000）。

这种责任扩展的转折点不是发生在很容易观察到的事件上，比如申请第11章保护，而是发生在公司进入无力偿还状态的那个时点。[①] 这给当公司无力偿还时的衡量问题带来了非常明显的困难，并且使危机公司的评估成为一个关键问题。责任的扩展同时还带来了潜在的冲突，如股东和各种债权人的利益经常是相对的。例如，优先债权人通常会倾向于资产清算，这样可以避免他们抵押品价值的损失。而另一方面，权益持有者持有价外期权，他们会比较倾向于让公司持续经营，希望能有提高公司价值的事件发生并且归还其剩余价值。

由 Weiss 和 Wruck（1998）描述的 Eastern Airlines 1989 年破产案给这些冲突潜在的重大影响提供了一个清晰的说明。Weiss 和 Wruck 估计，在申请当时，对 Eastern 的固定请求权总额超过 37 亿美元，但是根据想要购买该公司的某一出价显示，Eastern 的权益大约值 12 亿美元。尽管如果 Eastern 在申请的当时就被清算的话，它也已经进入到了无力偿还的状态，但以可预见的持续经营价值为基础，债权人和其他方最初还是支持其进行重组尝试。但随着重组过程的深入，Eastern 持续经历严重的经营损失。为使航空公司能够继续经营，破产法庭（美国南部地区）授予 Eastern 的管理者以下权利，即通过出售资产的收入来为经营筹资。

最后，所有这些保护航空公司的尝试都失败了，Eastern 在 1991 年 1 月 19 日终止经营。Weiss 和 Wruck 估计，在破产的 22 个月期间内，Eastern 的价值下降超过 20 亿美元，公司在清算之前已经明显进入了无力偿还的状态。如果管理层的目标是提升股东的利益，那么最好的战略就是使航空公司继续运营，并且希望有经济复苏的可能。而一旦公司已经无力偿还，那么对于债权人来说，用出售资产得到的收入来支付债权人的请求权要比为非盈利的经营进行再筹资要好一些。尽管 Eastern Airlines 的案例是一个清算和重组之间相互作用的极端例子，但请求权持有者及随之发生的代表债权人和股东利益，甚至是代表具有利益冲突的不同债权人集团之间的冲突在一些重组案例中是清晰可见的。

10.2 管理层和董事会变化的频率和时间选择

在公司发生财务危机的情况下，管理者（尤其是 CEO）被替换的可能性将会对公司的经营决策具有重要的影响，不论是在危机之前还是公司处于危机之中的阶段。另外，第 11 章过程的批评者认为这一过程对负有责任的管理层保护性过强。例如，Bradley 和 Rosenzweig（1992）提出，尽管管理层业绩已经差到导致公司无力偿还的地步，但负有责任的管理者可以不受任何惩罚，因为破产法允许其保留对公司资产的控制。

大量的学术研究已经对危机（尤其是第 11 章情况）是否对管理者来说是一种沉重的代价，从他们有可能丢掉工作方面来讲，进行了考察。其中一些结论列示在

---

① 与这一议题相关的有重要性影响的例子是 *Credit Lyonnais Bank Nederland, N. V. v. Pathe Communications Corp.*, 1991 Del. Ch. Lexis 215（1991）。有很多决议探讨了公司的无力偿还局面，一般包括（但不仅限于）以下各项：*Hechinger Investment Co. of Delaware, et al. v. Fleet Retail Finance Group, et al.*, 280 B. R. 90（D. Del. 2002）；*In re Kingston Square Assocs.*, 214 B. R. 713（Bankr. S. D. N. Y. 1997）；and *Geyer v. Ingersoll Publications Co.*, 621 A. 2d 784（Del. Ch. 1992）。

表10—1中。在1978年《破产改革法案》之后进行的第一项系统考察危机公司管理层变化的是Gilson（1989）。Gilson考察了从申请前两年开始的四年期间“高级管理者”的变化，他将“高级管理者”定义为具有CEO、主席或总裁头衔的人。在他考察的69个破产案例中，有71%的这些“高级管理者”在申请后的两年内发生了替换。破产公司的替换率同样远远高于出现财务危机但成功地进行了庭外重组的公司的替换率。有意思的是，Gilson发现，这些丢了工作的高级管理者没有一个在其离开后的三年内能够被另外的在交易所内上市的公司所雇用，这也说明了这种替换给其个人带来了巨大的私人损失。同时还可能出现的是个人收入上的损失，除工资下降以外，还有因为随着经济状况的恶化其个人手中持有的权益价值的下降，另外当管理者离开公司时，还有潜在的公司特定人力资本的损失。

表10—1 **财务危机公司管理层变化研究**

研究	样本	替换率
Gilson（1998）	1979年至1984年进入财务危机的公司，包括69家第11章公司和57家已解决公司；从债务重组或破产申请前两年开始后的四年间CEO、主席或总裁的替换	已解决公司：债务重组之后两年内60% 第11章公司：申请后两年内71%
Betker（1995）	1982年至1990年75家第11章公司；违约前两年内在职CEO的替换	申请时51% 出现前75% 出现时91%
LoPucki & Whitford（1993）	1979年至1988年43家大型第11章案例；申请前18个月在职CEO的替换	批准后6个月内91%
Hotchkiss（1995）	1979年至1988年197家申请第11章的公司；申请前两年在职CEO的替换	申请时41% 计划提出时55% 出现时70%
Hotchkiss & Mooradian（1997）	1980年至1993年288家公开债务的违约公司，包括77家已解决公司和197家第11章公司；违约或申请前两年在职CEO的替换	已解决公司： 违约时19.5% 解决完成时36.4% 第11章公司： 违约时18.8% 计划提出时54.9% 出现时81.2%

更多最近对第11章公司管理层替换的研究也显示了类似的高替换率的结果。例如，Betker（1995）跟踪研究了从违约前两年直到批准后一年的第11章公司的案例样本，他得到了在公司破产出现前91%的CEO替换率。为进行比较，一些学术研究还考察了非危机公司的CEO替换率。Weisbach（1988）考察了纽约证券交易所（NYSE）的一些样本公司，得出了每公司年度8%的平均年度辞职率。Warner，Watts和Wruck（1988）发现，对于NYSE和美国证券交易所（AMEX）的随机样本公司来说，公司的平均年度替换率是每家公司0.12次变

化。所有的研究都表明替换率对公司业绩非常敏感，但我们也可以清楚地看到，在样本公司中对业绩最差的公司报告的替换率还是不如财务危机或破产公司的高。

尽管我们非常清楚危机公司的替换率非常高，但同样有证据表明负有责任的管理层通常会对重组公司的前景抱有过于乐观的估计。正如第3章中所阐述的，大量研究表明，与公司从第11章出现后的实际业绩相比，包括披露报告在内的现金流量预测一般都过于乐观。Hotchkiss（1995）表明，当破产前的管理层在进行现金流量预测的时候仍然在位时，这种偏见就更为强烈。另外还有一些观点认为，在某些破产法庭总具有较强的支持债务人的偏见。例如，Hotchkiss（1995）同样表明，在纽约南部地区申请第11章后出现的公司更有可能发现它们陷入了随后的危机重组中。LoPucki（2004）更是强烈地指出，最近特拉华州大量案件的出现正是由于其摆出了相对支持债务人姿态的结果。他认为这会导致“审判地购物”，意思是说管理者可以选择申请破产的地区，在这些地区他们可以期望获得有助于他们保留对该过程控制权的裁决。管理者的高替换率与他们被过于强烈保护的看法正好相反。但是以上这些研究表明，尽管大部分的管理者可能在从破产出现时不会再继续担任其职位，但他们能够在职继续工作一段时间，至少到提出一项计划为止。

当公司重新协商其债务合约时，除管理层发生变化以外，通常在董事会的成员及构成方面还会有重大的变化。随着公司逐渐出现财务危机，管理者和公司董事被要求提供一项有关时间和注意力的实质的承诺，以说明公司目前的经营问题，并开发重组计划。另外，公司董事和高级职员还要对个人债务愈加关注。但是特定的参与者也可能会希望占有董事会一席之地，比如那些进行了危机公司或集团的投资并且想要在重组过程中保护自己利益的参与者。但在某些情况下，除非重组过程已经完成，否则这些人也不愿意参与到董事会当中，因为如果这样做可能会削弱其对危机公司请求权进行交易的能力。①

学术研究提供了与这些想法一致的意见。Gilson（1990）发现，当公司发生财务危机时，平均董事会规模将会下降，更多的具有管理问题公司的特殊技术或兴趣的成员将被指定，包括投资银行家和解决问题专家等。另外他还发现，平均来说，仅有46%的在财务危机之前就是董事会成员的董事以及43%的CEO，在不到两年之后公司从破产中出现或与债务人私人和解时仍然在位。Hotchkiss 和 Mooradian（1997）将注意力集中在董事会和专门投资于危机公司的秃鹫投资者的其他监管活动上。他们的结果表明，对于大部分的公开债务违约的样本公司来说，这些投资者在对重组公司的监管中通常都是非常活跃的。最终这些投资者进入董事会的占到他们所考察公司的27.8%，半数以上在从破产出现后至少保留其职位一年。但在最近的一些案例中，包括MCI（原WorldCom），危机债务投资者拒绝加入重组公司的

① 董事会成员和债权人委员会成员有取得公众获取不到的信息的权利，如财务预测。参见第8章对有关破产请求权交易问题的探讨。

董事会，因为同时对重组公司的股东和他们自己基金的投资者负责会给这些投资者带来冲突。①

10.3　管理层补偿

即使公司的管理者已经被替换，我们仍然不清楚管理者的忠诚体现在什么地方。补偿政策通常是公司总体战略的一个重要组成部分，它主要通过改变管理者动机或促进与债权人的协商的规定来处理财务危机。

当一家公司出现财务危机时，通常有必要替换与导致这一较差业绩决策有关的负有责任的管理层。但为保持公司价值，有些时候提供能够留住主要员工的激励措施也是非常重要的。在破产过程中为留住关键员工而提供现金奖金是可以实行的，但有时候很难分清这种支付到底是对债权人好处更大还是对股东好处更大。近期有一些例子更突显了对这一问题的关注。在 2002 年 1 月破产申请之前，Kmart 为试图挽留高级职员重新分配了超过 3 000 万美元的贷款，这其中包括为 9 位最高管理层职员支付的超过 1 800 万美元的金额，而他们还是在随后到来的春天就离开了公司。② 1996 年申请第 11 章之前，Fruehauf Trailer Corporation 批准了为留住 40 位关键员工而支付的奖金计划。但是该公司的厂房和销售中心立刻就进入了破产清算程序。清算公司的有关人员认为，管理层错误地为他们自己取得了资金，而没有利用这些资金来对债权人进行支付。③

Gilson 和 Vetsuypens（1993）提供了一项对危机公司补偿政策的系统研究，他们既考察了当公司进入财务危机时的在职管理者，也考察了随后替代他们的管理者。他们发现，除了以上所论述的高替换率以外，即使是没有被替换的管理者通常其工资和奖金水平也会大幅下降。当即将离职的 CEO 被另外负有责任的管理者取代时，通常支付给 CEO 的报酬水平也会下降。内部替换的 CEO 获取的收益比他（她）的前任平均要低 35%。与之相反，外部替换的 CEO 取得的收益比他（她）取代的 CEO 平均要高 35%。

补偿合约变化的一个重要方面是对破产重组公司的 CEO 来说，其财富大小对公司股票价格业绩具有非常高的敏感性。Gilson 和 Vetsuypens 的研究表明，外部替换通常会得到大量的股票期权来作为对其补偿的一部分。另外，Gilson，Hotchkiss 和 Ruback（2000）在对破产公司估价问题的研究中发现，在他们研究的 63 家第 11 章公司中，作为重组公司激励补偿的一部分，有 32 家（50.8%）管理者得到了股票或（和）股票期权。这可能在确定重组公司价值时引发偏差，因为如果期权的

① Mitchell, Pacelle, and Shawn Young. "Carrion Call: As MCI Tries for a Second Act, 'Vultures' Add to the Drama—How Soon Will Big Investors Cash Out After Company Emerges from Chapter 11?—Refusing to Join the Board." *Wall Street Journal* (April 16, 2004).

② Burton, Thomas M. "Departing CEO at Kmart Is Set to Get Big Payoff." *Wall Street Journal* (October 20, 2004).

③ Schroeder, Michael. "Court Rules Against Pension Bonus—Fruehauf Plan to Award Special Benefits to Staff Is Considered Excessive." *Wall Street Journal* (January 25, 2005).

行权价格定在一个比较低的水平，或者以这一水平计算的他们被分到的股票份额较高，那么这一较低的价值将会对管理者有利。如在第5章中探讨的一样，如果公司从破产出现以后股票业绩较好，这无疑是给管理者带来了一笔横财。不管怎样，补偿对业绩的高敏感性对重组公司会有很重要的激励作用。

但在第11章过程期间，如果破产期间的管理层在公司破产重组后已不在其位，那么这么长期的以业绩为基础的补偿将不会起到任何作用。这种情况在已经聘请了负责周转的专业人员以帮助带领公司进行重组过程时更有可能发生。在这些情况下，Gilson 和 Vetsuypens 发现，当前管理层的补偿通常是与短期目标联系在一起的，比如公司破产、债务重组或向债权人付款的成功决策。最近，有一些公司的大部分资产被依照第363节（Section 363）出售，在这些案例中，奖金通常是与这些出售业务的完成联系在一起的。

最近，具有很大吸引力的一个相关议题是为业绩较差的公司进行价外执行期权的重新定价问题。重新定价是指降低以前发行的职工股票期权履约价格的做法。这种做法通常在显著的股票价格下跌使期权成为价外期权以后进行。批评者指出，重新定价在公司业绩较差的时期过后奖赏了管理层，而支持者认为在当时为管理层提供适当的激励是必需的。Chidambaran 和 Prabhala（2004）表明，大多数的重新定价公司附带了一项新的赋予权利的期间或者与为重新定价期权进行持续雇用有关的强制执行限制，而这些都支持了重新定价是留住主要员工的一个重要方面的观点。无论如何，财务会计准则委员会（FASB）在1998年规定，重新定价期权应该被费用化，因此阻碍了这种业务的发展。最近，公司又在不取消原有期权的情况下采用了新的恢复期权，或者将现行的已知期权废除。在废除的情况下，公司员工从行使期权中获取的股份被退回给公司，公司退还履约价格的资金。与重新定价类似，这种做法被批评是监管较差的象征，但它对危机公司恢复激励结构可能还是必要的。

10.4 所有权和控制权的改变

当危机公司重组其债务时，公司剩余请求权的所有权结构通常会发生很大的变化。这种情况的发生有很多原因。最主要的原因是在公司破产重组中，最初的权益持有者通常仅能从重组公司得到很少的股份，甚至没有。大多数的股票都被分配给了原债权人，他们目前已经成了公司新的所有者。另外，专门进行危机公司投资的投资者经常从大量的债权人手中购买请求权，并且可能将这些合并的请求权转换为大小相当的权益地位。这些权益的规模通常足够使投资者对重组公司进行控制。最后，有时候从投资者手中向重组公司注入权益也会成为重组计划一部分。

1978年《破产改革法案》以后对危机公司最早进行所有权变化的研究并没有发现被研究公司大量的控制活动。一个可能的解释就是按照第11章的规定，受托管理层仍然对公司保有控制权，而第11章是不鼓励收购的。与破产外的收购不同，作为重组计划一部分的收购要求必须取得债权人的同意，这使得第 11 章公司的敌意收购更加困难。另外，可能出价的同行业其他公司也可能在同时陷入危机之中。Hotchkiss 和 Mooradian（1998）在第 11 章公司被其他上市公司收购的 55 个交易样本中对这一议题进行了检验，他们发现，破产目标公司实际上最经常被同行业的公司收购。出价公司通常都与破产公司具有重要的关系，例如，它们之前可能购买过目标公司的资产。通常都会有很多的出价公司，这 55 个样本中共有 18 家，而这至少和对非危机公司进行考察时发现的结果一样高。但是支付的价格低于同行业中对非破产的目标公司支付的价格，这项研究发现这种收购的价格是对同行业非破产的目标公司支付的价格的 45%。但是，这些收购确实导致了非常成功的重组，因为与破产前水平相比兼并后公司现金流量得到增加，并且增加幅度大于在同类非破产公司收购中观察到的结果。

尽管在第 11 章初期的时候控制权的变化并不是很普遍，但是重组计划下的权益分配仍然导致了公司所有权在前债权人手中的集中。Gilson（1990）研究了 1979 年至 1985 年 111 家经历严重财务危机的公开交易公司，其中有 61 家申请了第 11 章保护。对这 61 家破产公司来说，重组公司的平均 80% 的普通股都被分配给了债权人。州和国家的银行法为美国银行提供了持有从贷款重组中获得的普通股的权利。在 Gilson 的样本公司中，大约每四家公司就有三家，其银行贷款人和其他债权人会从公司债务重组和第 11 章重组计划中得到大批的具有投票权的股票。平均来说，银行会得到公司普通股的 36%，并且在许多情况下，银行还会指定其代表作为公司董事会成员。James（1995）探讨了银行对危机重组的参与。他研究了 1981 年至 1990 年发生的 102 家银行债务重组样本，并且发现在这些交易中有 31% 的银行取得了权益地位。另外，通常情况下，银行还至少在重组后的两年内保有其重要的权益。最近，市场上包括银行贷款在内的危机公司请求权交易的上升为银行提供了更早退出这一程序的机会，会有新的投资者在重组计划的协商中取代银行的地位。Hotchkiss 和 Mooradian（1997）发现，在他们研究的违约公司样本中，有 49% 由秃鹫投资者变成了大股东（持有超过 5% 的重组公司股票）。

随着 20 世纪 80 年代和 90 年代初出现财务危机的大型上市公司数量的增多，进行危机公司请求权交易的市场得到了大幅度的增长（参见第 8 章）。这一发展对危机公司控制活动的发生具有戏剧性的影响。对于专门想寻找对危机公司进行控制的投资者来说，一个普通的战略就是购买大批的债务。如果拥有了能够阻止重组计划发展的足够的权益，那么该投资者就会在整个重组过程中具有重要的影响。依靠计划的最终协商条款，股份在将来可以被转换为具有控制权的所有权地位。①Hotchkiss 和 Mooradian（1997）在研究了 288 家在债务上违约的大量样本公司后发

① 按照 Wilbur L. Ross 的说法，他是大量破产事件的投资者，“实际上我们所处的每一个破产环境都存在转换为控制的问题；而在 5 年前这还是很少见的。”（“Debt Raiders See Bull Market in Bankruptcy,” *Los Angeles Times*, October 21, 1990.）

现，秃鹫投资者获得样本公司控制权的占16.3%。

这一行为提供了一个与争夺非危机公司控制权的很有意思的比较。通常情况下，当一个投资者获得超过5%的公司股票时，他必须向证券交易委员会（SEC）提供13-D报表，披露其持有该公司股份的情况及其未来的打算。但对债务购买人就没有这样的要求。因此，对危机公司来说，寻求控制权的投资者可以购买一批债务，当将其在重组过程中转化为权益的时候，投资者便可以得到公司权益的控制权。实际上，一些特定的投资者已经通过利用这种战略获得破产公司的控制权而为自己带来了很高的声誉，其结果是对从第11章出现的公司权益投资组合进行管理。表10—2列示了这种控制活动最近的一些例子。

还有大量的第11章公司从外部投资者那里获得权益注入，这种情况下控制权也会发生变化。Gilson，Hotchkiss和Ruback（2000）发现，在他们研究的63家公司中有12家（17.5%）公司具有这样的投资：获得的平均权益百分比为54.2%，而投资范围的规模是从13.6%至82.4%。与第11章外部收购不同，有9家公司在计划被提出时的在职CEO在从破产出现后仍然保留着其职位，而在新闻出版业中这些公司是以对债务人管理非常友善为特征的。总之，这种控制活动与高级管理层和公司董事会的替换一起构成了危机公司治理的重大变化。

表10—2　　近期第11章公司控制活动的例子

公司	投资者	活动描述
Kmart 2003年5月6日出现	Edward S. Lampert	第11章期间购买债券，然后购买银行贷款；将债务转换为股票，并在重组公司进行额外的投资。以Kmart的最大股东身份出现，拥有48%的股票，并成为主席
XO Communications 2003年1月16日出现	Carl Icahn	购买大约85%的公司优先担保债务和超过13亿美元面值的优先票据。得到85%的重组公司股票和5亿美元次级实物支付优先票据的大部分
Burlington Industries 2003年10月30日批准计划 2003年11月完成收购	Wilbur Ross	无担保债权人委员会主席，Ross拥有8 200万美元的无担保债券和700万美元的银行债务。在破产法庭监管的拍卖中成功购买公司资产
Regal Cinemas 2002年1月30日出现	Philip Anschutz和Oaktree Capital Management	Anschutz和Oaktree购买82%的Regal银行债务和93%的债券。Anschutz拥有重组公司权益的60%，Oaktree拥有15%

资料来源：News articles，company 10-Ks，and disclosure statements。

第二部分

公司财务危机分类和预测方法及其应用

第11章 公司信用评分——无力偿还风险模型

本章探讨的是近期促使公司信用评分模型得到发展和改进的一些主要推动因素。最近，至少有两种重要的因素刺激了这些模型的发展，包括巴塞尔Ⅱ提出的对信用资产资本要求的含义以及在21世纪刚刚到来的几年内美国违约和破产的巨大金额和比率。尽管事实是我们已经从2001年至2002年间的喧嚣的、困难的信用环境进入了2004/2005年的从历史上看也比较温和的、良性的环境中，但对信用风险模型的研究丝毫没有减少。信用风险模型的发展回顾主要涉及两项突出的信用评分技术，即我们的Z-Score模型和穆迪投资公司/KMV公司的预期违约频率（EDF）模型。两种模型都会在总体的违约概率方面和个别的声名狼藉的Enron和WorldCom失败方面上进行评估。为提高其使用效果，这些及其他的信用风险模型必须在这样的公司中应用，即具有诚实的信用风险文化、遵从这些方法最好是在信用分析和证券分析过程中作为额外工具使用而不是唯一的决策标准的事实。

在新千年到来的时候，新巴塞尔协定关于信用风险资本适当性的声明，即所谓的巴塞尔Ⅱ协定，赋予了信用评分模型以前所未有的重要性，参见巴塞尔银行监管委员会的相关资料（1999，2001，2004）。尤其是银行和遍布世界各地的大部分其他金融机构，近期都或者发展了或者修改了现行的内部信用风险体系，它们目前正在开发能在评估所有信用资产的违约概率（PD）以及违约损失率（LGD）中具有最好的实践体系和程序的方法。每一种输入量都必须具有巴塞尔Ⅱ中所谓的高级的内部评级基础（IRB）方法的资格。巧合的是，2001年美国的违约和破产都达到了空前的水平，在2002年更是持续增长到了更高的水平。

用于主要包括债券、贷款和公司应收款项等公司信用资产的偿还风险评估的信用评分模型在美国已经被金融机构和其他贷款人至少使用了150年（如图11—1所列示的公司信用评分技术的演变）。包括公司和所有者个人定性评估的早期模型可以追溯到19世纪50年代，当时例如前Dun & Bradstreet和商业银行等机构为那些为美国经济成长提供资金的信誉卓著的公司提供服务。第一家出售给私人和机构投资者的公司债券可能是由费城的Schuylkill Permanent Bridge Company在19世纪的第一个十年中发行的，也可能是更大的公司如First National City Bank在1820年发行的。这些定性化的变量评估（如行业分布、个人担保、抵押品、管理经验等）在20世纪早期迅速被单变量的比率和其他财务报告数据所补充。正式的评级机构以1909年穆迪公司的成立作为开始，随后出现了标准普尔（1916年）。我们在第7

章回顾了这些机构信用评级的标准术语。

- 定性（主观）
- 单变量（会计/市场衡量）
- 多变量（会计/市场衡量）
  判别式、逻辑、概率模型（线性、二次方程）
  非线性模型——例如，回归参与分析（RPA）和神经网络（NN）
- 在使用的判别式和逻辑模型
  顾客模型（例如 Fair Isaacs）
  Z-Score——制造业
  ZETA——工业
  私人公司模型（例如 Risk Calc（穆迪），Z″-Score）
  EM Score——新兴市场、工业
  其他——银行专业系统
- 人工智能系统
  专家体系
  神经网络（例如 Credit Model [S & P]，Central dei Bilanci [CBI]，意大利）
- 期权/或有请求权模型
  破产风险
  KMV 信用监控模型
- 混合比率/市场价值模型
  穆迪公司的 Risk Calc
  BondScore（CreditSights）
  Z-Score（市场价值模型）

图 11—1　评分系统的演变

资料来源：Author Compilation。

我们建立了第一个多变量信用评分模型（Altman 1968），叫做 Z-Score 模型，它将大量的财务报告和市场价值的衡量方法结合在了一起。利用该模型可以将观察对象（公司）进行分类，看其属于危机（破产）类型还是非危机类型。我们利用的统计分类技术是判别分析，它是可用于区分或预测公司健康程度的统计技术家族中的一员。为类似的目标后来所采用的技术有逻辑回归、概率分析（例如 Ohlson 1980）、回归分割（例如 Frydman，Altman 和 Kao 1985）、二次判别（Altman，Haldeman 和 Narayanan 1977）、神经网络（例如 Altman，Marco 和 Varetto（1994）和 Trippi 和 Turban（1996）中的一些研究），以及大量的像遗传运算法则等那样高度复杂的技术（例如 McKee 和 Lensbergn（2002））。我们认为，我们在本章讨论的很多方法实际上都是围绕同一个主题的变化——严格对待对公司进行危机分类/预测的指标。这些方法已经被应用到制造业、其他行业、新兴市场公司以及金融机构等。类似的概念在评估金融机构和公司的零售顾客声誉方面已经被应用了几十年（例如零售业、石油行业，特别是信用卡和抵押）。

最近，被用于区分公司健康程度的技术包括人工智能系统、期权/或有请求权（例如穆迪/KMV 的 EDF 模型）以及混合模型（例如 CreditSights' BondScore）。下面我们将具体论述目前对于发展信用评分模型的迫切需求，并对一些最常用的特定模型进行具体的阐述。

11.1 大型公司失败的急剧增加

正如我们在本章之前以及第1章中所论述的，美国目前大型公司的违约和破产发生得相当普遍。实际上，拥有负债超过1亿美元的申请第11章破产/重组的公司在2001年负债总额至少达到了2 400亿美元，2002年达到了3 370亿美元（参见第1章表1—1）。这些负债在2003年和2004年又分别下跌到了1 100亿和660亿美元的水平。在2001—2003年的三年期间就有100家负债超过10亿美元的公司申请美国破产法案的保护。这些10亿美元的公司名单可以参见本书第1章的附录1—1。在公开债券方面，2001年有超过630亿美元的美国国内公开高收益债券（投资等级以下）违约，高收益债券上的违约率达到了接近历史记录水平的9.8%（美元加权）。2002年，这一违约金额上升到将近1 000亿美元，违约率更是达到了空前的12.8%的水平，这其中包括2002年7月WorldCom破产案的300亿美元（参见第7章）。[①] 这些庞大的数额在2003年得到了回落，2004年下降幅度更大，当时在册的高收益债券违约率仅为1.25%。

由于评估公司PD的紧迫性，2004年6月26日在经过了5年的激烈争论之后，巴塞尔Ⅱ的最终版本最终提交（巴塞尔银行监管委员会，2004年），并迅速应用在一些国家中。尽管存在预示良性信用循环已经开始[②]的违约和破产的最近降温以及巴塞尔Ⅱ建议的不确定性的免除，但对信用风险模型、为获得PD的评分模型的应用以及确定违约损失率（LGD）的数据库发展的研究仍在持续进行，且丝毫没有减退，在此问题上定期会有大型会议召开。[③]

下面我们将探讨一个38年前作者建立的模型，即所谓的Z-Score模型，以及它与最近这些成果的关系。在分析之前，我们首先在Z-Score模型的测试和随着时间的推移而进行的应用方面提供一些更新的材料，并且提供为更好地应用而进行的细微修正。我们同样还会探讨另一个广泛应用的信用风险模型，即穆迪/KMV方法，并在目前声名狼藉的Enron（2001）和WorldCom（2002）破产案中对KMV和Z-Score模型进行比较。这一资料并不意味着是所有有名的可用信用评分模型的比较，

---

① 数据取自NYU所罗门中心公司债券违约和破产数据库。参见Altman和Aguiar（2005）由2004年得到的结果。

② 实际上，根据美国通货检查办公室的报告，2004年11月美国国家银行的不履行贷款下降到了过去20年的最低水平（所有过期90天或以上的贷款总额的0.97%）。

③ 例如，Moody's/KMV和NYU所罗门中心在2004年5月19日至20日召开了一个重要的会议，会议议题是“信用风险研究的最新进展”，更多详细信息请登录Moody's和NYU所罗门中心网站（www.stern.nyu.edu/salomon），随后在2005年5月26日至27日，在伦敦商学院又召开了一次会议。参见Altman，Resti和Sironi有关LGD的评论文章（2005a）和有关补偿风险的书（2005b）。

可用的信用评分模型还包括其他的一些模型，比如穆迪的 RiskCalc，CreditSights' BondScore，Kamakura 方法，Hillegeist 等人（2003）的 H 模型，或者 ZETA 评分模型（Altman 等人，1977）。

主要的一个问题就是，公司信用资产上违约概率的适当分配是顺序应用以下步骤的三步式程序：

（1）信用评分模型；

（2）资本市场风险等价物——通常是债券评级；

（3）信用投资组合上的 PD 和可能发生的 LGD 的分配。①

我们的重点将放在第一个步骤以及 Z-Score 模型（Altman 1968）如何成为确定 PD 三个主要框架之一的原型模型上面。另外两种信用评分的结构是以穆迪/KMV 预期违约频率（EDF）方法（McQuown 1993，KMV 2000，Kealhofer 2000）为代表的，它们涉及的或者是债券评级体系自身，或者是期权定价的资本市场评估技术。这些技术同样也是大多数的信用资产风险价值（VaR）模型（例如 CreditMetrics，1997）的支柱。事实上我们强烈地感觉到，如果最初的信用评分模型是合理的，并且是以全面的有代表性的数据为基础，那么信用 VaR 模型就有可能是正确的，能够既对调整和最优化资本分配有所帮助，同时也对危机预测有好处。如果不是这样，那么大量的数量组合或投资组合分析结构都不能得到有效的信用风险结果。

11.2 信用评分模型

几乎目前在用的每一种信用评分统计模型都是一个类似主题的变化，它们把一套有关公司业绩的限定性财务指标同信用过程中试图进行定性分析的少量其他变量结合起来。然后就对这一模型进行评估，并与过去违约的大规模数据库进行比较以确定模型的 PD，而这种模型可以是使资产价值与可理解的负债义务相联系的结构方法，统计多变量模型，也可以是源于外部的简化表格方法。尽管我们将主要针对量化的方法，主要是财务比率和资本市场价值，但我们绝对不能低估定性方法在这一过程中的重要性。②

从 20 世纪 60 年代开始，一些从业者和很多学者在对公司业绩进行评估时开始取消作为分析方法的比率分析。理论家大多贬低了被这些从业者广泛运用的主观的单凭经验的方法（例如公司比率比较）。由于学术界很多成员对比率分析相关性提出了批评，那么这就意味着比率分析的方法仅限于一些具体的细节吗？或者这种方法的重要性是被粉饰出来的因此有缺陷？我们能在传统的比率分析和目前已经在学者们当中普遍采用的更严格的统计技术之间搭建一座桥梁而不是切断其联系吗？实

① 有人或许会认为统计方法可以将第一步和第二步合并起来，因为第一步的结果可以自动生成对 PD 的估计。这是很多目前的模型建立者和大多数咨询公司倾向于采用逻辑回归方法的一个原因，他们一般不采用我们比较倾向的判别模型。

② 根据银行从业者的报告，这些所谓的定性因素涉及对风险的判断，它们可以提供高达 30% ~50% 的对评分模型的解释力度。

际上，Scott（1981）考察了结构模型和多变量方法之间的概念联系比如 Z-Score 和 ZETA 模型后发现理论模型和实证模型大体上是一致的。

11.3 传统的比率分析

发现公司经营和财务困难是进行财务比率分析的一个主题。在公司业绩的定量衡量方法发展之前已经成立了机构，提供在评估特定商业的声誉时所需的定性化信息。在比率分析和破产分类方面的一流成果是由 Beaver（1966，1968）创造的。他对大量破产预测的单变量分析为后来的学者和其他研究者进行的多变量尝试创造了很好的条件。Beaver 发现，在公司失败 5 年之前，一些指标就可以在匹配的失败公司和非失败公司之间加以区分。可是他质疑了多变量分析的使用。但是，由作者建立的 Z-Score 模型后来证明 Beaver 早期的担忧是不成问题的。

上述的研究暗示了作为预测破产的比率在为公司提供多变量信息提高传统比率技术方面的潜力，它是以每一变量的目标权重为基础的，结果清晰、明确并且（希望是）不具有误导性。总之，衡量盈利能力、流动性、负债水平、偿还能力以及多角度衡量的方法，如收入和现金流量覆盖率等的比率指标作为重要的指标已经获得成功。这种重要性目前还不是很清晰，因为几乎所有的研究都会引用不同的比率作为未决问题的最有效指标。因此，对以前已经引用过指标的研究进行的适当扩展是在它们的研究成果基础上发展起来的，在一个有意义的预测模型中融入了一些衡量的方法。

11.4 判别分析

对这项分析的目的和问题的实质进行了仔细考虑之后，我们选择多元判别分析（MDA）作为合适的我们最初（Altman 1968）建立模型的统计技术。尽管不如回归分析那么受欢迎，但自从 20 世纪 30 年代其最初在生物科学领域第一次应用开始，MDA 已经在很多学科中得到了应用。MDA 是一种统计技术，用于根据观察对象的个体特征将观察对象分类至几个群组。它主要被用于当因变量以定性形式（例如男或女、破产或非破产等）出现情况中的分类和预测。因此，第一步是建立明确的群组分类。原始群组的数量可以是两个或更多。群组建立完以后数据被收集进群组。这一方法考虑全面，它既考虑了对于相关公司很普遍的总体特征，同时也考虑了这些所有权的相互作用。图 11—2 是对线性判别结构的描述以及涉及利用简单的两变量（盈利性和杠杆衡量）结构判别健康（O）公司和病态（X）公司的一个例子。

11.4.1 线性形式

$Z = a_1x_1 + a_2x_2 + a_3x_3 + \cdots + a_nx_n$

Z = 判别分数（Z-Score 模型）

$a_1 \to a_n$ = 判别系数（权重）

$x_1 \to x_n$ = 判别变量（如比率）

11.4.2 举例

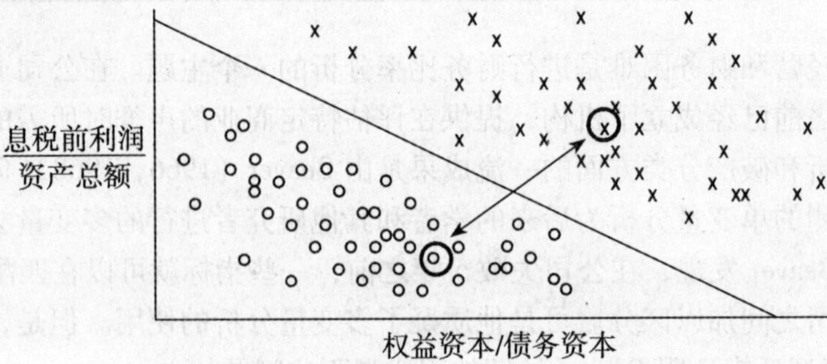

图 11—2 运用判别分析预测危机

资料来源：Author drawing。

在我们早期运用了判别分析以后，另一个多变量方法，逻辑分析，也开始流行起来（例如 Ohlson 1980，Zavgren 1985）。它们尤其是被咨询公司用来协助银行的工作，特别是当分析者着重想要考虑每一变量的特定作用并且收到的结果是一个违约概率的直接方法时。

11.5 Z-Score 模型的发展

11.5.1 样本选择

最初的样本是由相匹配的危机公司样本和非危机公司样本构成的。破产（危机）群组都是在 1946 年至 1965 年，在第 10 章规定下申请破产的制造业者。20 年的样本期间并不是最好的选择，因为平均的比率是随着时间的变化而变化的。理想的情况是，我们将选择考察在 t 期间的一列比率，目的是为其他公司进行下一个的（t+1）期间的预测。但不幸的是，由于那个时期数据的有限性我们不可能做到这一点。最近，破产案件的大规模发生则为此提供了“肥沃的土壤”。由于确认了这一群组并不完全是同一的（由于行业和规模不同），我们又仔细选择了非破产（非危机）的控制公司。这一群组包括从分层随机取样中取得的一对制造业样本。这些公司是按照行业和规模分层取样的，其资产规模的范围是在 100 万美元到 2 500 万美元之间。是的，在那时候 2 500 万美元已经是相当大型的破产案件了！数据是从它们被编入破产公司那一年取得的。在最初的样本测试中，数据是从破产前一个年度报告期间的财务报告中取得的。一些分析者（例如 Shumway 2002）对这种静态的分析类型进行了批判，但我们发现危机“前一年财务报告”结构能够得到最精确的“后模型建立”测试的结果。

11.5.2　变量选择和权重

最初的群组定义和公司选择之后就开始进行资产负债表和利润表的数据选择。由于大量的变量都是公司问题的潜在影响因素，因此为评估汇编了22个具有潜在影响的变量（指标）。这些原始的清单中，有5项被筛选出来，原因是它们的组合在对公司破产的预测方面表现得最好。我们评估了整个框架的作用，由于这项过程从本质上来说是反复进行的，因此不存在关于判别函数结果最优性的要求。

最终的判别函数在图11—3中给出。要注意，该模型不包括常量。[①] 最常问到的一个问题是："如何确定相关系数或权重?" 这种权重是由计算机运算法则客观决定的，而不是由分析者决定。同样，如果样本发生改变或者采用了新的变量，那么权重是不同的。

$$Z = 1.2X_1 + 1.4X_2 + 3.3X_3 + 0.6X_4 + 1.0X_5$$

X_1 = 营运资本/资产总额

X_2 = 留存收益/资产总额

X_3 = 息税前利润/资产总额

X_4 = 权益市场价值/负债账面价值总额

X_5 = 销售收入/资产总额

Z = 全部指标或分值

图11—3　Z-Score模型

资料来源：Altman（1968）。

（1）X_1：营运资本/资产总额（WC/TA）

营运资本/资产总额比率是公司流动资产净额与资本化总额的比率。营运资本被定义为流动资产与流动负债的差额。在这里要明确考虑流动性和规模特征。这一指标是判别两个群组的最不重要的指标。在所有的情况下使用的都是有形资产，不包括无形资产。

（2）X_2：留存收益/资产总额（RE/TA）

留存收益（RE）是公司整个期间内再投资的盈利和（或）损失的总金额。这一账户也被称为盈余公积。它是一种衡量公司整个寿命期内的累积盈利能力的指标。该指标会对公司的寿命有所考虑。有意见认为，重大重组或股票股利可能引发对此指标的偏差，如果发生这样的情况，必须对账户进行适当的调整。

另外，RE/TA指标还能够衡量公司的杠杆水平。具有较高水平RE/TA的公司通常是通过保持其盈利能力来为资产进行筹资的，而不会利用很多的债务。这一比率强调了为成长需要而产生的内部资金（低风险资本）的应用，或者OPM（其他

① 这是因为运用了特殊软件，其结果是两个群组间的相关分界值不为零。很多统计软件程序现在都有常量，这使得当两个群组样本规模相等时其分界值就是标准化的零。

人的资金）——高风险资本的应用。

通过运用这一变量，我们看到在过去的20年中非危机公司平均价值显著下降，因此在随后更新的模型中我们利用了一种转换结构，以降低其对现行Z-Score的负面影响。参见我们对这种更新修订部分描述的讨论（本章稍后的内容），特别是在等价于Z-Score的债券评级上。

（3）X_3：息税前利润/资产总额（EBIT/TA）

这是一个独立于任何税收或杠杆因素的衡量公司资产生产能力的指标。由于公司最终的存在必须以其资产的盈利能力为基础，因此这一指标在研究信用风险的过程中就显得特别合适。我们已经发现，不考虑其对获利水平的依赖（因为获利水平比较容易受到操纵），这种盈利能力的衡量方法至少与现金流量方法的预测能力是一样好的（参见Altman，Haldeman和Narayanan（1977）以及Altman（1993）的ZETA模型结果）。

（4）X_4：权益市场价值/负债账面价值总额（MVE/TL）

权益由所有股票，包括普通股和优先股的市场价值总额来衡量，而负债包括流动负债和长期负债。这一指标表明在负债超过资产，公司无力偿还之前公司的资产在价值（以权益加负债的市场价值衡量）方面下降的幅度。我们早在KMV方法（稍后我们将对其进行探讨）出现之前就已经对其进行了比较以估计公司风险债务的价值，也就是在Merton（1974）将这些关系纳入一个期权理论结构模型之前。

这一指标增加了一个市场价值的角度，这是其他一些失败的研究中没能考虑到的。在稍后的论述中，我们将用市场价值取代账面价值净额，以获取私人公司（Z′）和非制造业公司（Z″）的判别函数。

（5）X_5：销售收入/资产总额（S/TA）

资本周转率是一个解释公司资产创造销售收入能力的标准财务指标。这一最终的指标是比较独特的，因为它是最不重要的一个指标，甚至在单变量统计重要性测试时可以根本不用选择该指标。但是由于它与模型中其他变量的关系，销售收入/资产总额（S/TA）指标在模型总体判别能力方面具有很高的价值。同样，在不同行业和不同国家，资产周转率会有很大的不同，我们在稍后的探讨中将指定一个不包括X_5的模型（Z″）。

我们以破产前一年的财务报告中的数值衡量这些变量及其平均值，并对其进行了F检验，变量X_1至X_4的重要性水平都是0.001，表明了不同群组间的重大差异。变量X_5没有显示出群组间的重大差异，将其包括在变量数据中的原因还不是很明显。在严格的单变量水平上，所有的比率都暗示了非破产公司的较高价值，判别系数都显示了正的符号，这些都是我们希望看到的。因此，公司发生危机的可能性越大，其判别值就会越低。尽管很明显，5个变量中有4个变量显示了不同群组的重大差异水平，但MDA的重要性就在于利用多变量方法区分不同群组的能力。

判别系数的价值估计以后就可以为样本公司中每一个观察对象或公司计算判别值，然后根据这一数值将观察对象分配到特定的群组。这一过程的本质就是将个别公司的情况与可选择的群组（危机或非危机）进行比较。

11.5.3　在随后的危机公司样本中检验模型

在 Z-Score 模型建立之后对其进行的三次检验中，我们考察了 1969 年至 1975 年的 86 家危机公司、1976 年至 1995 年的 110 家破产公司和 1997 年至 1999 年的 120 家破产公司（见表 11—1）。我们发现，以 2.675 作为分界值，Z-Score 模型的精确率在 82% ~94% 之间。在重复测试中，以破产前一年的财务报告数据为基础，危机公司样本的 Z-Score 模型的精确率接近 80% ~90%。但所有公司中有 25% 其 Z-Score 值低于 1.81，因此二类差错（将并没有进入破产或对其债务违约的公司归类为危机公司）大幅度增加。尽管使用 2.675 的分界值在最初的测试中总体错误率最低，但采用更低的可忽略范围（1.81）能比 2.675 得到更现实的 Z-Score 分界值。我们稍后将介绍公司分类的另一种方法，它同样能够提供对违约概率（PD）的估计。这一方法将利用每一公司分值的债券评级等价（BRE）。

表 11—1　　Z-Score（1968）**失败模型分类和精确率预测**①

失败前年数	原始样本(25)	坚持样本(33)	1969—1975 年预测样本(86)	1976—1995 年预测样本(110)	1997—1999 年预测样本(120)
1	94 (88)	96 (72)	82 (75)	85 (78)	94 (84)
2	72	80	68	75	74
3	48	—	—	—	—
4	29	—	—	—	—
5	36	—	—	—	—

① 以 2.675 作为分界点（括号内为以 1.81 作为分界点的精确率）。

资料来源：Author compilation。

11.5.4　重新校准模型

我们对原始 Z-Score 模型的精确率和相关性从其最初建立起在长达 40 多年的期间内进行了持续观察。尽管一类精确率一直都是可以接受的（也就是说，在违约日一年内高于 80% 的违约预测率），但二类差错率非常高。正如以上所指出的，或许能有高达 25% 的美国公司其财务状况与健康公司相比更接近于破产公司。这一高差错率的主要原因是总体上来说，美国公司的风险性比过去增加了很多。这种高风险性可以从 Z-Score 模型中大量的财务指标恶化得到证明，特别是留存收益/资产总额和权益/债务比率。将这种方法进行转换之后我们既提高了一类精确率，又降低了二类差错率。更多细节参见 Altman 和 Rijken（2004）中的内容。

11.5.5　私人公司模型的修订

我们被经常问到的另一个问题是："在私人公司中我们应该如何应用这种模型?"信用分析者、私人配售经销商、审计人员和公司自己都认为原始模型只能应用于公开上市交易的公司（因为 X_4 要求股票价格数据）。十分正确，Z-Score 模型是一种公开上市交易公司的模型，按科学方法来讲特别的调整是无效的。例如，最显而易见的调整就是用权益的账面价值代替市场价值。

我们的做法不是简单地在现行模型中插入一个代理变量使之适合于私人公司，而是我们提倡对整个模型的重新估计，在 X_4 中以权益的账面价值代替市场价值。我们希望所有的系数都会发生变化（不仅仅是新的参数变量），希望分类标准和相关的分界值同时也会发生变化，而这些情况确实都发生了。

应用新的 X_4 变量的修订后 Z-Score 模型如图 11—4 所示。现在这一等式看起来与之前的模型有些不同了。要注意，例如，X1 的系数从 1.2 变到了 0.7。但是总体上来说，这一模型看起来还是与应用权益市场价值的模型非常相似。

$$Z' = 0.717X_1 + 0.847X_2 + 3.107X_3 + 0.420X_4 + 0.998X_5$$

$$X_1 = \frac{\text{流动资产} - \text{流动负债}}{\text{资产总额}}$$

$$X_2 = \frac{\text{留存收益}}{\text{资产总额}}$$

$$X_3 = \frac{\text{息税前利润}}{\text{资产总额}}$$

$$X_4 = \frac{\text{权益账面价值}}{\text{权益总额}}$$

$$X_5 = \frac{\text{销售收入}}{\text{资产总额}}$$

$Z' > 2.90$：安全区

$1.23 < Z' < 2.90$：灰色区

$Z' < 1.23$：危机区

图 11—4　Z′-Score 私人公司模型

资料来源：Altman（1993）。

11.5.6　债券评级等价

建立信用评级模型的一个最主要原因是在给定特定风险估计水平的情况下估计公司的违约概率。实际上，巴塞尔Ⅱ的“基础”和“高级”内部评级基础（IRB）方法要求，这些估计必须要以银行或资本市场的经验为基础。尽管我们知道所有的评级机构（穆迪，标准普尔，Fitch 以及 Dominion 债务评级服务［DBRS］）在其信用风险评估中都不可能是完美的，但总体上来说我们认为它们确实能够提供有关违约的重要并且一致的估计数值，这些主要通过它们的评级系统来完成。另外，由于证券评级有很长的历史以及有很多的违约评级可供参考，尤其是在美国，因此我们可以利用这一历史，通过将我们的信用评分与这些评级相联系以取得预期和非预期的 PD，或者还能够取得 LGD。这些估计可以在从评级日期开始的一个固定期间内进行（例如一年），也可以在一定的投资范围内累积进行（例如五年）。它们可以从评级机构的计算，也就是从所谓的“静态个体”（标准普尔）或“动态群”（穆迪）方法中取得。另一种方法是运用 Altman（1989）的死亡率方法（每年更新），这种方法是以从最初发行日的预期违约及其相关的评级为基础的。这些方法结果的比较在本书的第 7 章中已经进行了探讨。

至于没有被评级的公司，我们可以以一些可获得的模型为基础计算一个数值，然后将其与债券评级等价联系起来，通过后者就可以得到估计的 PD 值。例如，表11—2 列示了以各等级债券评级中平均 Z-Score 值为基础的不同间隔 Z-Score 值的债券评级等价。从表中我们可以看到，在 1996 年至 2001 年间，AAA 级债券的平均 Z-Score 值为 6.2，而 B 级债券的平均值为 1.8。回想一下，1.8 的值正是我们原始 Z-Score 危机区的上限值。我们还要指出的是，以申请破产前最后的财务报告数据为基础，进入破产的公司平均值刚刚低于零（-0.2）。这一“破产值”是从 2000 年至 2004 年间 244 家破产样本公司中得到的。

表 11—2 **标准普尔债券评级的平均 Z-Score 值（1996—2001 年）**

	平均每年公司数量	平均 Z-Score 值	标准离差
AAA	66	6.20	2.06
AA	194	4.73	2.36
A	519	3.74	2.29
BBB	530	2.81	1.48
BB	538	2.38	1.85
B	390	1.80	1.91
CCC	10	0.33	1.16
D①	244	-0.20	无数据

① 中位数，以 2000 年至 2004 年数据为基础。

资料来源：Compustat data tapes, 1996—2001, author compilation。

然后分析者可以观察穆迪、标准普尔或 Fitch 对 B 级债券的平均一年期 PD，并发现它是在 6% 的范围内或者发行后一年的平均 PD 为 2.85%（以第 7 章讨论的死亡率为基础）。我们注意到，死亡率的第一年的 PD 数值比从包括不同账龄和不同到期日的一篮子穆迪/标准普尔 B 级债券中取得的 PD 数值要低得多。我们奉劝分析者要以相应的信用资产投资组合的品质为基础正确使用 PD 的估计方法。

11.5.7 进一步修订——将模型应用于非制造公司和新兴市场

Z-Score 模型的下一个修订是评估没有 X_5，即销售收入/资产总额的模型的特征和精确性。我们这样做的目的是为将潜在的行业影响降为最小，这种行业影响更有可能在行业敏感变量被包括在内的时候发生，例如资产周转率。另外，我们还利用这一模型评估了非美国公司的财务健康程度。尤其是 Altman，Hartzell 和 Peck（1995a，1997）还将这种增强型 Z″-Score 模型应用到了新兴市场公司，特别是已经发行了以美元为计价的欧洲债券的墨西哥公司（参见第 12 章对这一模型的深入探讨）。在这种情况下，X_4 采用权益的账面价值。

分类精确率结果与修正的（Z′-Score）五变量模型一致。新的 Z″-Score 是：

$$Z'' = 3.25 + 6.56(X_1) + 3.26(X_2) + 6.72(X_3) + 1.05(X_4)$$

其中，Z″-Score 低于零表示危机状况。

所有的系数，从 X_1 到 X_4，都与我们最初的 Z-Score 有所不同，群组意义和分界值也不同。在新兴市场（EM）模型中（在第12章将深入探讨），我们加入了一个+3.25的常量，以D级（违约）债券的值为零作为基础使数值得以标准化。这一模型中债券评级等价的数值见表11—3。我们相信，对于非制造业公司来说，这一模型比原始的Z-Score模型更适用。当然，为评估类似行业公司的潜在危机性而建立适用于特定行业（例如零售业、电信业、航空运输业等）的模型是更好的方法。

表11—3　**基于新兴市场（EM）分值的美国债券评级等价**

$$Z'' = 3.25 + 6.56(X_1) + 3.26(X_2) + 6.72(X_3) + 1.05(X_4)$$

美国等价评级	平均EM值
AAA	8.15
AA +	7.60
AA	7.30
AA −	7.00
A +	6.85
A	6.65
A −	6.40
BBB +	6.25
BBB	5.85
BBB −	5.65
BB +	5.25
BB	4.95
BB −	4.75
B +	4.50
B	4.15
B −	3.75
CCC +	3.20
CCC	2.50
CCC −	1.75
D	0.00

资料来源：In – Depth Data Corp.：平均以拥有流通等级债务的750多家美国公司为基础，1995年数据。

11.6 估计违约概率：债券评级等价方法

在本章前面及本书的第7章我们提到了为说明违约概率这一目的而对信用评分模型进行扩展。尽管我们刚刚探讨过的Z-Score模型提供了一种评估公司健康程度的持续方法，但我们不能直接从其数值中取得对违约概率的精确的估计值。尽管例如逻辑或概率模型等的一些统计分类方法确实能够提供0到1之间的违约估计值，但我们还是比较倾向于依靠以过去35年间的2 000多家违约公司经历为基础的债券评级等价（BRE）方法。另外，我们对特定的逻辑函数在建立正确的违约估计方面是否合适也是不确定的。实际上，我们对逻辑模型的经验是测试样本中的非正常部分具有要么极高要么极低的违约估计。

如以前所指出的，BRE 方法是一个三步式方法，它包括：

（1）计算投资组合中新的或现行信用的信用分值；

（2）将信用分值转化为债券评级等价；

（3）对新发行的债券采用死亡率，或对季节性发行者采用累积违约概率，以在未来一定时间范围内确定精确的违约概率估计值。

在前述表 11—2 和表 11—3 中，我们分别确定了 Z-Score 和 Z″-Score 模型的 BRE，它们是以不同债券评级等级的平均分值样本为基础的。利用 35 年的违约经验将发行（死亡率）或评级校准为至一些方法（穆迪和标准普尔的累积违约率）刚开始出现时的原始债券评级，我们就可以观察具有一定分值和 BRE 的发行在评分期间之后的 1 ~10 年内违约的历史概率。1971 年至 2004 年间的死亡率方法在表 11—4 中给出，而对于死亡率和评级机构的累积违约率（例如，在穆迪和标准普尔的年度研究中）方法的比较早在第 7 章中就进行过列示。

表 11—4　**原始评级死亡率（%）：所有的评级公司债券①（1971—2004）**

		1	2	3	4	5	6	7	8	9	10
AAA	边际	0.00	0.00	0.00	0.00	0.03	0.00	0.00	0.00	0.00	0.00
	累积	0.00	0.00	0.00	0.00	0.03	0.03	0.03	0.03	0.03	0.03
AA	边际	0.00	0.00	0.32	0.16	0.03	0.03	0.00	0.00	0.03	0.02
	累积	0.00	0.00	0.32	0.48	0.51	0.54	0.54	0.59	0.57	0.59
A	边际	0.01	0.10	0.02	0.09	0.06	0.11	0.06	0.21	0.11	0.06
	累积	0.01	0.11	0.13	0.22	0.28	0.39	0.45	0.65	0.76	0.82
BBB	边际	0.36	3.22	1.43	1.28	0.77	0.45	0.20	0.20	0.14	0.40
	累积	0.36	3.56	4.49	6.16	6.89	7.31	7.50	7.68	7.87	8.18
BB	边际	1.19	2.48	4.40	2.01	2.51	1.16	1.60	0.88	1.70	3.60
	累积	1.19	3.64	7.88	9.74	12.00	12.93	14.36	15.07	16.52	19.60
B	边际	2.85	6.85	7.40	8.55	6.00	4.16	3.72	2.28	1.96	0.86
	累积	2.85	9.51	16.20	23.37	27.94	30.96	33.46	34.97	36.25	36.80
CCC	边际	7.98	15.57	19.55	12.10	4.26	9.45	5.60	3.15	0.00	4.28
	累积	7.98	22.31	37.50	45.06	47.37	52.35	55.01	56.43	56.43	58.30

① 标准普尔在发行时的评级。

以 1 796 次违约发行为基础。

资料来源：Standard & Poor's ；Altman and Fanjul (2004)。

从表中我们观察到，Z-Score 值为 1.8 的新发行证券具有 B 级的 BRE（见表 11—2），发行一年后违约的概率为 2.85%，而以标准普尔的估计为基础的经验丰富的 B 级公司一年的违约率为 5.71%（从第 7 章中表 7—14 中可得），以穆迪的估计为基础的概率为 5.81%。

这些 PD 的估计值对巴塞尔Ⅱ内部或外部确定 IRB 方法的输入量以及任何一个信用资产（例如债券）的评估计算都是非常关键的。由债券发行带来的承诺现金流量就可以按违约（和补偿）估计进行调整以确定预期现金流量，然后现值计算中的折现率就可以被评估为无风险利率加上特定 BRE 等级债券中以债券的非预期损失为基础的溢价函数。

11.7 破产模型比较

大量的研究已经对预计破产的不同统计方法的精确性进行了相关的分析（如 Zmijewski 1984）。另外，Mossman 等人（1998）在失败前不同期间关于破产预测精确性方面对四种不同但有严格限制的破产模型类型（仅有比率变量、仅有现金流变量、仅有收益率变量以及仅有收益变量差异）进行了比较。他们发现，在破产之前的最后一个财务年度，所有的单个模型解释力都增加。这一发现与我们认为多变量模型可以提高任何单变量或单一变量模型解释力的观点一致。他们同时还发现，尽管在破产前两到三年内现金流量变量占主要地位，但是从进入破产开始比率变量所起的作用就是最大的了。

11.8 违约损失率估计（违约补偿）

大多数的现代信用风险模型和所有的 VaR 模型（如 CreditMetrics）都假设 PD 和违约债务的补偿率之间是独立的。但是 Altman，Brady，Resti 和 Sironi（2002，2005）指出这是一个不正确的假设，当把多年来的 PD 和补偿率严重负相关的关系包括在内的话，它模仿了对资本要求的影响。特别是，这些作者们还发现，在债券违约率很高的期间内，与历史平均水平相比的补偿率非常低，损失会非常高。例如，2001 年和 2002 年的债券补偿率（刚刚违约后的价格）分别为 26.4% 和 25.5%。当违约率相当低的时候会发生相反的情况（例如，2003 年和 2004 年，其补偿率攀升到了 45% ~57% 之间）。Hu 和 Perraudin（2002）得到了类似的结论，Frye（2001）明确了对补偿率的系统的、宏观的影响。这引起了一些中央银行当局关于评级基础方法的潜在亲周期性问题的严重关注，而这种方法是巴塞尔Ⅱ推荐的方法。实际上，巴塞尔委员会最近（在 2004 年）发起了一项分析“低迷时期 LGD”的研究，以评估这种相关性的影响。另外，风险公司债务和抵押债务（CDOs）的投资者必须意识到在高违约期间补偿率通常都是较低的。其他的 LGD 研究包括 Moody's（1996）；Fitch（2001）；Gupten，Gates 和 Carty（2000），以及很多包括在 Altman，Resti 和 Sironi（2005）中的研究。我们将在本书的第 15 章继续深入研究对 LGD 的估计。

但是巴塞尔Ⅱ的贡献是非常大的，它激励了大量的银行（或准则制定者）在建立和评估信用风险模型方面进行了大量的工作，而这些信用风险模型涉及评分技术、违约和损失估计以及信用风险问题的投资组合方法等。但这种激励在美国略显不敏感，因为只有最大的 10 家银行，可能还有 10 ~20 家其他银行选择了这种高级的 IRB 方法，其他的还将保持巴塞尔Ⅰ的状态！下面我们将分析 Z-Score 类型的另一种方法。

11.9 预期违约频率（EDF）模型

2002年，穆迪购买的KMV公司以Merton's（1974）的期权理论、零息票公司债券估价方法为概念基础，建立了一套估计公司违约概率的程序。KMV模型的出发点是这样一个命题，即当公司的市场价值跌至低于一定的负债水平时，该公司将会对其债务违约。在KMV概念框架中（参见Caouette等人1998），预计将来特定时期（比如一年）的公司价值具有以其预期价值和标准离差为特征的概率分布（如图11—5所示）。分布区以下的面积，也就是低于公司负债账面价值的面积，就是PD，称作EDF。该模型可以按照三个步骤确定公司的EDF。第一步，根据公司普通股的市场价值、股票的波动性和公司负债的账面价值估计公司市场价值和公司波动性。第二步，计算相对于随着时间的推移将要到期的公司负债的公司违约点。要建立一种方法以描绘从预期公司价值到违约点（违约距离）的标准离差数值。最后，以具有类似违约距离价值的公司历史违约经验为基础，确定公司违约距离和违约率概率之间的关系。

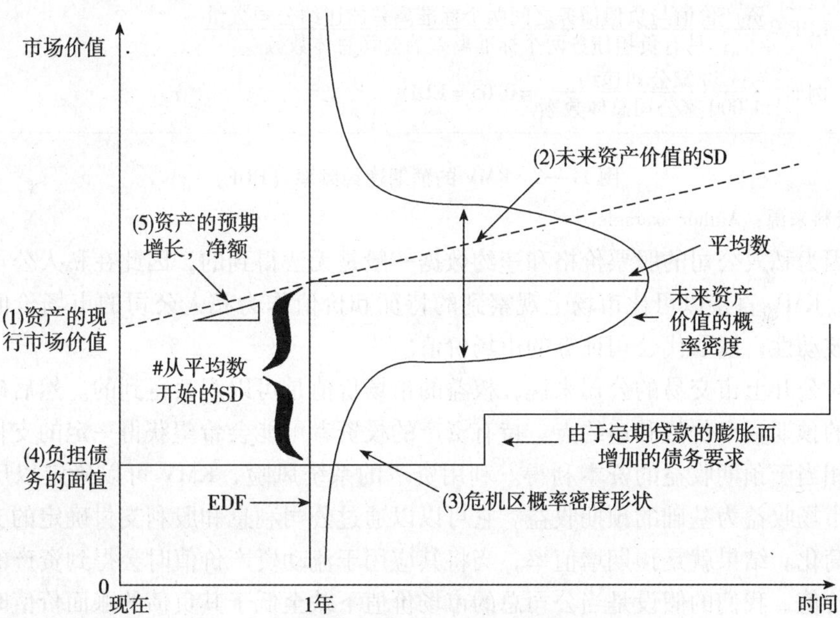

图11—5　穆迪/KMV的EDF模型

资料来源：版权归Caouette，Altman和Narayanan（1998）所有。经John Wiley & Sons，Inc.允许后重印。

例如，在图11—6中我们指出，目前资产的市场价值为9.1亿美元的公司，其一年后的价值预期可能增长10%，达到10亿美元，而来自负担的债务水平（7亿美元）的这一价值标准离差是2。在这个假设的计算中，EDF的计算是以实际上具有同一违约特征（5%）的穆迪/KMV数据库的成比例公司为基础的。我们注意到以数据库为基础计算的 EDF 值与理论上来说从两个标准离差的违约距离（2.5%）取得的结果不一致。因此，尽管 EDF 模型是从 Merton 的概念模型中得到的，但其实际计算结果更具有一个实证的估计实质，与我们的 Z-Score 模型的基础和估计 PD 的死亡率 BRE 基础非常类似。实际上，正如前述表 11—2 和表 11—3 所示的，这两种方法都利用了 BRE。20% 的 EDF 相当于穆迪/KMV 模型的等级 D。

以对满足以下条件的违约公司数量的历史频率实证观察为基础，这些公司在违约前一年拥有的资产价值（权益＋负债）超过所负担的债务面值，超过幅度为特定数量的标准离差。

例如，

资产的目前市场价值	9.1 亿美元
一年后资产的预期增长率	10%
一年后资产的预期价值	10 亿美元
标准离差	1.5 亿美元
一年后负担的债务面值	7 亿美元

因此：

#　负担债务的标准离差	2

预期违约频率（EDF）

$$EDF=\frac{\text{资产价值与负但债务之间两个标准离差的违约公司数量}}{\text{具有负担债务两个标准离差的公司总体数额}}$$

例如，$\frac{\text{50 家公司违约}}{\text{1 000 家公司总体数额}}=0.05=EDF$

图 11—6　KMV 的预期违约频率（EDF）

资料来源：Author example。

因为私人公司的股票价格和违约数据一般是无法得到的，因此在私人公司的情况下，KMV 直接以可比市场上观察到的特征和价值作为私人公司的市场价值和公司的波动性，以取代公司证券的市场价值。

对公开上市交易的公司来说，权益的市场价值是可以观察得到的。然后确定该范围的预期资产价值和违约点。持有资产的投资者可能会希望获得一定的支付并且获得相当于预期收益的资本利得。利用资产的系统风险，KMV 可以确定以历史的资产市场收益为基础的预期收益。它可以以通过公司利息和股利支付确定的支付率得以简化。结果就是预期增值率，当将其应用于流动资产价值时会得到资产的预期未来价值。我们的假设是当公司总的市场价值下跌至低于其负债的账面价值时，公司将会违约。以对违约进行的实证分析为基础，KMV 发现，最常见的违约点是在公司的价值大体等于流动负债加 50% 的长期负债（第一次使用的是 25%，但效果不好）时。

在已知公司的预期价值和一定范围内违约点的情况下，KMV 确定能够将公司带入违约点的公司价值的下降幅度。通过用下降百分比除以波动率，KMV 控制了不同波动性的影响。为达到违约点资产价值必须下降的标准离差数量叫做违约距离。

违约距离方法是一种标准化的方法，因此它可以被用于几家公司的比较。

KMV 方法的一个主要假设是确定相关违约风险的所有相关信息都是包含在资产的预期市场价值、违约点以及资产波动性当中的。行业差异、所属国家地理位置的不同、规模等都被假设是包含在这些方法当中的，尤其是资产波动性。

违约距离也是与债券评级类似的分类衡量方法，它仍然没有办法告诉我们违约概率是多少。为将这种风险衡量方法扩展为基数或概率方法，正如以上所指出的，KMV 采用历史违约经验来确定预期违约频率作为违约距离的函数。它是通过对 KMV 的所有数据库中大量的公司比较计算出的违约距离和实际观察到的违约率来做到这一点的。与这些数据一致的一条平滑曲线得出了作为违约距离函数的 EDF。虽然 KMV 和其支持者报告说一类精确率给人的印象非常深刻，但我们从来没有观察或看到前述对 Z-Score 讨论的二类差错的证明。

11.10　Enron 举例：模型与评级

我们已经考察了两种信用评分模型，Z-Score 模型和 KMV 的 EDF，在每种情况下债券评级等价都可以用于 Enron 公司。一些评论员指出，定量化的信用风险衡量方法可以使银行和其他投资者避免损失庞大的金额，或者至少降低其风险。一个最主要的例子就是最近的 Enron 公司倒闭，损失了几十亿美元的权益和债务资本。以下内容阐述了由于实行了严格的信用风险管理程序而带来了潜在节约额。

2001 年 12 月 2 日，Enron 公司申请第 11 章的保护，成为美国历史上最大的公司破产案，申请时报告债务额超过 310 亿美元，再加上表外负债，其负债总额超过了 600 亿美元！利用了 1997 年至 2001 年投资者可获得的数据，Saunders 和 Allen（2002）提供的图 11—7 表明：重点以 Enron 公司股票价格衡量的 KMV 的 EDF，在 1999 年年底将 Enron 公司评级为 AAA 或 AA，但紧跟着在一年之后指出了相当严重的评级等价的持续恶化，导致降为 BBB 级，然后在破产申请前又由 B - 级降到 CCC + 级。我们的 Z″-Score 模型（非制造业公司的四变量模型）在 1999 年年底认为 Enron 公司的等级为 BBB，这与评级机构的结果是一致的，然后显示了直到 2001 年 6 月期间的比较稳定的恶化，直到 B 级。因此，这两种定量化的方法实际上都在坏消息震惊市场之前的很长一段时间内就发出了警告。

尽管这两种模型实际上都不能提供预计破产的精确数据，但这些方法确实能够提供明确的早期警示，而这种警示是评级机构所提供不了的（它们的评级停留在 BBB 级或 Baa 级直到破产）。这两种模型都大大低估了公司实际负债的金额。如果我们采用大约 600 亿美元的实际负债，那么两种模型都可以预测出严重的危机。公平地说，评级机构的受限制是由于从 BBB 级开始的下降其实就已经为公司敲响了丧钟，像 Enron 公司一样，它主要依靠在大量的对手交易和结构融资交易中重要的投资评级。仅以公开取得的会计和市场信息为基础的客观模型是不受这种限制的，因为分析者可以自由地跟随这一信号，并有根据地进一步挖掘可能从表面上看是良性状况的实际情况。

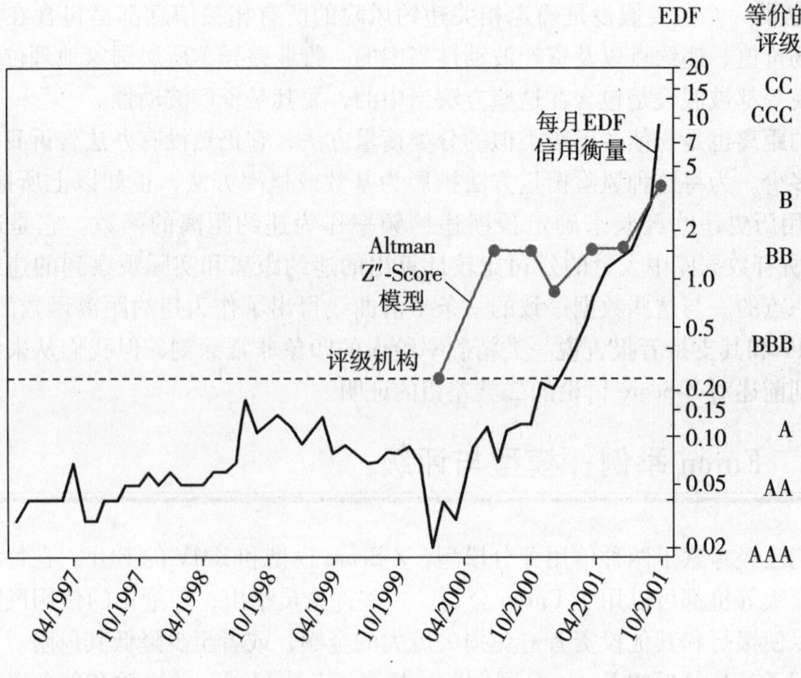

图 11—7　Enron 公司信用风险衡量

资料来源：版权归 Saunders 和 Allen（2002）所有。经 John Wiley & Sons，Inc. 允许后重印。

11.11　WorldCom：大额间接破产成本的例子

我们应用这两种信用评分模型的第二个大型破产公司就是 WorldCom——能够与 Enron 公司竞争成为美国历史上最大的第 11 章破产案的公司，申请破产时债务总额超过 430 亿美元。WorldCom 是在过去几年中被迫宣告破产的众多雄心勃勃的电信公司之一，它拥有庞大的实物资产，它在 2001 年被从 A－级降为 BBB＋级，在 2002 年 5 月被归为垃圾债券，然后在很短的时间内轰然倒塌，并在 7 月中旬申请破产保护。

我们对 WorldCom 进行了几项测试，包括更适用于非制造业公司的 Z″-Score 四变量模型以及 KMV 的 EDF 风险衡量。Z-Score 测试的进行以以下三种经济情况为基础：（1）披露大量的夸大盈余和商誉注销之前公众可以取得的未调整报表；（2）2001 年和 2002 年第一季度第一次确认 38.5 亿美元的夸大盈余调整后报表；（3）进一步注销 33 亿美元和大规模注销 500 亿美元资产（商誉）调整后报表。这些结果在图 11—8 中列示。

我们的结果表明，Z″-Score 值（采用未调整数据）为 1.50，或者将 3.25 的常数项加入后为 4.75，这样就获得了 2000 年年底债券等价的值。它可以转化为 BB－级。2000 年年底，EDF 值相当于 BBB－/BB＋，而在那时候，实际的标准普尔评级是 A－。BRE 基本保持一样的结果，甚至像 EDF 一样在 2001 年有一些提高，而

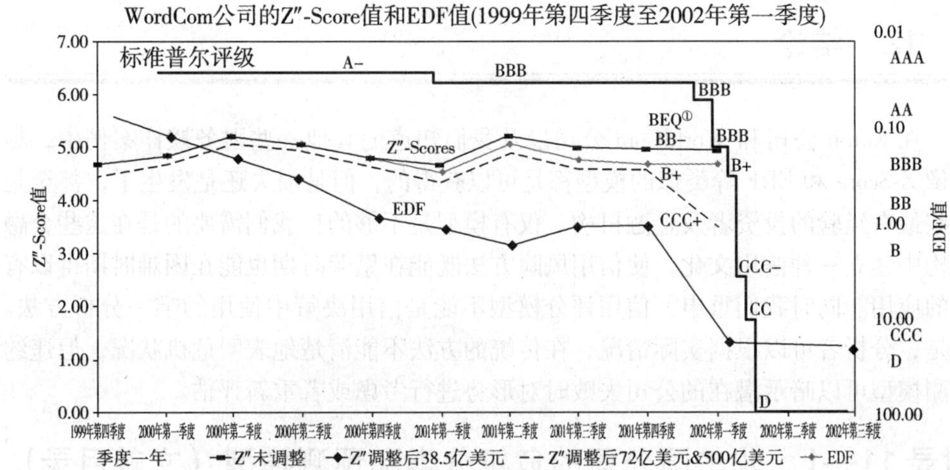

图 11—8　WorldCom 公司信用风险衡量

① Z″－Score 债券等价评级。

资料来源：Compilation by Edward Altman（NYU Stern School of Business），the KMV（Moody's）web site，and Standard & Poor's Corporation。

在 2001 年评级机构开始将公司降级为 BBB＋。2002 年第一季度末，即公司破产前的最后一个财务报告期，WorldCom 公司的 Z″-Score 值为 1.66（加上 3.25 为 4.91），仍然保持 BB－债券等价级别。

EDF 增加了，WorldCom 公司的等价评级到 2002 年 3 月降到了大约 B－，并且到 6 月份持续降至 CCC/CC，而当时标准普尔对其的评级也降为 BB 并且在违约前降为 CCC。因此，尽管这两种模型都在公司债券等级被实际降为投资级别以下的前 18 个月就对非投资等级公司提出了暗示，但以可获得的财务数据为基础，我们不能预测整个公司破产。但是它确实破产了，主要是由于披露欺诈行为和信用损失而带来的附带成本的存在。我们把这些成本称为间接破产成本，它们一般是与公众对违约概率大幅度提高的意识程度相联系的（参见 Altman 1984）。这是一种典型的无法量化成本的潜在影响，也是一个清晰的预期破产成本超过债务带来的预期税收好处的例子。

在第二种情形下，我们在 2002 年第一季度之前的 5 个季度内减少了 38.5 亿美元的盈利、资产和资本净值。2001 年年底，它的 Z″-Score 值为 1.36（BRE 为 4.61），债券等价级别为 B＋；2002 年第一季度值为 4.55，还是 B＋级别。2002 年第一季度，WorldCom 公司的 Z-Score（原始的五变量模型）值为 1.7，属于 B 级，但是已经处于危机区。尽管修正后级别等价已经降低，但我们还是没有预测出 WorldCom 公司将走向破产，甚至采用调整后的财务数据也没有预测出来。实际上，经过“第二批”调整，即调整不正确的会计利润和大量商誉的注销以后，债券评级等价更低了（CCC＋），但仍然没有进入破产区。

11.12 结论

在 Enron 公司和 WorldCom 公司以及我们知道的其他一些财务欺诈案例中，尽管像 Z-Score 和 EDF 等类似的模型都是可以获得的，但是损失还是发生了，甚至是那些最有经验的投资者及金融机构。仅有模型是不够的！我们需要的是在这些金融机构中建立一种信用文化，使信用风险方法既能在繁荣时期也能在困难时期得以有效的应用。同时我们重申，信用评分模型不能是信用决策中使用的唯一分析方法。但是，分析者可以根据实际情况，在传统的方法不能清楚地表明危机状况，但违约预测模型可以暗示潜在的公司失败时对形势进行考虑或者重新评估。

附录 11—1 非美国公司的危机分类和预测模型（文献目录）

这本书主要针对的是对美国公司危机和破产的论述。我们在第 2 章已经列示并比较了一些其他的主要国家的破产法案。在本章中，我们主要利用美国数据详细探讨了建立的模型，以区分和预测公司危机。在下一章我们将探讨在新兴市场环境下的一个模型。随着 20 世纪 90 年代拉丁美洲和亚洲问题的出现，以及遍布全球的周期性的宏观和微观经济危机，危机预测模型在任何地方都将受到密切的关注。

我们已经指出，不论公司的地理位置是在哪里，财务危机的基础实际上是一样的。事实证明，有相当多的有关分类和预测公司财务危机的研究已经进行，并且已经在杂志上发表。大多数的研究都是利用统计分类的方法，采用会计和市场数据的结合，就像我们的 Z-Score 方法一样。在这个附录中，我们仅是列出了这些研究的一些有代表性的文献目录。它们涉及对美国以外大约 20 个多家的公司的研究。如果我们在该目录中遗漏了哪些研究，我们非常抱歉，并请读者通知我们以便我们在将来作进一步的更新。

对列示在该文献目录中的大部分研究的评论，参见 Altman 和 Narayanan（1997）。

国际文献目录

由于篇幅限制，我们不能回顾整个世界范围内在失败分类和预测方面进行的众多的研究。很多这些研究被发表在 Journal of Banking & Finance 的两本特刊（Vol. 8, No. 2, 1984 年，以及该杂志的“财务特别研究”，Vol. 7, 1988 年）上。至少 20 个国家被包括在内，显示了对这些模型的兴趣及模型的重要性。以下是有关国际危机模型的大部分，但不是全部。

文献目录

阿根廷

Swanson, E., and J. Tybout. 1988. "Industrial Bankruptcy Determinants in Argentina."

Journal of Banking and Finance 7:1 – 15.

澳大利亚

Altman, E. I., and H. Y. Izan. 1983. "Identifying Corporate Distress in Australia: An Industry Relative Analysis." Australian Graduate School of Management, Sydney.

Castagna, A. D., and Z. P. Matolesy. 1977. "An Examination of Company Deaths: A Comparative Study of the Financial Profits of Acquired and Failed Companies." Research Paper #1, Center for Securities Industries Studies, Kuringai College of Advanced Education, Sydney.

Castagna, A. D., and Z. P. Matolcsy. 1982. "The Prediction of Corporate Failure: Testing the Australian Experience." *Australian Journal of Management* (June).

Izan, H. 1984. "Corporate Distress in Australia." *Journal of Banking & Finance* 8, No. 2 (June): 303.

Lincoln, M. 1984. "An Empirical Study of the Usefulness of Accounting Ratios to Describe Levels of Insolvency Risk." *Journal of Banking & Finance* 8, No. 2 (June): 321.

Webb, L. 1980. "Predicting Australian Corporate Failures." *Chartered Accountant in Australia* (September).

巴西

Altman, E. I., T. Baidya, and L. M. Riberio-Dias. 1979. "Assessing Potential Financial Problems of Firms in Brazil." *Journal of International Business Studies* (Fall).

Kanitz, S. 1974. "Como Prevery Falencia de Empresas." Exame (December).

加拿大

Altman, E. I., and M. Lavalle. 1981. "Business Failure Classification in Canada." *Journal of Business Administration* (Summer).

Knight, R. M. 1979. "The Determination of Failure in Canadian Firms." ASA Meetings of Canada, Saskatoon, May 28 – 30; University of Western Ontario working paper (May).

芬兰

Laitinen, T., and N. Kankaanpaa. 1999. "Comparative Analysis of Failure Prediction Methods: The Finnish Case." *The European Accounting Review* 8, No. 1: 67.

Prihti, Aalto. 1990. "*Konkunssin Ennustaminen Kaseinfornation Avulla*" (with English summary: "The Prediction of Bankruptcy with Published Financial Data"). *Acta Academiae Oeconomica Heisingiensis* A, No. 13 (Helsinki).

Suominen, S. I. 1988. "The Prediction of Bankruptcy in Finland." *Studies in Banking and Finance* 7: 27.

法国

Altman, E. I., M. Margaine, M. Schlosser, and P. Vernimmen. 1974. "Statistical Credit Analysis in the Textile Industry: A French Experience." *Journal of Financial and*

Quantitative Analysis(March).

Collongues, Y. 1979. "*Ratios Financiers et Prevision des Faillites des Petites et Moyennes Enterprises*" ("Financial Ratios and Forecasting of Small and Mediun Size Enterprises"). *Review Banque* No. 365.

Ghesquiere, S., and B. Micha. 1983. "*L'analyse des Defaillances d'Enterprises.*" *Rapport de la Journee d'etude des Centrales de Bilans.*

Mader, F. 1975. "*Les Rations et l'Analyse du Risque*" ("Ratios and Analysis of Risk"). *Analyse Financiere*, Zeme trimestre.

Mader, F. 1979. "*Un Enchantillon d'Enterprises en Difficulte*" ("A Sample of Enterprises in Difficulty"). *Journee des Centrales der Bilans.*

Micha, B. 1984. "Analysis of Business Failures in France." *Journal of Banking & Finance* 8, No. 2(June):281.

德国

Baetge, J., M. Huss, and H. J. Niehaus. 1988. "The Use of Statistical Analysis to Identify the Financial Strength of Corporations in Germany." *Studies in Banking and Finance* 7:183.

Gebhardt, G. 1980. "Insolvency Prediction Based on Annual Financial Statements According to the Company Law—An Assessment of the Reform of Annual Statements by the Law of 1965 from the View of External Addresses." In H. Besters et al., eds., *Bochumer Beitrage Zur Untennehmungs und Unternedhment-forschung*, Vol. 22, Wiesbaden.

Schmidt, R. 1984. "Early Warning of Debt Rescheduling." *Journal of Banking & Finance* 8, No. 2(June):357.

Von Stein, J. H. 1981. "Identifying Endangered Firms." Hohenheim University, Stuttgart-Hohenheim.

Von Stein, J. H., and W. Ziegler. 1984. "The Prognosis and Surveillance of Risk from Commercial Credit Borrowers." *Journal of Banking & Finance* 8, No. 2(June):249.

Weibel, P. F. 1973. "The Value of Criteria to Judge Credit Worthiness in the Lending of Banks." Bern/Stuttgart.

Weinrich, G. 1978. *Predicting Credit Worthiness*, *Directions of Credit Operations by Risk Classes*, Weisbaden: Galder.

希腊

Gloubos, G., and T. Grammatikos. 1988. "The Success of Bankruptcy Prediction Models in Greece." *Studies in Banking and Finance* 7:37.

Grammatikos, T., and O. Gloubos. "Predicting Bankruptcy in Industrial Firms in Greece." *Spoudai* 33, Nos. 3-4:421.

Papoulias, C., and P. Theodossiou. 1987. "Corporate Failure Prediction Models for

Greece. "Working paper, Fordham University.

Theodossiou, P., and C. Papoulias. 1988. "Problematic Firms in Greece: An Evaluation Using Corporate Failure Prediction Models." *Studies in banking and Finance* 7:47.

印度

Bhatia, U. 1988. "Redicting Corporate Sickness in India." *Studies in Banking and Finance* 7:57.

Satyanarayana, P. V., and P. K. Sen. n. d. "An Empirical Model to Predict corporate Sickness." In S. K. Chakraborty and P. K. Sen eds. *Industrial Sickness and Revival in India*. n. p.

以色列

Tamari, M. 1966. "Financial Ratios as a Means of Forecasting Bankruptcy." *Management International Review* 4.

意大利

Altman, E. I., G. Marco, and F. Varetto, 1994. "Corporate Distress Diagnosis: Comparisons Using Discriminant Analysis and Neural Networks; the Italian Experience." *Journal of Banking & Finance* 18:505-529.

Appetti, S. 1984. "Identifying Unsound Firms in Italy." *Journal of Banking and Finance* 8:269.

Cifarelli, D. M., F. Corielli, and G. Forestieri. 1988. "Business Failure Analysis a Bayesian Approach with Italian Firm Data." *Studies in Banking and Finance* 7:73.

日本

Ko, C. J. 1982. "A Delineation of Corporate Appraisal Models and Classification of Bankruptcy Firms in Japan." Thesis (New york University).

Takahashi, K., and E. Altman. 1981. Conference on the State of the Art in Bankruptcy Classification Models, June 25 (Keio Graduate School of Business, Yokohama).

Takahashi, K., K. Kurokawa, and K. Watese. 1979. "Predicting Corporate Bank - ruptcy Through Financial Statements." Society of Management Science of Keio University (November).

Yoshimura, K. 1979. "Z-Score - There Are 90 Corporations Whose Score Was Below 1.0." *Nikkei-Business* (June 5).

马来西亚

Bidin, A. R. 1988. "The Development of a Predictive Model (PNB Score) for Evaluating Performance of Companies Owned by the Government of Malaysia." Studies in Banking and Finance, *Journal of Banking & Finance* 7:91.

墨西哥

Altman, E. I., J. Hartzell, and M. Peck. 1995. "Emerging Markets Corporate Bonds: A Scoring System." Salomon Brothers. Reprinted in *The Future of Emerging Market*

Flows, edited by R. Levich and J. Mei. Holland: Kluwer, 1997.

荷兰

Abrahams, A., and R. A. L. van Frederikslust. 1976. "Discriminant Analysis and the Prediction of Corporate Failure." *European Finance Association* 1975 *Proceedings*, R. Brealey and G. Rankine, eds. Amsterdam: North Holland.

Bilderbeek, J. 1979. "An Empirical Study of the Predictive Ability of Financial Ratios in the Netherlands." *Zeitschrift fur Betriebswirtschaft* No. 5 (May).

Van Frederikslust, R. A. L. 1978. "Predictability of Corporate Failure." Leiden: Martinus Nijhoff Social Science Division.

挪威

Lensberg, T., A. Eilifsen, and T. McKee. 2005. "Bankruptcy Theory Development and Classification via Genetic Programming." *European Journal of Operations Research*, in press.

新加坡

Ta, H. D., and L. H. Seah. 1988. "Business Failure Prediction in Singapore." *Studies in Banking and Finance* 7: 105.

韩国

Altman, E. I., Y. H. Eom, and D. W. Kim. 1995. "Failure Prediction: Evidence from Korea." *Journal of Financial Management and Accounting* 6, No. 3: 230 – 249.

西班牙

Briones, J. L., J. L. Martin, and M. J. V. Cueto. 1988. "Forecasting Bank Failures: The Spanish Case." *Studies in Banking and Finance* 7: 127.

Fernandez, A. I. 1988. "A Spanish Model for Credit Risk Classification." *Studies in Banking and Finance* 7: 115.

土耳其

Unal, T. 1988. "An Early Warning Model for Predicting Firm Failure and Bankruptcy." *Studies in Banking and Finance* 7: 141.

英国

Argenti, J. 1983. "Predicting Corporate Failure, Institute of Chartered Accountants in English and Wales." *Accountants Digest*, No, 138.

Ashton, R. H. 1979. "Some Implications of Parameter Sensitivity Research for Judgement Modelling in Accounting." *Accounting Review* 54, No. 1: 170 – 179.

Bank of England. 1982. "Techniques for Assessing Corporate Financial Strength." *Bank of England Quarterly Bulletin* (June): 221 – 223.

Betts, J. 1983. "The Identification of Companies at Risk of Financial Failure." Working Environment Research Group Report no. 5, University of Bradford, Bradford.

Earl, M. J., and D. Marais. 1982. "Predicting Corporate Failure in the U. K. Using

Discriminant Analysis," *Accounting and Business Research.*

Marais, D. A. J. 1979. "A Method of Quantifying Companies'Relative Financial Strength." Working Paper No. 4, Bank of England, London.

Taffler, R. J. 1982. "Forecasting Company Failure in the U. K. Using Discriminant Analysis and Financial Ratios Data." *Journal of Royal Statistical Society.*

Taffler, R. J. 1984. "Empirical Models for the Monitoring of U. K. Corporations." *Journal of Banking and Finance* 8, No. 2 (June): 199.

Taffler, R. J., and H. Tisshaw. 1979. "Going, Going, Going—Four Factors Which Predict." *Accountancy*: 50.

乌拉圭

Pascale, R. 1988. "A Multivariate Model to Predict Firm Financial Problems: The Case of Uruguay." *Studies in Banking and Finance* 7: 171.

国际调查

Altman, E., and P. Narayanan. 1997. "Business Failure Classification Models: An International Survey." In F. D. S. Choi, editor, *International Accounting and Finance Handbook*, 2nd ed. New York: John Wiley & Sons, Chapter 35.

第 12 章 一种新兴市场公司信用评分系统

在上一章，我们主要利用美国数据对一些公司信用评分模型的建立和测试进行了说明。尽管没有理由说明为什么这些模型不可以在全世界范围内其他国家的公司中应用，但我们认为每一种环境都有其自身的特点，因此，当地的模型可能比美国模型表现得更好，至少在测试阶段会是这样。实际上，在第 11 章，我们列示了过去 30 多年世界范围内的 20 多个国家建立的模型的文献目录。我们仍然相信，由于对公司无力偿还进行分析的基础在各地都是一致的，因此普通的信用风险模型可以被应用在大多数的环境中。不同的是各地的破产法不同（参见第 2 章），因此预期及非预期的违约损失函数会受到影响。

在本章中，我们将探讨以信用评级为目的的一种 Z-Score 模型在新兴市场中的应用。我们是在 20 世纪 90 年代中期首次建立该模型的（Altman 等人 1995），目的是为当时发行非当地货币（通常是美元）债券的新兴市场公司的成长期（但仍属初生的）公司市场提供分析框架。由于这种欧洲债券是在 20 世纪 90 年代早期才投放市场的，因此历史很短，且不存在违约来促进以当地数据为基础的模型的建立。

12.1 新兴市场评分模型（EMS 模型）

为取得最终的修正评级，为进行新兴市场信用评级的新兴市场评分系统（EMS）模型的基础首先是从定量风险模型中取得的基本财务数据回顾，其次是我们对新兴市场上特定信用风险的评估。然后在考虑适当的主权收益率差价的情况下，投资者就可以利用这种评级评估等价的债券评级和内在价值。

EMS 模型的建立是对我们的 Z″ - Score 模型的加强，结果是一个 EM 的分值和与其相关的债券评级等价（BRE）。然后根据以下判断标准对 EM 值的评级等价进行修正：（1）公司受货币贬值的影响；（2）行业隶属关系；（3）在同行业中的竞争地位。同时，我们还要考虑特定债券发行的特点。这些主观的修正是对 EM 值的非常重要的补充。然后用得出的该分析者修正后的评级与实际债券评级（如果有的话）进行比较。如果没有评级机构的评级，分析者修正后评级就是评估信用质量和相关价值的方法，既可以为该国内的债权人服务，也可以为美国公司服务。其中包含的以分析者修正后评级为基础的收益率差价可以从美国公司债券市场上观察得到。以下论述的第一步至第六步概括了我们利用 EM 值取得分析者修正后评级的大体步骤。要注意，我们的分析者修正后评级是不受任何所谓的国家主权评级上限的限制的。国家主权评级上限是一种标准的评级协议，它通常限制个别的公司发行者接受不高于其所在国家的国际评级。这样做的原因是，如果发生某种危机，主权国家通常可以没收公司资源。但在大多数情况下我们提倡，当取得新兴市场公司的要求报酬率时，应该考虑新兴市场国家和可比期间的美国国库券之间的现行主权收益率差价的不同。

12.1.1　第一步：美国债券评级等价

为建立新兴市场评分系统（EMS），我们需要采取一系列的步骤。我们将每种债券按 EM 值评分，然后相对于独立的美国债券评级等价对其进行分类。对新兴市场公司信用的最初分析应该采用与传统的美国公司分析相类似的方式。这涉及对业绩衡量方法的检查，以建立对特定发行者的评级等价。我们不采用新的特殊系统，因为它可能不是以对声誉进行的严格分析检验为基础的，我们将采用已经建立的并且已经测试好的系统。由于目前还不可能以新兴市场信用样本建立这样一个模型，我们建议对原始 Z-Score 模型的修正版进行适用性测试。这种 Z″－Score 模型以破产和非破产的美国制造业公司的可比数据为基础。我们希望对此进行的修正能够被应用于非制造业公司、工业公司以及私人公司和上市公司。

原始的 Z-Score 模型至少有两项数据来源基础是不适合用于所有的新兴市场公司的：（1）它要求公司要有公开上市交易的权益；（2）它主要是针对制造业公司进行的。在超过 35 年的为各种目的进行的建立、测试和利用信用评分模型的经历中，原始模型已经被提高为可以在私人公司和非制造业公司中使用。这种被提高以后的模型也正是我们 EMS 模型方法的基础，其表达形式为：

$$\text{EM 值} = 6.56\ (X_1)\ + 3.26\ (X_2)\ + 6.72\ (X_3)\ + 1.05\ (X_4)\ + 3.25$$

其中，X_1 为营运资本/资产总额；

X_2 为留存收益/资产总额；

X_3 为营业收益/资产总额；

X_4 为权益的账面价值/负债总额。

从美国破产公司 Z″－Score 中位数中取得的模型中的常数项（3.25）使我们能够将分析标准化，即使一个违约等价的级别（D）与低于零的分值（实际是分值低于 1.75 的被评为 D 级）保持一致。

新兴市场国家和美国之间的主要会计差异必须在利用这些方法时予以考虑。例如，我们计算的留存收益是以下几个项目的总和，即过去的留存收益，加上股票配售价值，加上资本公积（即重估资产盈余或不足），最后再加上本期的净收益（或损失）。

原始的 Z″－Score 模型测试是在美国的非制造业公司和制造业公司样本基础上进行的，它的精确率和可靠性都比较高。我们同样还用美国债券评级等价对变量和结果分值进行了校准。图 12—1 中给出的这些等价是以 750 多家拥有流通评级债券的美国公司样本为基础进行的。

	Z″-Score 值		评级	Z″-Score 值		评级	
	8.15	>8.15	AAA	5.65	5.85	BBB -	
	7.60	8.15	AA +	5.25	5.65	BB +	
	7.30	7.60	AA	4.95	5.25	BB	灰色区
	7.00	7.30	AA -	4.75	4.95	BB -	
安全区	6.85	7.00	A +	4.50	4.75	B +	
	6.65	6.85	A	4.15	4.50	B	
	6.40	6.65	A -	3.75	4.15	B -	
	6.25	6.40	BBB +	3.20	3.75	CCC +	
	5.85	6.25	BBB	2.50	3.20	CCC	危机区
				1.75	2.50	CCC -	
				<1.75	1.75	D	

图 12—1 Z″ - Score 和债券评级等价

资料来源：E. Altman，J. Hartzell，and M. Peck，“A Scoring System for Emerging Market Corporate Bonds，” Salomon Brothers，May 1995。

12.1.2 第二步：外汇贬值影响调整后债券评级

第二步是针对发行公司在负担外币标价债务时所受的影响对每种债券进行分析。这种影响的评估基础是非当地货币收入减掉成本后与非当地货币利息费用的比值，以及非当地货币收入与非当地货币债务比值之间的关系。最后，对现金水平与第二年将要到期的债务进行比较。

如果公司非常容易受到这种影响，也就是说具有较低或为零的非当地货币收入和/或较低或为零的收入/债务，和/或大量数额的即将到期的外币债务，而现金流动性比较差，那么第一步中的债券评级等价就会被降低一个整个的等级，如从 BB + 到 B + 。对有不确定性影响的评估一般是降一个等级（BB + 到 BB），但货币贬值风险较低的没有评级的变化，这主要是因为我们主要针对的是美国的 BRE。

12.1.3 第三步：行业调整

原始（第一步）债券评级等价与美国一般行业的安全评级等价的比较见表 12—1。对于两个等级间的全字母等级差异，第二步中的债券评级等价就被向上或向下调整一个等级。例如，如果第一步中得出的评级是 BBB，行业评级是 BBB - 、BB + 或 BB，那么就向下调整一个等级。如果差异多于一个完整等级但少于两个完整等级，就进行两个等级的调整。最后在分析中还要考虑特定新兴市场国家的行业环境。例如，墨西哥在后比索危机时期的建筑业虚弱的状况就是一个考虑因素，它的行业风险评级被调整得要比美国同类公司低。

表12—1　行业群体的平均信用安全

部门	部门平均信用安全
电信	高A
独立理财	高A
天然气公用事业	高A
饮料	高A
高质量电力公用事业	高A
铁路	高A
食品加工	中A
罐瓶	中A
国内控股银行	低A
烟草	低A
中等质量电力公用事业	低A
消费品行业	低A
高等级多样化制造/采集	低A
租赁	低A
汽车制造	低A
化学品	低A
能源	低A
天然气管道	高BBB
造纸/林业产品	中BBB
零售	中BBB
财产和伤亡保险	中BBB
航天/防御	中BBB
信息/数据技术	中BBB
超市	高BB
电视和媒体	高BB
交通工具	高BB
纺织品/服饰	高BB
低质量电力公用事业	中BB
赌博	中BB
饭店	中BB
建筑	中BB
酒店/休闲	中BB
低质量制造业	中BB
航空	低BB
金属	高B

资料来源：Salomon Brothers（1995年6月）。

12.1.4　第四步：竞争地位调整

根据该公司在其行业内是否属于控制公司，或者根据该公司在规模、政治影响及管理质量等方面的国内影响力，第三步的评级被调高（或调低）一个等级。也有可能大多数意见认为竞争地位的结果是不确定的（评级不发生变化）。

12.1.5　第五步：特定债务发行特征

如果特定的债务发行有其独特的特征，如有抵押物或有有信誉的、高质量的担保人，那么这一发行就会被相应提高等级。如果有高质量的担保人，我们提倡他应该提供合法的担保而不是非正式的。例如，发生在阿根廷的百事可乐公司的分支机构（Baesa，S. A.）实际违约的例子。

12.1.6 第六步：主权差异比较

将分析者修正后评级与目前正在销售的美国同级别公司债券进行比较。然后将美国公司信用质量差异加到适当的主权债券的选择权调整后差异中来。例如，如果债券的修正后评级为 BBB，该种质量的债券目前在美国以高于美国国库券（例如，4.5% 的 2005 年早期十年国库券）100 个基点的价格进行交易，而墨西哥可比期间国库券以高于美国的 200 个基点进行交易，那么要求报酬率将为 7.5%（4.5% + 100 个基点 +200 个基点）。

接下来，分析者可以评估特定新兴市场的公司债券的实际收益率，并将其与以 EM 评分模型为基础得到的要求收益率（例如，本例中的 7.5%）进行比较。如果实际收益率高于 7.5%，那么该债券将被认为对潜在的购买具有吸引力，反之亦然。

图 12—2 汇总了我们刚才阐述的六个步骤。最后一个步骤说明了我们的模型可以用于决定是否选择特定债券进行投资的过程，而一般的程序是一种用于评估新兴市场环境下任意公司相关信用质量的方法，它不考虑该公司是否有流通的国际债券。下面我们将探讨以我们建立完该模型之后的一段期间内对模型进行分析为基础的一些调整和测试。但在观察这些测试之前，我们认为即使没有信息或时间进行第二步到第六步中建议的调整，分析者仍然可以应用最初的第一步的计算。

- 第一步：与美国债券市场相比较计算 EM 值和债券评级等价（BRE）
- 第二步：由于外汇贬值影响而调整（修正）债券评级等价
  影响大：-1 个评级等级（3 个等级）
  影响不确定：-1 个等级
  影响小：没有变化
- 第三步：由于新兴市场行业风险与美国行业风险而调整 BRE
  ±1 或 2 个等级
- 第四步：由于竞争地位而调整 BRE
  行业中的控制公司：+1 个等级
  行业中的平均公司：没有变化
  竞争地位低下的公司：-1 个等级
- 第五步：评估 BRE 上特殊抵押或担保的影响
- 第六步：评估美国市场上在新兴市场信用修正后 BRE 的收益率，然后加到主权收益率差异上。最后比较得出的要求收益率和市场上的收益率

图 12—2 新兴市场信用评分体系

12.2　在墨西哥公司中应用 EMS 模型

在表 12—2 中我们计算了在欧洲债券市场上发行公司债券的将近 30 家墨西哥公司的 EM 值。我们注意到，只有 13 家公司在 1994 年年底至少从三家评级机构中的一家得到了评级。同样，我们可以观察到从 AAA 到 D 的整个范围的债券评级等价分值的不同。实际上只有一家公司，Aeromexico，在比索危机时（1994 年 12 月）被评为 D 级，并且该公司已经在破产法庭系统的一项实验测试中提出了破产申请。我们稍后将对 Aeromexico 破产出现后的情况进行考察。

表 12—2　　墨西哥公司发行者——EM 值及修正后评级（1994 年 12 月）

公司	行业	EM 值	债券评级等价	修正后评级	M/S&P/D&P 评级
Aeromexico	航空	-4.42	D	D	NR/NR/NR
Apasco	混凝土	8.48	AAA	A	Ba/NR/NR
CCM	超市	4.78	BB -	B +	NR/NR/NR
Cemex	混凝土	5.67	BBB -	BBB -	Ba3/BB/BB
Cydsa	化学药品	4.67	BB -	B +	NR/NR/NR
DESC	采集	4.23	B	BB +	NR/NR/NR
Empresas ICA	建筑	5.96	BBB	BB	B1/BB - /B +
Femsa	罐瓶	6.37	A -	BBB +	NR/NR/NR
Gemex	罐瓶	5.4	BB +	BB +	Ba3/NR/NR
GIDUSA（Durango）	造纸和林业产品	4.61	B +	BB	B1/BB - /NR
GMD	建筑	4.85	BB	B -	B3/NR/NR
Gruma	食品加工	5.56	BBB -	BBB +	NR/NR/NR
Grupo Dina	汽车制造	5.54	BBB -	BB +	NR/NR/B
Grupo Sidek	采集	4.68	BB -	B	NR/NR/CCC
Grupo Simec	钢铁	4.42	B +	B -	NR/NR/CCC
Grupo Situr	酒店和旅游	5.17	BB +	B	NR/NR/CCC
Hylsamex	钢铁	5.51	BBB -	BB -	NR/NR/NR

续表

公司	行业	EM 值	债券评级等价	修正后评级	M/S&P/D&P 评级
IMSA	钢铁	5.45	BBB -	BB -	NR/NR/NR
Kimberly - Clark de Mexico	造纸和林业产品	8.96	AAA	AA	NR/NR/NR
Liverpool	零售	9.85	AAA	A +	NR/NR/NR
Moderna	采集	5.28	BB +	BB +	NR/NR/NR
Ponderosa	造纸和林业产品	6.64	A	BB	NR/NR/NR
San Luis	汽车零件	2.69	CCC	CCC -	NR/NR/NR
Synkro	纺织/服饰	1.59	CCC -	CCC	NR/NR/NR
TAMSA	钢管	3.34	CCC +	B	NR/NR/NR
Televisa	电视和媒体	7.29	AA	BBB +	Ba2/NR/NR
TELMEX	电信	9.57	AAA	AA -	NR/NR/NR
TMM	海运	5.34	BB +	BB +	Ba2/BB - /NR
Vitro	玻璃	5.18	BB +	BB	Ba2/NR/NR

注：M 指穆迪。
S & P 指标准普尔。
D & P 指 Duff & Phelps。
NR 指没有评级。
资料来源：Altman 等人（1995）。

四家墨西哥公司得到了最高的 BRE，很多公司具有高于墨西哥主权评级上限（BB）的级别。修正后评级同样也被列示在表中，大多数公司的等级都比第一步中原始的 EMS 等级要低。

12.3 新兴市场模型的修正和测试

新兴市场模型的最初测试之后，我们决定再进行一次重要的调整，以解决公司权益的市场价值问题。

12.3.1 权益市场价值的考虑和影响

当我们对美国 Z″-Score 模型进行第一次调整以使其适用新兴市场债券时，我们决定采用带有权益账面价值的模型而不采用市场价值作为第四个变量。这样做有几个原因，其中包括认为新兴权益市场的流动性比较差，且效率可能严重低下。同样，我们也不能保证能够连续取得一些样本公司的权益价格。后来我们发现，对于很多公司来说，权益价格都是能够连续得到的，尤其是那些能够在国际债券市场上发行公司债券的大型公司。另外，实际上在权益数量及其随时间的变化而变化上还是有很多有价值的信息的。

尽管新兴市场权益估价的效率不高，但是股票被金融界估价很高的公司通常比被投资者大打折扣的公司更容易借钱、更容易筹集新的权益资本或能够以更好的价格出售其资产。由于按照评级机构的定义，新兴市场公司的公司债券一般都属于非投资等级，因此与投资等级的公司相比，它们的收益和波动性与权益市场的活动相关性更强。同样的道理也可以用于说明在美国高收益债券市场上发行债券的公司。

有两种方法可以将权益的市场价值纳入我们的体系考虑之中。第一，反映权益的市场价值和账面价值之比的新的变量，或者类似的方法，可以被加到我们现行的四个变量中。由于用于建立新兴市场评分系统的原始数据库中不包括这一变量，因此利用新数据库重新估算公式是不太切合实际的。第二种方法是在修正后等价债券评级过程中再加入一个额外的部分，它考虑了利用权益账面价值和负债总额的比率（模型中的 X4）的债券评级等价与利用权益市场价值（流通股股数乘以股票价格）代替了账面价值的同一变量的比较。

第二种方法是我们实际在 EMS 模型中应用的。我们采取的程序是，按照传统方式计算债券评级等价，它涉及（1）以多变量模型为基础的原始债券评级，和（2）按货币贬值影响、行业隶属关系和竞争地位进行的修正。最后的步骤就是将利用账面权益的债券评级等价与利用权益市场价值的评级等价进行比较。

如果这两种系统得到了一致的评级，或者仅仅相差一个等级的差异，那么修正后评级就可以不加任何改变。但如果两种系统得出了两个等级的差异，那么我们就增加或减少最后的修正后评级一个等级。最后，如果差异是整个评价等级（三个等级）或者更多，那么就调整修正后评级两个等级。

12.3.2　EMS 模型测试

在以到 1996 年 6 月为止的 6 个月数据为基础的这种新调整应用举例中，有 14 家公司当运用权益的市场价值时比运用账面价值时债券评级等价要高。在这 14 家公司中，有 6 家因为差异仅有一个等级而具有相同的修正后评级；有 1 家升级了一个等级，7 家升级了两个等级。6 家公司总体利用权益的市场价值与利用账面价值相比，具有较低的 EM 值，其中 4 家导致了降级一个等级，另外两家没有变化。9 家公司利用权益的市场价值和利用账面价值结果一致。每家公司的实际比较没有列示。

运用权益市场价值与账面价值的影响可以在公司最终的修正后评级中加以考

虑。但这种影响可能反映了墨西哥公司权益的低效市场。墨西哥比索的波动性及其对墨西哥权益市场的影响可能掩盖了墨西哥公司权益的内在价值。另外，由于利润表非现金费用和随之发生的留存收益和普通股权益的变化，通货膨胀会计可能会曲解墨西哥公司权益的账面价值。我们相信，尽管存在效率低下的情况，但墨西哥权益市场已经重振，并且在后危机时期已经提高了效率，其范围内容之广已经足够为我们的模型增加价值。

12.4 后比索危机时期墨西哥公司 EMS 模型业绩

我们继续对新兴市场评分系统模型进行测试，这种模型首次使用是在 1994 年年底，它被用于评估墨西哥公司的声誉，当时正是比索危机刚刚开始袭击该国家的时候（见表 12—2）。随后在 1995 年第三季度和 1996 年整个第二季度（年中）计算和估计相同公司的债券等价修正后评级。我们对这些公司予以了严密的关注，它们都是由模型分类为具有极端风险（CCC 级或更低）的公司或者接近违约（D 级）的公司。如前面已经指出的，我们把权益市场价值比账面价值修正后的评级加到债券评级等价修正后的评级上。

新兴市场模型清晰地解释了危机过后墨西哥困难的经济和公司环境，是 1995 年信用质量恶化及随后的 1996 年经济恢复的一个相当准确的预报器。更重要的是，该模型在预示一些公司成功重组的同时还准确地预测了后危机时期每一个违约公司的债务。表 12—3 更新了两个后危机时期，即 1995 年第三季度和 1996 年 6 月（第二季度），29（从列示的 31 家公司中）家墨西哥公司的 EM 值，同时列示了在 1994 年 12 月发生危机时它们的评级。

EMS 评级在危机后 18 个月内评估的信用风险移动是非常准确的。例如，我们在 1994 年首次给 Vitro 公司定级为 BB，在 1995 年三季度降为 B，1996 年 6 月又降为 B -。我们进行的调整是以反映 Vitro 挣扎中的美国子公司——Anchor Glass 及其持续增长的现金流量问题和对 Vitro 信用地位影响的数据为基础的。在前一年，Anchor Glass 代表了超过 40% 的 Vitro 合并收入。1996 年 7 月，穆迪和标准普尔分别将 Anchor Glass 的等级从 B2 降到了 Caa 和从 B 降到了 CC +。1996 年 9 月，Anchor Glass（美国）通过“预先包装”的第 11 章重组申请破产。在另一个例子中，Grupo Sidek 和它的子公司 Grupo Situr 和 Grupo Simec，一直在早在 1995 年早期就开始的重组中进行挣扎。作为这些公司正在进行重组和对财务独立性不确定的结果，我们在 1996 年 6 月给这三家公司都评定为 D 级。在我们 1995 年 12 月的评级分析中，Grupo Sidek，Grupo Situr 和 Grupo Simec 的评级分别是 CCC -，B + 和 CCC -。在我们对其评定为 D 级以后，这三家公司都发生了债务利息不能支付的情况。

表12—3　　墨西哥公司发行者——修正后评级（1994—1996）

公司	行业	1994年四季度	1995年三季度	1996年二季度	M/S&P/D&P评级
Aeromexico	航空	D	CCC +	B	NR/NR/NR
Apasco	混凝土	A	BBB –	BBB	Ba2/NR/NR
CCM	超市	B +	B	BB +	NR/NR/NR
Cemex	混凝土	BBB –	BB +	BB	B1/BB/BB
Cydsa	化学药品	B +	BBB –	BB +	NR/NR/NR
Condumex	钢铁	NR	BBB +	BBB +	NR/NR/BB
DESC	采集	BB +	BB	BBB	NR/NR/NR
Durango	造纸和林业产品	BB	BBB	BB +	B1/BB –/NR
Elektra	零售	NR	NR	A +	NR/B/BB +
Empaques Ponderosa	造纸和林业产品	BB	A +	A	NR/NR/NR
Empresas ICA	建筑	BB	B +	B	B1/BB –/B +
Femsa	罐瓶	BBB +	BB +	BBB +	NR/NR/NR
Gemex	罐瓶	BB +	B +	BBB +	Ba3/NR/NR
GMD	建筑	B –	CCC	D	B3/NR/NR
Gruma	食品加工	BBB +	BBB –	A –	NR/NR/NR
Grupo Dina	汽车制造	BB +	B +	B +	NR/NR/B –
Grupo Sidek	采集	B	CCC –	D	NR/NR/DD
Grupo Simec	钢铁	B –	B +	D	NR/NR/DD
Grupo Situr	酒店和旅游	B	CCC –	D	NR/NR/DD
Hylsamex	钢铁	BB –	BBB +	BBB	NR/NR/NR
Kimberly – Clark de Mexico	造纸和林业产品	AA	A +	AA –	NR/NR/NR
Liverpool	零售	A +	A +	A +	NR/NR/NR
Moderna	采集	BB +	BBB –	BB	NR/NR/NR
San Luis	汽车零件	CCC –	B –	BB –	NR/NR/NR
Synkro	纺织/服饰	CCC –	D	D	NR/NR/NR
TAMSA	钢管	B	B +	BB	NR/NR/NR
Televisa	电视和媒体	BBB +	BBB –	A +	Ba3/BB/NR
TELMEX	电信	AA –	AA –	AA –	NR/NR/NR
TMM	海运	BB +	BBB	A +	Ba2/BB –/NR
Tribasa	建筑	NR	CCC	CCC +	Caa/B +/B
Vitro	玻璃	BB	B	B –	NR/NR/NR

注：M指穆迪。

S & P指标准普尔。

D & P指Duff & Phelps。

NR指没有评级。

资料来源：Author computations，Moody's，S & P，Fitch Ratings（formerly Duff & Phelps）。

12.4.1 评级转换和违约预测

表12—3列举了31家公司及其评级的变化。1994年12月到1996年6月期间，我们的分析产生了13家升级、12家降级，另有6家评级保持不变。这是一种对后危机（1995年）最初升级/降级比率的逆转，与墨西哥经济的转变一致。墨西哥经济从1996年年初开始出现了强烈的反弹，其第二季度国内生产总值（GDP）与同期相比增长了7.2%。在以1996年9月结束的第三季度，我们同样看到了针对国内市场的一些行业利润和销售量都上涨的私人公司得以恢复的迹象。它同样也反映了增加权益的市场价值/账面价值因素对修正后评级系统的重要影响。

8家公司在其修正后评级中经历了至少三个等级的大幅提高，包括CCM，DESC，Femsa，Gemex，Gruma，San Luis，Televisa和TMM。这些公司代表了产品需求得到恢复的国内焦点行业的集合。仅有两家公司，Grupo Carso（没有在表12—3中列示）和GMD经历了两个或三个等级的大幅下降。Carso仍然还有非常高的A-修正后评级，但GMD具有严重的流动性问题，其等级降到了D级（违约预期）。其他的所有公司都是下降了一个等级，尽管Sidek，Situr和Synkro已经稳固地占据了D级的位置。

12.4.2 违约、D级和低级债券

刚才已经指出，我们将GMD的级别定为D级。这是唯一一家还没有违约就得到这一级别的公司。其他三家D级公司，Sidek，Situr和Synkro，已经在一些流通债务方面进入重组状态。所有的这三家公司在违约前都是CCC-或D级。GMD后来确实违约了。

其他的低级公司为Grupo Tribasa（CCC+）和Vitro（B-）。正如以上所提到的，Vitro的美国子公司在1996年9月对其美国债券违约。同时，我们还要注意的是一家1994年12月为D级的公司（Aeromexico），它在破产出现后在罕见的墨西哥公司法庭协调重组中恢复为B级。

12.4.3 评级机构比较

在我们最初分析的29家墨西哥公司（见表12—2）中，只有13家公司在当时得到至少一个主要的评级机构（Duff & Phelps，穆迪和标准普尔）的评级。在这一部分，我们将我们对这些公司的修正后EMS评级与三家机构的评级进行比较。我们的评级不受国家主权评级上限（Ba2/BB）的限制，这样可以得到有关公司及其证券的独立的基本信用观点。

我们1996年第二季度的EM评分修正后评级，在13家公司中有7家比评级公司的评级要高（Apasco，Cemex，Dina，Durango，Gemex，TMM和Televisa）。EMS模型的评级有三家公司比评级公司的评级要低，它们是GMD，Tribasa和ICA。在GMD的案例中，我们给出了我们的最低评级（D级），它表示了高风险状况和明确

的违约可能。GMD 被穆迪评为 B3 级，另两家机构没有对其进行评级。ICA 的 B 级比三个机构的评级都稍微低一些。我们的修正后评级对 Tribasa 的结果是 CCC +，而穆迪的是 Caa，标准普尔的是 B +，Duff & Phelps 的是 B。最后，对 Cemex（修正后评级 BB 级）和其他两家公司来说，我们的评级与标准普尔和 Duff & Phelps 的一致，与穆迪的仅相差一个等级。

12.4.4　一些时间序列例子和风险比较

图 12—3a 和图 12—3b 展示了 1998 年至 2002 年间两家重要的墨西哥公司的 EMS 值（第一步）。Cemex，世界上第二大混凝土公司，显示了相当稳定的 EMS 和 BRE。最近（2002 年）的数值 4. 70 反映出了由于 Cemex 追求激进的收购战略而导致的杠杆作用增强的情况。

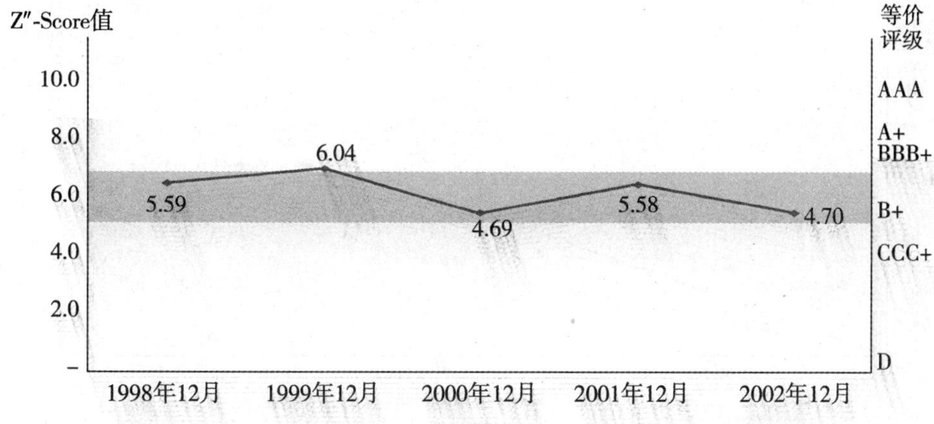

图 12—3a　Cemex SA de CV 的 EMS（**混凝土生产、配售、营销和销售**）

资料来源：Bloomberg and author calculations。

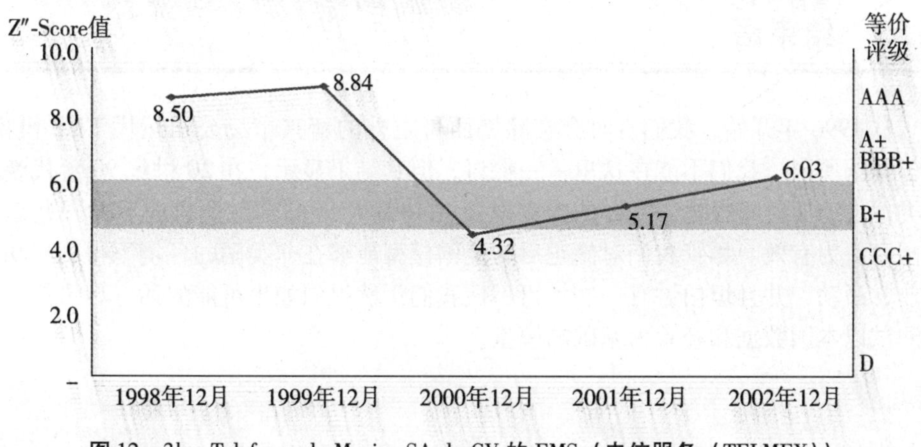

图 12—3b　Telefonos de Mexico SA de CV 的 EMS（**电信服务**（TELMEX））

资料来源：Bloomberg and author calculations。

Telefonos de Mexico 展示了具有确定市场和客户基础的大型公司典型的全球化

电信经历。在20世纪90年代末期其分值非常高，2000年和2001年急剧下降，2002年又得到反弹。

图12—4展示了我们EMS模型的BRE和一家主要评级机构（标准普尔）给出的可比公司评级的比较。图中斜线以上的公司是标准普尔的评级比EMS评级等价高的公司，反之，斜线以下的是比EMS低的公司。同样，我们的模型和其BRE不受国家主权评级上限的影响。EMS对图12—3a和图12—3b中显示的两家公司的债券评级都比标准普尔的评级风险性更高。要注意，我们还没有使用前面在第二步到第六步中讨论的定量化修正。

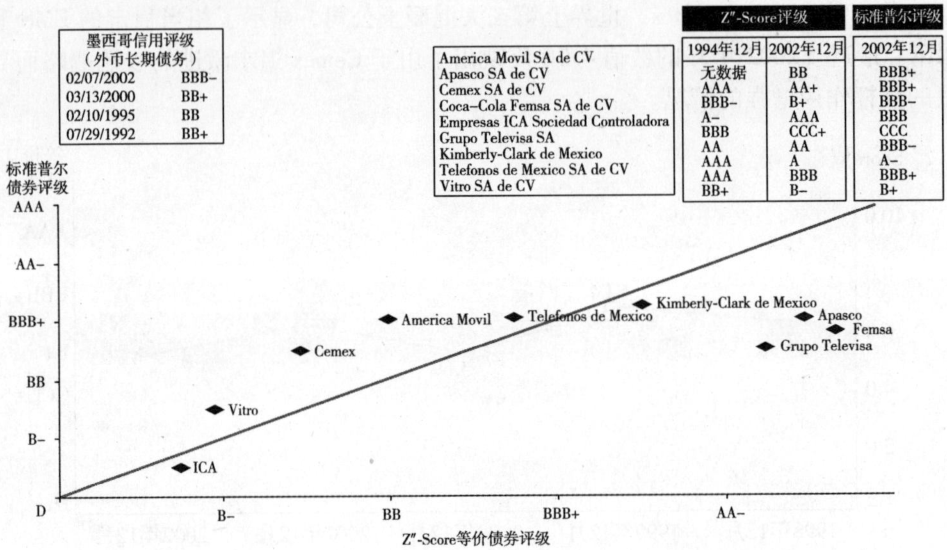

图12—4 EM值、债券评级等价及标准普尔评级（2002年12月31日）

资料来源：Bloomberg and author calculations。

12.5 结束语

从1996年开始，我们有时会在除墨西哥之外的新兴市场公司运用EMS模型。由于篇幅所限，我们不能在这里一一探讨，但其结果显示，在20世纪90年代晚期的类似像巴西、阿根廷等这样的国家以及在1997年亚洲金融危机前后的一些东南亚国家更为有效。尽管我们对修正后的美国模型能够在非美国的环境下得到成功应用非常激动，并且坦白讲有一些惊讶，但我们仍然提倡如果可能的话，尽可能建立和测试以本国数据和经验为基础的模型。

第 13 章 危机预测模型应用

本章将对适用于所有类型使用者的公司危机预测模型的大量直接和间接应用进行探讨。尽管我们将列示一个相当长的潜在使用者的清单，但这一清单也不可能是无一遗漏的。由于篇幅所限，我们不能对清单中的每一个项目进行详细的介绍，但希望读者能够理解我们的本意。使用者清单列示在图 13—1 中。最后一项应用，“危机公司管理者”，将在下一章（第 14 章）进行深入研究。这种在财务周转管理上的应用同时也是交叉应用的例子。

- 贷款专家
- 应收账款管理者
- 投资者
- 证券分析师
- 规则制定者
- 审计师
- 破产律师
- 法定指导者（例如无力偿还程度深化）
- 债券评级者
- 风险管理顾问
- 重组顾问和周转管理者
- 政府机构和其他购买者
- 并购分析师
- 危机公司管理者

图 13—1 财务危机预测模型使用者

资料来源：Author compilation。

13.1 贷款人

或许危机预测/信用评分模型最明显的应用就应该在贷款人方面。银行和其他信用机构一直在对相关的公司信用风险进行评估。巴塞尔Ⅱ的要求和银行必须建立并实行内部评级为基础的（IRB）模型加强了信用评分模型在确定违约概率（PD）方面的重要性。我们希望，美国规则制定者（例如联邦储备委员会）不要求美国的大部分银行与巴塞尔Ⅱ保持一致的决定不会对银行建立和实行这些模型产生消极影响，但我们认为在很多情况下恐怕确实是这样的。另一方面，世界上其他很多地方的银行，尤其是欧洲，根据巴塞尔Ⅱ的要求采用现代化的信用风险系统，已取得了很大的成功。

在贷款人方面的一个重要作用就是确定信用的“价格”（也就是适当的利率）。信用评分模型的应用允许在计算价格过程中，在确定 LGD 时考虑 PD。例如，在图 13—2 中，我们采用了被评分模型评为 BBB 级的贷款进行 LGD 估计（参见上一章内容），并进行定价决策。假设 PD 和补偿率是已知的（分别为每年 0.3% 和 70.0%），每年 0.09% 的预期损失是确定的。

已知：5 年期优先非担保贷款
风险等级为 BBB
预期违约率为每年 0.3%（30 个基点）
预期补偿率为 70%
非预期损失（σ）为每年 50 个基点（0.5%）
BIS 资本分配为 8%
权益资本成本为 15%
制造费用 + 经营风险费用 = 每年 40 个基点（0.4%）
债务成本为 6%

贷款价格[①] =6.0% +0.3% ×（1 -0.7） +（6 ×0.5% ×15%） +0.4% =6.94%

或者

贷款价格[②] =6.0% +0.3% ×（1 -0.7） +（8.0% ×15%） +0.4% =7.69%

图 13—2　基于风险的定价举例

①资本分配内部模型。

②BIS 资本分配方法。

资料来源：Author example。

下一个步骤是将要求的金额加到以非预期损失为基础的价格上，可以采用两种方法，以经济资本标准为基础，或者以制度资本需要量为基础。经济资本要求贷款的非预期损失额外成本，它以贷款机构的保守水平为基础（也就是它自身的风险偏好）。例如，具有高风险抵制倾向的银行（也就是说它希望为自己获得更高的信用评级）就会要求非常高的置信区间，以避免超过特定的损失。在我们的例子中，我们采用的是 6 个标准离差的要求，它有时在 AA 银行的要求平均资本报酬率（RAROC）方法中使用。然后用估计的每年 50 个基点的标准离差（已知）乘以 6，可以得到这个相似等级（BBB）贷款机构的要求资本数额。最后，用得到的资本需要量（300 个基点）乘以银行不投资 300 个基点的净机会成本，再加上预期损失和其他成本得到要求的经济资本。我们建议在计算中使用权益成本净额（权益成本减掉无风险利率）。我们同样还考虑（加上）了一个预计的每年 40 个基点，以确保制造费用和经营风险变动（后者是巴塞尔Ⅱ要求的）的非信用项目的要求。

因此，在我们的例子中对于经济资本的计算，其结果是一个 6.9% 的要求价格或利率。可以将其与现行的制度要求的资本需要量计算相比较，后者是以 8% 而不是 3% 的经济资本为基础的。制度要求的资本利率更高一些，是 7.7%。现在我们能够理解为什么大多数银行会倾向于巴塞尔Ⅱ了。同样，准确的评分模型对现代定价结构也是非常关键的。即使银行或非调节机构由于竞争环境而无法使用或不能使用经济资本定价标准，但在确定资本需要量和定价方面，巴塞尔Ⅱ框架仍然对确定经济定价基础与实际价格的距离有重要的帮助。要注意，我们的例子并没有考虑定价函数的相互关系和焦点问题。这些问题将会增加信用决策的复杂性，它们是金融机构投资组合管理小组应该考虑的问题。

13.2 应收账款管理者

上一部分中讨论的大规模的银行应用与具有风险性客户投资组合，并且赊销或赊购其商品或劳务的公司应用非常类似。就像银行利用 PD 模型估计无法回收的贷款数额一样，应收账款管理者需要评估顾客的潜在支付能力，并且确认估计的“坏账”数额。评分模型被这些管理者们广泛使用，该行业处于全国信用管理者协会（NACM）及其附属的信用研究基金会的监督之下。[①] 这些管理者的重点主要是接受或拒绝的决策以及允许的风险金额。

13.3 投资者

除投资于商业贷款的金融机构投资者之外，所有类型的金融机构和个人在其固定收益（以及权益）战略方面都可以从测试效果良好的、适合的信用评分系统中获益。最明显的应用或许就是决定是否应对按面值或接近面值销售的债务进行投资。PD 的确定对投资等级债券和贷款，以及早在第 7 章中探讨过的投机性更强的非投资等级债券或垃圾债券都非常重要。实际上，大约有 1/4 违约发行的债券最初都被专业的评级机构定为了投资等级！因此，专业的管理者必须将违约风险分析以及收益性和集中性纳入考虑范围之中。

如果一家投机等级公司具有更低等级的权益，那么在计算要求报酬率的时候要对此予以考虑。看一下 General Motors Corporation（GM）2005 年前几个月（当时本章正处于撰写之中）的长期债务情况。当时 GM 的债券仍被所有的评级机构定为投资等级，但是它的到期收益率（或最差收益率）显示其更像 B 级债券而不是 BBB 级。2005 年 4 月 15 日，市场对其违约风险的评价是超过美国国库券大约 600 个基点，远远超过高收益债券的历史平均水平，至少比当时 BBB 级债券的销售水平高 450～500 个基点。而 Z-Score 和 Z″－Score 模型早在 2003/2004 年就将 GM 的债券等级评定为 CCC＋至 B＋之间！现在我们已经知道，在 2005 年 5 月 2 日，标准普尔将 GM 的债券降级为 BB 后，Fitch 于 2005 年 6 月和穆迪于 2005 年 8 月也降低了

① 这一研究性组织，网址为 www.crfonline.org（位于马里兰州的哥伦比亚），出版名为《信用和财务管理评论》（*Credit and financial Management Review*）的季刊，同时定期举行报告和会议。

GM 债券的级别。

对在危机状况中销售的债券（也就是超过国库券 1 000 个基点或更多）来说，关键的问题就是该公司是否应继续向更低的信用品质转移（或事实上违约），或者，是否其 PD 已经低到足够认为应将其价格用于支付面值（假设它已经被降级，甚至已经降到“坠落天使”的状态）。从危机到面值的向上的潜力提供了远远高于从典型的债务投资组合中可得收益的权益类型的收益。实际上，大部分 2002 年年底处于危机中的公司债券仅在一年就恢复至面值或超过面值以上，2003 年 CCC 等级债券投资组合的平均报酬率约为 60%。或许与信用违约分析相比，良性（宽容的）信用循环的开端与这一难以置信的现象关系更为密切，但当从信用模型得到的债券评级比从市场上间接得到的债券评级要高时，投资者会更加深信应选择“深度垃圾”或危机收益水平的债券进行投资。

二类差错是指当实际上其价格已经恢复至面值时销售（而不是购买）危机证券，这种情况是非常有可能发生的，但其成本对于大多数传统的债务投资者来说都不是很重要的。真正重要的是在危机债务或高杠杆保值基金投资者的情况下。我们深信不疑的是，经验丰富的投资者在其投资过程中一定能够从信用评分及违约风险模型中得到很大的好处。

13.4 证券分析师

财务中一个最基本的原理是，与普通的权益分析师相比，债务分析师是而且应该是，将其注意力更多地置于证券可能的向下运动过程中。因此，债务分析师的一个很明显的工具就是违约预测模型。传统的比率分析和一个或多个危机预测模型似乎应该成为证券分析过程的一个非常重要的附加物。

分析师同样还应该考虑公司对预计的危机预测态度的类型，特别是当公司管理层通过一系列活动改变公司的高度负债的情况下。在本书的第 6 章我们已经看到，根据管理层在减少债务和提高其评级等价地位方面的成功程度不同，具有高度风险性的资本结构可能导致两种结果：一种是健康的、高收益高回报结构；另一种是违约。我们认为，分析师就是通过提供对管理层是否能够达到其目标资本结构和现金流量目标的现实预期和预测来履行其分析师的职责的。很明显，高度负债的公司，特别是刚刚经历过重大重组的公司，将会被大多数的信用评分方法评为危机级别。我们提倡在分析过程中既要使用现实的预计情节分析，也要使用现行的财务报告标准。

13.5 规则制定者

规则制定机构，尤其是银行检查部门职员，应该留意委托银行及其他机构所使用的信用风险评估系统。巴塞尔Ⅱ新框架的一个挑战就是规则制定者的责任和技术，尤其是当他们评估 Pillar Ⅰ中银行的资本要求说明及 Pillar Ⅱ中的调整监察作用时。银行检查者应该接受被银行所采用的不同的信用评分和违约概率/违约损失率（PD/LGD）评估方面的培训。同时，对于同一家公司各个银行可能得到的不同的 PD 结论在这个过程中也是相当有用的。

另外，各国的中央银行，如法国中央银行、意大利中央银行或美国的联邦储备委员会，利用自己的信用评分评估系统对银行投资组合的信用质量进行评估，并且监管各自银行所作的自身的评估也是非常普遍的。

13.6 审计师

在原始 Z-Score 模型的最早期应用中，我们撰写了一篇文章（Altman and McGough 1974），探讨了信用评分模型在帮助会计公司评估其客户的持续经营条件的审计方面的潜在用途。当时我们得出的结论是，尽管有相当数量（约40%）的破产公司在申请前一年确实得到了能够进行持续经营的资格认定，但 Z-Score 模型当时预测出了80%的这些公司已经处于危机区的情况。这么高的破产预测准确率是不足为奇的，因为审计人员并不是属于危机预测行业，并且他们的独立地位也并不一定就意味着对一家公司失败的可能性要谨慎地采用以模型为基础的方法进行预测。实际上，会计行业从业者对其责任是很敏感的，并且曾经指出，仅仅由于它是处于高风险、低评级等价的情况就取消公司的经济资格是不负责任的。

尽管非常保守的专业审计人员的立场及愿望，即不给其客户带来麻烦和不具有给出持续经营资格的理由之间存在着很明显的冲突，但是审计人员必须要注意，并且在实际中要应用信用评分模型和其他失败评估方法。这些方法能够在其评估过程以及在与客户对经济情况及发展前景进一步探讨的过程中增加客观的反馈信息。

13.7 破产律师

破产和危机公司舞台上最主要的参与者之一就是破产律师。确定公司进入破产程序的决定是非常重要的。尽管大多数破产公司都是在不知不觉中进入破产状态，而且将其作为最后一个手段，但是否进行破产申请以及什么时间申请仍然是非常关键的决定。在大多数情况下，公司推迟这一决策的时间越长，重组的可能性就越小。同时，如果可以在庭外成功组织周转，那么很有可能财务危机成本就要比破产取得的周转成本要低（参见 Gilson，John and Lang 1993）。通常情况下，破产律师一般是公司管理层关于是否申请破产及何时申请破产的最主要的顾问。破产律师公司通常会向状况不佳的公司推荐顾问和围绕破产或庭外重组决策的潜在解决途径。这些顾问也将在本章中进行探讨，他们通常是周转专家和其他重组专家、紧急融资或者 DIP 融资银行家等。

尽管通常都会有明确的财务危机的信号，但律师同样可以在为其顾客进行咨询时有成效地采用财务危机预测模型。公司是处于轻度危机还是重度危机是一个非常重要的决定因素。正如我们在下一章中将要探讨的，管理层自身也可以在其决策中使用这些模型。律师从失败破产模型中可能得到的好处表现在失败公司的法律原则和无力偿还程度加深的重要性方面。我们下面将对这些问题作进一步的探讨。

13.8 法定指导者

近些年来，失败预测模型已经在法律方面有了大量的直接应用。这些应用包括：（1）失败公司的法律原则；（2）退休金义务的避免；以及最近日趋增长的（3）所有者、管理者、公司董事和其他公司内部人员——例如专业顾问——的信托义务。最后一个方面的应用涉及一个被称为“无力偿还程度深化”的概念和状况。

13.8.1 失败公司的法律原则

试图进行兼并的公司为其违反反托拉斯的行为辩解的理由是，如果兼并主体中的一个或者两个都失败了，并且其市场份额可能会被另外的公司所取得的情况下，其他的非法兼并将被允许进行。我们在本书的第一版（1983）以及 Altman 和 Goodman（1998，2002）中详细探讨了这种所谓的“失败公司的法律原则”，但由于篇幅所限，在本版本中不对此问题作进一步的研究。

从本质上看，失败公司的法律原则在出现以下情况时可以被采用，即不论在地域方面还是在市场分布方面当试图进行兼并的竞争者毫无疑问是有联系的时候，至少有一家必须是处于破产和消失边缘。这样的例子可能包括两家在同一大城市进行竞争的报社，一家报社的终结将导致其几乎所有的市场份额转向与其最接近的竞争者。在反托拉斯辩论中发生的这样的情况包括 20 世纪 80 年代的《底特律新闻》（*Detroit News*）和《底特律自由报道》（*Detroit Free Press*）。一个作者曾经指出，利用几种 Z-Score 模型，这些公司至少有一个将会在很短的时间内失败倒闭，其实它们的状况都不好。法庭的决定是同意兼并，但要求编辑人员独立。这两家公司都继续存在，但有关收益、成本和利润等的所有权都是合并的。有关报纸成本、人员关系和其他反托拉斯的负面效果都比如果不同意兼并而仅让该城市存在一家大的报社可能的效果要小。

另一个例子是 20 世纪 70 年代早期美国东北部两家低价啤酒公司的潜在合并，Schaefer Beer 和 Schmidt's of Philadelphia。两家公司都生产低价啤酒，在啤酒市场上争夺客户。我们认为，Schaefer 是可能的失败公司，如果兼并被允许，那么 Schmidt 毫无疑问将吸收 Schaefer 的市场份额；如果兼并不被允许，那么这种情况就不会发生。原告，本例中的 Schaefer，不希望自己被 Schmidt 接管，它认为自己不属于失败的情况，因为它并没有从它的审计师（参见前面的讨论）那里得到持续经营资格认定，而且它的主要债权人也并没有要求偿还已经到期很长时间的贷款，而这些贷款已经将近两年没有履行义务。最后检察官同意了，并且明确规定，Schaefer 不是失败公司，因为它还没有失败！而不与这两家公司的任意一家进行直接竞争的另一家公司，Stroh's of Milwaukee，很快就购买了 Schaefer。与这一例子相关的一个话题就是该公司是否处于所谓的无力偿还区。我们下面将转向这一问题。

13.8.2　无力偿还程度深化

在 Kurth（2005）中讨论的无力偿还深化理论最初是发生在 20 世纪 80 年代早期的两个联邦例子上，*In re Investors Funding Corporation* 和 *Schacht v. Brown*。它的论点简单来说是这样的，公司不是生物实体，因此可以假定任何延长其生存的活动都是对其有利的。这一论点与周转管理行业的基本前提和破产法案的基本原则形成鲜明的对比，在后者中，如果危机公司能够成功重组，那么所有的阶层，包括债权人、股东和员工，都能够从中受益。另一方面，无力偿还程度深化的观点还指出，挽救明显濒临死亡的公司所作的努力会以相当高的成本为代价使他们受益。例如，管理者、顾问和其他试图挽救公司的人在失败周转期间将得到一定的报酬，而这样会导致破产后能够支付对其他人的补偿，例如债权人。

Kurth 观察得出，无力偿还程度深化正日益成为重组活动中一个独立的部分。这一活动认为破产公司或者其代表人有可能要弥补由专业人士，如顾问、会计师、投资银行家及法律代理人等带来的损失，这些专业人员或者是导致了公司的管理不善，或者是错误地表述了公司的财务状况，掩饰了公司从无力偿还到程度深化的进一步恶化。一个被确认的计算代价的方法是衡量公司无力偿还深化的程度。

围绕这一法律论点出现了很多问题。你如何能够知道一家公司处于无力偿还状况中？又如何能衡量这种无力偿还的状况呢？就仅仅简单地说，只要公司没有破产或没有对其债务违约或没有进行危机重组的预期（例如权益债务互换）就认为它不属于无力偿还状态吗？我们不这样认为！公司可能已经进入了无力偿还的状态，但有可能它还没有违约。

法庭基本上是依据公司资产的市场公允价值和其负债的市场价值比较来确定公司是否处于无力偿还的状态。回想一下，我们曾在第 11 章描述 KMV 模型时将其定义为违约的基本定义（也就是资产小于负债）。顺便提一下，我们认为适当的资产比较标准不应该是债务的市场价值，而应该是其账面价值，因为账面价值才是需要支付给债权人的数额，尤其在用债务加上权益的市场价值来衡量资产价值时更是如此，而这是大部分的经济学家所采用的。

我们认为，在任何情况下确定公司是否处于无力偿还状态的合适的方法都是利用多种统计方法计算债券评级等价或者失败分值。我们特别提倡采用 Z-Score 模型和其他方法，例如穆迪/KMV 预期违约频率（EDF）方法。如果这两种方法都将公司分类为“违约状态中”（例如，低于 -0.20 的 Z-Score 值和 20 或更多的 KMV EDF 值），那么它恢复为非违约或非破产公司的可能性就非常值得怀疑了。恶化的分值将暗示着状况的恶化，尽管我们还没有证据证明这种状况的恶化与其分值是线性相关的。当然，如果一家公司其 Z-Score 分值为 -2.2，那么它就比分值为 -0.2 的公司状况更糟。在无力偿还情况下对 Z-Score 模型的运用和分析在 Appenzeller 和 Parker（2005）中也有所探讨。

无力偿还方面最后一个注意的问题是法律请求权。大部分的法律分析者指出，争论的最初目的是以公司内部人士采取了一种“庞氏骗局（Ponzi scheme）”或其他能够导致欺诈或挪用等活动后导致的破产为基础，以没有疑心的债权人为代价使其经营者或顾问获利。同时指出，实际上对这一不良行为负有责任的一方已经知道，或者应该已经知道，公司的恢复几乎是没有可能的。因此，尽管我们可以帮助确认公司是否已经进入失败公司的行列，但是我们无法准确说明该公司的周转战略是否能够成功。

当然，如果公司的真实情况是已知的，但并没有被那些能够从公司继续经营中获利的人员所披露，那么损失的合法原因就是有效的。但是如果所有的信息都已经公开，并且已经尽了最大的可能去保护所有者的剩余利益，那么我们将很不情愿地指出，危机领域中的公司 Z-Score 模型或者 D 级的评级等价就意味着公司已经无可挽救。我们目前所探讨的是清楚的、明确的公司财务状况衡量方法，而不是仅仅依靠专家对公司资产的公允估价。

本书的下一章我们将介绍在 Z-Score 模型的协助下，公司的管理者如何利用其敏锐的洞察力和判断力成功管理公司的财务周转。这一案例研究的本质是，财务危机的所有指标都是透明的，有关公司“健康指数”成果的模拟校正行动战略不仅是适当的，而且是谨慎的。即使这些活动都失败了，我们也不相信无力偿还程度深化是这种情况下的合法论据。

13.9 债券评级者

尽管债券评级机构在取得其评级结论时不使用失败预测模型，但我们仍然认为一个或更多的测试效果良好的成功的模型会对这一过程有所帮助。很明显，穆迪在 KMV EDF 模型（在第 11 章探讨过）的结果中看到了大量的好处，因为它在 2002 年为获得 KMV 投入了大量的金额。但是这些定价机构仍指出，例如，行业分析、与管理层面谈、长期的“经历周期”等方法会最终确定其评级结果，并且模型是以时点为主进行的，因此不能作为评级决策的基础。参见 Loeffler（2002，2004）以及 Altman 和 Rijken（2004，2005）对评级稳定性、精确性以及经历周期与时点模型比较的更多探讨。

13.10 风险管理和战略顾问

巴塞尔Ⅱ也是风险管理咨询公司成长的催化剂。大量的公司极大地繁荣了现代信用风险系统，比如 Mercer - Oliver - Wyman，Algorithmics（2005 年被 Fitch 评级公司购买），RiskMetrics，Kamakura，CreditSights 及其他主要评级机构的风险管理部门（例如，KMV/穆迪，标准普尔的 Risk Solutions，Fitch Risk）等。大多数公司都建立了包括评分类型、评分结构或这两种信用评分模型组合的信用风险工具。另外，提供与估价有关和投资组合管理有关的服务的小型咨询公司也会发现，这些客观的信用风险工具对它们对客户的评估也是很有帮助的。

与管理咨询建议有关的一个内容是并购（M & A）战略。当一家危机公司被客观地评估为已经出现持续经营问题时，它会被鼓励寻找购买（战略）伙伴，这种情况尤其在潜在的购买方内部评估结构与其不一致时更有帮助。很明显，如果大家都知道该公司目前处于高度危机状态中，那么并购价格将会降低。但准确的前期预警模型可能会给使用者带来竞争优势，不论它是目标公司还是购买公司。

13.11　重组顾问和银行家、周转危机管理者以及会计公司

作为重要参与者出现在危机公司行业的三大主要类型的顾问是，来自于小型投资银行的重组专家、来自于经营管理咨询公司的公司周转或危机管理者以及来自于传统会计公司的重组顾问。图 13—3 说明了他们之间的关系及在危机公司行业中的主要作用。到 2005 年为止，随着其重组实务被出售或被取消，会计公司的作用已经消失。

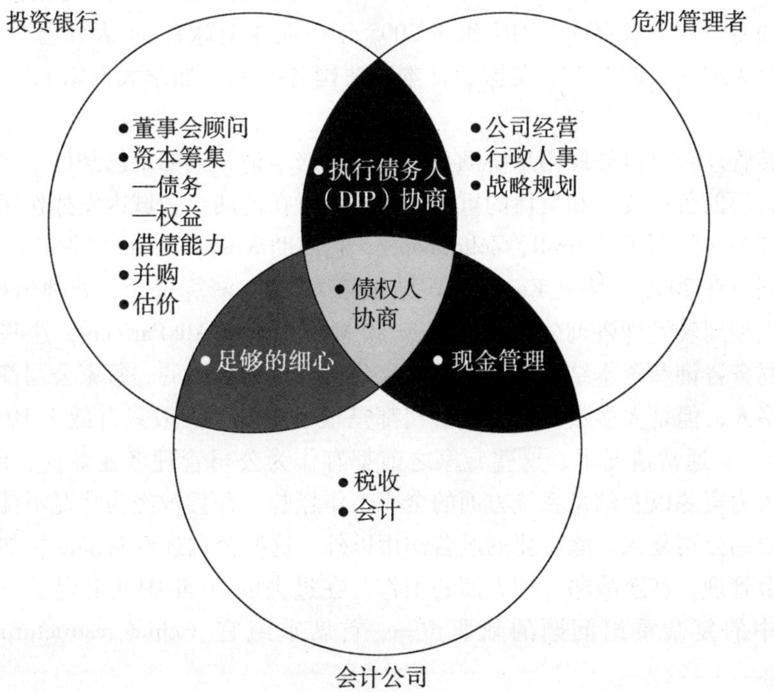

图 13—3　财务顾问的作用比较

资料来源：Lazard Freres，2005。

周转咨询行业的竞争格局是这样产生的：20 世纪 80 年代中期到晚期，市场是被会计公司和那些在高度杠杆重组潮流（主要是运气不佳的杠杆收购和杠杆重组）中发行了大量债务的大型投资银行的活动主导的。例如，Drexel Burnham Lambert 就是20 世纪80 年代庭外重组的主要支持者。20 世纪90 年代早期，随着第11 章破产的大型公司的大量增加，一些大型的投资银行（除日益增长的小型银行个别部门以外）开始填补由大型投资银行保险公司利益冲突带来的新的领域。甚至这些小型银行（它们有时是大型会计公司或投资银行的分支）也在2001 年至2005 年间大量出现，并且大型保险公司开始将资源投入到危机再筹资中，尤其是在并购活动减少以后。

除这些顾问和咨询者以外，一个提供在破产舞台上筹集资金（例如执行债务人（DIP）融资）以及从筹资舞台上退出的相当活跃的银行市场也出现了。很多主要的商业银行和一些公司，例如 GE Capital，Congress Finance 及 CIT Finance 等，成为这一市场的重要参与者。

尽管非常明确的是它们的作用并不是互斥的，但周转顾问在充当公司资产（以危机管理者而闻名的经营顾问）和债务（重组银行和会计人员）重组顾问方面发挥着很大的作用。这一领域内的专家人数在 2005 年迅速膨胀为全球超过 20 000 人，他们中的大多数都是目前正日趋重要的周转管理协会（Turnaround Management Association，TMA，网址 www. turnaround. org）的会员。这一总部设在伊利诺伊州芝加哥的专业性、教育性及网络组织 2005 年中期在全球有 34 家分会（27 家位于美国，澳大利亚、新西兰、英国、日本和法国各一家，加拿大两家），大约 7 000 名会员。①

周转管理者可以被雇用来协助公司避免破产申请，或如果已经处于法定的破产状况下，协助公司资产和负债的重组过程。同时在这两个领域内发挥作用的最近的周转咨询公司的例子是 Kroll，ZolfoCooper，它协助 Krispy Kreme “保持活力” 避免破产，同时在 2005 年协助 Enron 公司结束第 11 章，清算资产，处理债权人问题。其他的大型周转管理咨询公司有 Alvarez 和 Marsal 以及 AlixPartners，这些公司通常也提供财务咨询和资本结构咨询。这三家公司都是相当大的，每家公司都有全职员工 300 多人，但是大多数周转管理公司都是很小型的，一般只有低于 10 人的全职咨询顾问。② 通常情况下，这些专家之前都有作为公司管理者在筹资、市场营销、经营、人力资源以及信息系统方面的全职工作经验，并且曾经为状况不佳的公司工作过，协助公司复兴。除主要的经营作用以外，这些公司还经常协助例如债权人协商、现金管理，甚至战略管理方面的工作。在过去的 10 年中又出现了一个处理公司危机中的复杂重组问题的新职位——首席重组官（chief restructuring officer，

---

① 两个作者都以学术顾问委员会会员的身份为 TMA 服务，与市场参与者一起为这一组织的月刊，《公司复兴杂志》（*Journal of Corporate Renewal*）提供资料，同时参加包括仅探讨教育问题的定期会议。

② 在一些 20 ~ 100 人员工的公司中也有大量的能够提供全面咨询服务的周转管理专家，包括像 Huron，XRoads 及 BBK 这样的公司每家都至少有 100 位专业人员（参见 TMA 网站）。

CRO）。

来自于投资银行的公司重组顾问一般都倾向于处理资产负债表的“左方”，特别是协助危机公司的管理层（或周转专家）取得重组期间所需的资本。已经被证明在第 11 章过程的早期很关键的一种筹资方式就是执行债务人（DIP）融资，通过这种融资，新的债权人通常情况下具有比所有现行的债权人更高的优先权地位。我们在第 2 章和第 3 章中对这种筹资方式进行过详细的探讨。在重组期间的另一端是所谓的退出筹资，公司从第 11 章中出现必须具备一定的条件，即经济上合理的，能够为公司站在持续经营角度上提供足够营运资本的资本结构。

一些专门为债务人提供咨询的大型重组顾问是小型的投资银行，例如 Lazard Freres，Blackstone Group，Miller Buckfire，N. M. Rothschild & Sons，Evercore 及 Greenhill 等，当然也还有一些像 Miller – Mathis 等的小型成功运作。在债权人咨询方面，最大的顾问应该是 Houlihan Lokey Howard & Zukin，Jefferies，Chanin，FTI 和 Giuliani Partners。最后两个是从会计公司中分离出来的，或者是出售的会计公司部门。

破产改革法案

在 2005 年《防止破产滥用和消费者保护法案》（BAPCPA）之前，1978 年《破产法案》的规定在历史上限制了大型投资银行对第 11 章重组工作的参与，尤其当该银行是破产前三年内债务人证券的承销商的时候。尽管这种规定存在例外情况，并且有时为排除主要的投资银行公司必须由利益相关集团采取正式的上诉程序（例如，2005 年 Trump Casinos & Enterainment 进行第 11 章程序时按照债务人顾问的建议从 UBS 到 Lazard 的转换），但大型证券承销商如果不是无偏见的专业人员则通常都会受到限制。

随着 BAPCPA 的通过，危机公司顾问工作的竞争领域有了些许的变化。2005 年 4 月 17 日签发并于 2005 年 10 月 17 日生效的该法案既对公司破产有影响，也对消费者申请有所影响。现在，只要在筹资或导致破产的其他咨询工作之间没有明确冲突的话，那么该法案都允许之前未包括在内的投资银行担任顾问。无偏见条款仍然要求公司没有与其他集团或任意阶层的债权人以及权益证券持有者由于与债务人的关系或联系或利息而产生重大利益冲突。因此，尽管目前或者之前的证券承销商可能被认定不是无偏见的，但其他无偏见的投资银行公司前景仍然可以是非常好的。这会导致两种情况：一是危机公司顾问的市场份额的丧失；二是这些公司或个人直接被大型投资银行所购买。费用可能也会比较具有竞争力，但不要把赌注加在这上面！

我们提倡，不论周转管理者（试图在申请第 11 章之前或者在破产重组过程中挽救公司）还是重组债务人顾问，都可以有效地利用危机预测信用评分模型作为早期预警工具，以评估公司的财务健康程度或在出现时作为公司重组后的健康晴雨表。如果公司看起来仍然像危机的失败公司，那么随后出现危机（实际上就是第

22 章状况）的可能性就要远比公司恢复的可能性高得多。不幸的是，因为第 22 章或其他形式的持续危机（例如危机销售）发生的频率非常高，重组过程通常都不是成功的。实际上，在一项成功的第 11 章案例研究中，Gilson（1997）发现具有大量债务或经营问题的公司出现过于频繁，而 Hotchkiss（1995）发现出现公司通常并不如其行业对手表现得好。另一方面，Eberhart，Altman 和 Aggarwal（1999）却发现在第 11 章后的一年交易期间，出现公司确实表现非常出色。最近（2003—2004）的证据（例如 J. P. Morgan 2004）也支持了这一结论。

总之，我们提倡看起来具有持续经营能力的公司得以出现，并且可以尽可能利用类似权益的证券，包括期权和对次级债权人及原有权益持有者的担保权，以减轻“新”公司在出现后的前几年内固定成本债务的沉重负担。

13.12 政府机构和其他购买者

很多大型的美国政府机构都有这样一种政策，即如果它们发生危机，它们可以在政府的支持下给卖主设置阻力，以保持自己的权利和独立地位。一个相关的问题是卖主是否能转移已签订契约的商品和服务。经过多年研究，我们发现，被政府部门和其审计人员常用的一个筛选方法就是 Z-Score 模型。例如，与政府的会计审计机构一样，美国防御部也有这种政策。如果一家公司被 Z-Score 模型筛选为状况较差的公司，那么它将被进行更仔细的筛选，并且（或者）作为可能的卖主予以通过。这样做，不论政府还是那些向联邦政府寻求机会成为或保持供应商地位的公司都能够理解有关利用自动化的财务预警模型的优缺点，例如 Z-Score 模型。我们特别建议使用这些方法的机构要同时使用其他的筛选方法，特别是例如同卖主的现行顾客进行面谈等定性化的方法。

购买代理人使用的财务筛选模型不能仅限制在公众机构使用上。实际上，私人公司也应该非常关心其供应商的健康程度，这在购买方对其产品实行类似即时制（JIT）存货方法的情况下尤其重要。例如，计算机制造商，如 IBM 或戴尔，它们必须确定其 PC 上的键盘必须在计算机的其他部件准备装船运输的特定时间可以得到。卖主以及生产厂家自身的健康程度同样非常关键的另一个行业是 2005 年的美国汽车行业。随着其虚弱状态越来越明显，持续经营及保持活力的可能性已经成为很严重的问题。事实上，已经有一些中到大型汽车零部件供应商在 2004 年和 2005 年就已经申请了破产保护（例如 Intermet Corp.，Tower Automotive 及 Collins & Aikman）。

与制造商有关的一个问题是如果卖主正经历持续亏损，并且面临着失败的风险而不得不紧急融资时支持卖主的成本。这种情况在日本非常普遍，而且还将继续发生下去。

下面我们在第 14 章中将探讨危机预测信用评分模型的最后应用，即可以被危机公司自身所采用。

第 14 章 危机预测模型：推动变化的催化剂——管理财务周转[①]

经常有管理者和分析师问我们这样一个困难的问题："既然你们的模型已经认为公司具有高度的失败倾向，那么我们应该做些什么以防止这种灾难的发生呢?" 我们不是经营中的管理者，也不是周转顾问，因此我们只能耸耸肩膀，抱歉地回答，"为自己找新的管理层或危机管理专家，"或者更令人不满意的答复，"这是你们自己的问题!" 不容置疑，这些回答是不会有掌声的，而它们也并没有真正地反映出预警系统的精神。当预警系统位于其他方面，如医药、天气或军事科学等时，这样的系统通常意味着指定的复原活动。但不幸的是，早期预警系统的管理科学应用通常对公司来说都是非常独特的，很难使复原方法大众化。

我们对这一重要的、必然的危机预报结果的态度有了一些改变。一个很重要的突发事件告诉了我们一个很有价值的教训，我们相信可以将这种经验教训传递到其他的危机状况中去。这一教训不是从概念化的、学术化的问题分析中产生的，而是由一名非常卓越的首席执行官（CEO）在运用 Z-Score 模型（第 11 章）解决现实世界中的问题中产生的。让我们回顾一下 GTI 公司的例子，这是一家为计算机、汽车和电子行业生产零部件、子系统和加工配件的公司。GTI 公司在美国股票交易所上市，James LaFleur 做该公司的 CEO 做了很多年。尽管这一事件发生在大约 30 年前，但在 2005 年的今天它仍然像在 1975 年一样具有相关性。

14.1 财务模型的主动及被动应用

统计数据表明预测模型在商业研究中已经有了很长时间的应用。通常情况下，这些模型是由科学家建立的，并由那些与模型衡量没有关系或不影响模型衡量的观察者进行测试。结果是，如果有效，则模型可以非常令人满意的精确性预测事件，商业分析师就可以认为其具有合理的信任程度。正如我们在上一章中简单探讨的，用于信用分析、投资者分析等的这种预测模型的被动应用忽略了主动利用它的可能

① 本章是从 E. Altman 和 J. LaFleur 的一篇文章中取得并修改的，"Managing a Return to Financial Health," *Journal of Business Strategy*（Summer 1981）。Michael Ball（Inc.，December 1980）为大众出版社撰写了 GTI 的周转经历。

性。在预测模型的主动应用中，观察者的作用被转为了参与者的作用。例如，管理者可能主动运用与公司商业事件有关的预测模型去影响模型的衡量。管理者可能会根据模型参数的建议来进行决策，以控制其预测。

在我们将要讨论的特定案例中，Z-Score 破产预测模型是被主动用于管理处于破产边缘的 GTI 公司的财务周转的。公司进行了一系列的管理决策以衬托模型的破产预测。这些决策中的大部分都是以考虑对模型中财务比率的影响为特定动机的，它们直接导致了公司的恢复以及公司财务基础的构建。

在本书之前的部分我们指出，只要有迹象表明公司正朝着破产方向发展，也就是说，其总体财务指标与过去已经破产的其他公司已经一致，那么公司管理层就可以宣告破产。它使 GTI 公司，特别是由 Jim LaFleur 阐明并实施的管理战略，彻底地转变了模型的方向，显示了其帮助转移破产、重新规划商业战略的能力。

14.2 Z-Score 告诉了 GTI 什么

Jim LaFleur 毕业于加州工学院，是一个成功的企业家和商业行政人员，他最近已经退休了，但仍然保持着一些公司的董事资格，其中一家就是 GTI 公司。1975 年的前 6 个月，GTI 已经经历了以下财务结果：

营运资本减少 600 万美元。

留存收益减少 200 万美元。

发生 200 万美元损失。

净值从 620.7 万美元减少到 437 万美元。

权益市场价值减少 50%。

销售收入减少 50%。

LaFleur 以前在 *Boardroom Reports* 上看到过一篇关于 Z-Score 模型的文章。LaFleur 很快意识到把这一破产预测用于 GTI 的潜在用途。如我们在第 11 章中所阐述的，原始的 Z-Score 模型是这样的：

要素	定义	加权后要素
X_1	营运资本/资产总额	1.200
X_2	留存收益/资产总额	1.400
X_3	息税前利润/资产总额	3.300
X_4	权益市场价值/负债账面价值	0.600
X_5	销售收入/资产总额	0.999

LaFleur 是审计委员会的成员，他被要求替换现行的 CEO。将以上 5 项比率的数值代入公式，LaFleur 利用 Z-Score 模型计算了 GTI 的情况，Z-Score 的值是 0.7。在这一水平上，预测模型指出的是具有高度破产可能性的财务危机状况。当把更精确的数字代入 Z-Score 模型，它的值更低了，达到了 0.38，仅是上一计算结果的一

半。症状已经非常严重了。

14.3　一种补偿工具

除能作为公司状况恶化的征兆外，Z-Score 模型还可以被看作是补偿的管理工具。预测模型中的 5 个财务比率是 Z-Score 模型运用的关键，不论是向上运动还是向下运动。由于 GTI 公司之前的管理层在不经意间实施了令这些比率下降并且进而导致了 Z-Score 值下降的战略（如图 14—1 所示），GTI 新的管理层决定采用主动的管理行动以扭转这种局面。但在每项决策之前，LaFleur 和他的团队都模拟了决策对模型的影响。在 Z-Score 模型中固有的一个信息是，未充分利用的资产可能是造成公司财务状况恶化的一个最主要原因。这种恶化在 GTI 公司已经发生了很多年。公司的资产总额已经增长到与其他财务要素不成比例的程度。我们在很多公司失败中发现了这种情况，尤其是一些大型公司的失败案例。

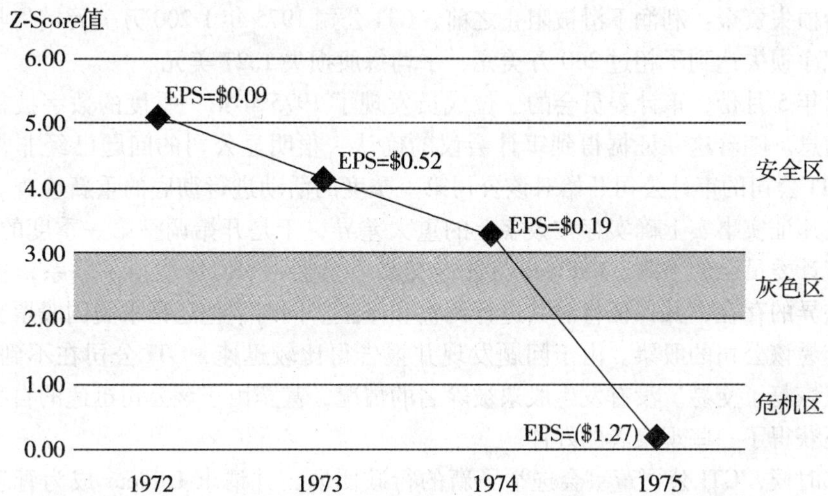

图 14—1　Z-Score 危机公司预测模型：GTI 公司的应用（1972—1975）

通过回顾分析，LaFleur 认为 Z-Score 模型已经预测出了 GTI 公司向财务危机方向恶化的情况。例如，1975 年的历史数据表明 GTI 公司的 Z-Score 值至少从 1975 年春天前的两年内就开始急剧下降。

14.4　采取迅速的行动

1974 年年底，GTI 公司的 Z-Score 值接近了灰色区，其每股收益（EPS）已经下降至 0.19 美元。这样看来，GTI 公司的 Z-Score 值已经下降了很多年，即使在公司利润增长的年份也在下降。这是预测有效性的进一步证明，证明了它能帮助建立有助于公司恢复的战略的能力。

14.5 增长热潮的影响

两年多来，LaFleur一直谨慎地避免采取过于激进的公司债务政策以及GTI公司经营的过度扩张。但不幸的是，预警没有受到任何影响。与该行业内大多数公司一样，GTI公司经历了20世纪60年代高度竞争的增长热潮。在那些年中，很多管理者几乎将全部的注意力都集中在了利润（P & L）表上，他们愿意借入能够使其销售收入和利润增长的任何必需的资金。随着股票价值的增加，他们希望在未来能够获得非常乐观的权益资金用以支付其累积债务（这种想法是否与20世纪90年代晚期的感觉相似?）。这种战略的效果一直非常好，直到1972年的经济低迷时期。那时由于利润下降，很多公司发现在几年前非常容易处理的债务支付问题现在变得非常困难。但GTI公司，与其他公司一样，不顾经济情况已经发生了变化仍然继续追求这种相同的战略。这一战略确实奏效了一段时间。但到1975年年初，GTI公司开始损失资金。利润下滑被阻止之前，GTI公司1975年1 200万美元销售收入上的累积净损失达到了超过260万美元，平均每股损失1.27美元。

同年5月份，审计委员会的一位成员发现了1975年第一季度的数字披露不准确的信息。随着这一证据得到审计会议的确认，很明显公司的问题已经非常严重了。GTI公司的审计公司开始对该公司第一季度的活动进行彻底的重新检查。审计人员迅速证实事实上确实存在数字上的重大差异，于是开始调整第一季度的数字。作为审计委员会的主席，LaFleur与证券交易委员会（SEC）取得了联系，主动承认了差异的存在，并保证将对其进行调整和修正。同时，他还请求美国股票交易所停止交易该公司的股票。由于问题发现并报告得比较迅速，GTI公司在不到10天内就又恢复了交易。没有发生股票被除名的情况，甚至由于该公司迅速的自我检查活动还获得了一些观察者的好评。

那时候，GTI公司董事会选举了新的行政团队，并请求LaFleur成为管理层的一员，接管主席和首席执行官的位置。由于LaFleur在前几年中观察到GTI公司利用债务为其经营筹资，甚至名义上的销售收入和利润都很高，他决定寻找深层次的问题。没有花费多长时间问题就发现了。已经失去控制的存货显示了其自身已经成为公司资产膨胀的一个主要原因。在很多情况下，被退回的商品就被放置在一边，没有进行正确的处理。因为这种情况，产品和销售收入已经不成比例。同样，这些症状在危机公司中也是非常普遍的。

14.6 战略的开端

由于有证据表明公司存在过多资产，于是公司开始构想恢复战略，其主要目标是寻找方法大量减少GTI公司的资产总额，但尽可能不对Z-Score模型中各比率的分子数值造成严重影响，即营运资本、留存收益、息税前利润、权益市场价值及销售收入。GTI公司开始寻找没有被有效利用的资产，也就是不赚钱的资产。这些资产一经确认就被出售，然后用其收入减少公司的债务。构想出这样一个战略以后，LaFleur开始实施消除GTI公司过度资产的行动。剩余存货以非常快的速度被出售，有的甚至是按照废品的价格处理的。这样做的结果是所有的5项指标分母都同时减少了。仅仅出售资产是不够的，收入必须尽可能被利用才行。GTI公司的Z-Score值相应有所回升。

尽管破产预测开始是为观察者分析公司状况而设计的，但GTI公司把它当作了管理公司事务的一种手段，因此实际上这种预测模型已经成为GTI公司为避免公司破产而采取的主动战略的组成部分。

14.7　停止现金流出

很快GTI公司的现金流出就被止住了。对两家不盈利的西海岸工厂的员工在10天之内进行了削减，同时总部的公司员工人数也从32人削减到了6人。一年之前，当公司的利润是150万美元时，公司员工费用竟超过100万美元！所有的资本项目都予以冻结，仅允许最关键的生产需要、维修和维护。GTI公司向其债权人要求了额外的短期信用，然后努力抓紧进行收款。存货被置于严格的控制之下。这些措施生效了，它们使现金和费用得到了严格的控制，并且提高了债务清偿能力。进一步降低成本就需要作更多的分析了。GTI公司为每一家工厂建立了一个管理功能/地域矩阵——“工作与成本”表格。这一表格列示了每一执行人员的工作、执行工作情况以及这些工作给公司带来的成本是多少。如果出现重复的内容，则工作就被合并。这种表格列示在图14—2中（每个功能/地域的实际金额没有显示）。如果不同地域内的收入不能弥补可确认成本，那么很明显就存在问题了。

	宾夕法尼亚	印第安纳	纽约	加利福尼亚	西弗吉尼亚①	
经营	1	1	1	1	1	5
市场营销	1	1	1	1	1	5
工程	1	1	1	1	1	5
财务	1	1	1	1	1	5
	4	4	4	4	4	20

图14—2　功能/地域矩阵

①　原书此处为West Germany，疑为笔误。——译者注

14.8　在员工协助下寻找丢失的利润

员工与周转也有密切的关联。曾经对位于宾夕法尼亚州Saegertown的GTI最大工厂的250名员工发放过一份简单的调查问卷，征求他们在为什么该工厂不再盈利

问题上的意见。这里暗指的问题就是降低了 GTI 公司 Z-Score 分值的未充分利用资产问题。员工们知道错在什么地方！他们非常清楚如何改进机器的利用效率。有很多建议都被采纳了，生产力随之得到了提高。但最后这家工厂被出售了，生产线被转移到了别的地方。几个星期以后，同样的问题又在位于宾夕法尼亚州 Hadley 的 GTI 工厂进行了提问。这些员工的回答导致了从职责到生产线的全面组织转换，大大提高了公司资产的利用效率。因为工厂的员工参与到了这些转换活动中来，因此他们真正促成了重组的成功。几星期以后，这家工厂就开始恢复盈利。实际上，盈利性的生产线是从 Saegertown 转移到了 Hadley。

随着时间的推移，这些盈利成了公司其他部门创造利润的预兆。尽管由于这些盈利的存在使得 Z-Score 值并没有攀升很多，但它确实有了一定的反应。到 1976 年中期，也就是公司向下倾斜三年以后，该公司的 Z-Score 值达到了最低点，然后开始回升。GTI 公司开始转危为安。

14.9 出售生产线

尽管成本降低和利润增加使问题得到了缓解，但 GTI 公司仍然需要更强劲的恢复行动。功能/地域矩阵分析被扩展到产品，并且被用于评价整个公司的产品盈利能力。公司制订了计划，决定清除失败者，巩固优胜者。结果公司在 1976 年晚期出售了它的一个主要的未充分利用资产。GTI 公司的石英基础生产线似乎相当发达，但产品矩阵分析却显示了不同的结果。该石英基础与 GTI 公司的其他产品是不互补的，尽管该生产线过去的表现是盈利的，但其产品需求很有可能下降。为保持将来良好的竞争实力，这条生产线同时还要求要有大量的资本。出售石英基础生产线取得的现金被用于减少公司债务。资产总额和债务的同时减少带来了引人注目的效果，Z-Score 的值从低于 1.0 一下跳跃到了 2.95。仅利用了一项交易，GTI 公司就将 Z-Score 预测模型一路攀升到了“安全”区。尽管对于外部的观察者来说，该公司实际转危为安又花费了一年半的时间，但是 LaFleur 感觉到公司通过出售石英基础生产线已经全面走上了恢复之路。公司已经从几乎注定要破产的状态回到了可以思考新产品的良性状态。在不到 18 个月的时间里，Z-Score 值从接近死亡破产区的 0.38 一路攀升到 Z-Score 的安全区（如图 14—3 所示）。由于对该模型具有足够的信心，GTI 公司开始将 Z-Score 紧紧地置于安全区中。由于公司稳定性和盈利性的加强增强了 Z-Score 方法的说服力，GTI 公司总部人员开始考虑被提议的新产品或经济交易会如何影响正处于上升趋势的 Z-Score 值。另外，GTI 公司还将产品估价矩阵从简单的盈亏扩展到了资产报酬率的多年预测上，这涉及要按每个产品对预计的营运资本和资本性支出要求作仔细的调查。分析者们提出了在公司想要拓展现有市场情况下的成本的水平。

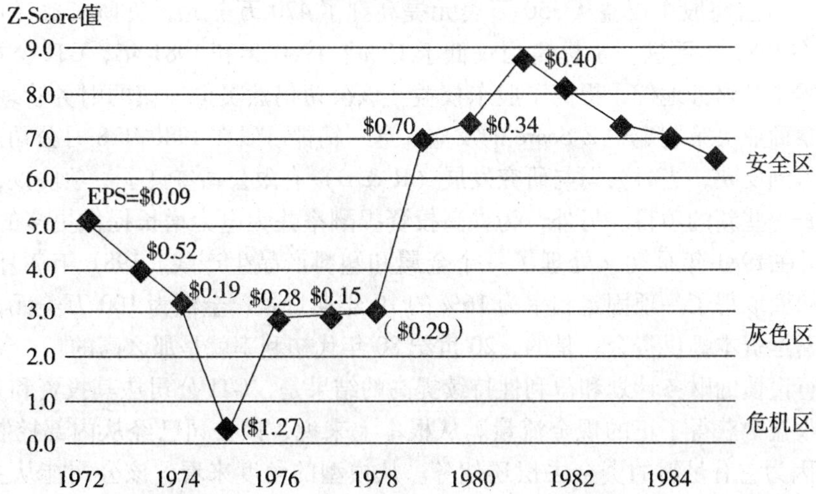

图 14—3　Z-Score 危机公司预测模型：GTI 公司的应用（1972—1984）

14.10　经营成果

在进行这项计划的同时，GTI 公司继续在经营方面取得进展，1976 年以 0.28 美元的每股收益结束，同时 Z-Score 值得到了提高。1977 年，每股收益下降到 0.15 美元，1978 年至 -0.29 美元，但随着财务状况的总体好转，GTI 公司的 Z-Score 值一直在缓慢回升。该公司甚至以取得的资产为担保购买了一家竞争公司的玻璃密封生产线，但对 Z-Score 值没有重大的负面影响。

随后在 1978 年，GTI 公司利用关闭整个的陶瓷容器生产部门并将其资产出售的方法再一次提高了 Z-Score 值。但同样以出售未充分利用的资产偿还债务战略为基础的这一交易进行的太晚了。这是一种个人情绪影响合理的、正确的战略的情况。尽管 Z-Score 战略始终建议它应该被处理，但 LaFleur 一直在犹豫是否应保持这一技术上比较先进的生产线。但尽管延期了，这项困难的处置决策最后终于还是达成。关闭陶瓷容器生产部门并出售其资产后，GTI 公司 1978 年的最低每股收益还是亏损 0.29 美元，但 Z-Score 值随着公司支付更多的债务而得到了提高。正如预期的一样，经营利润在整个年度中持续增加，为 1979 年开创了一个良好的开端。同样，资产减少战略仍然在继续实施中。

14.11　进入安全区

1978 年以后，GTI 公司的 Z-Score 值在安全区持续攀升，1979 年在销售收入为 2 100 万美元的情况下，税前利润达到了 190 万美元，每股收益达到 0.70 美元。从资产负债表的角度来看，5 年之中 GTI 战略就使公司的负债权益比从 128% 下降到了30%，并且将股东权益从350万美元提高到了470万美元。负债权益（市场价值）比在1981年更进一步提高到仅低于10%！1980年和1981年，GTI公司又进一步巩固了其财务地位，提高了股东权益。该公司仍然贯彻谨慎的财务管理政策，密切观察商业决策制定中Z-Score的反应。这一精神可以在1980年8月公司采取的行动中得到反映，当时公司与研究发展（R & D）有限公司签订了一项协议，为该公司调查一些新的项目。另外，为提高投资报酬率并为电力增长提供更多的资金，GTI公司在1981年早期又处理了一个金属和塑料产品生产线。1981年7月，GTI公司经协商取得了一项固定利率为16%的10年期贷款，金额为100万美元，以为增长的营运资本提供资金。是的，20世纪80年代初利率就是那么高的！

实行谨慎的财务计划和盈利性持续提高的结果是，GTI公司从其投资和贷款组合的净收益中获得了正的现金流量。从根本上来说，该公司已经从内部控制了Z-Score，因为它有足够的资金去偿还债务。从模型的角度来看，该公司能从主观上影响和控制反映权益市场价值和流通债务关系的财务比率（X4）。GTI公司1979年的Z-Score值达到了7.0，并在1981年年底持续增加到8.8，这主要是由于X4比率提高的结果。这一提高在考虑到20世纪80年代初期的经济衰退，包括1980年盈利下降时令人印象更加深刻，在1992年被一家斯堪的纳维亚公司收购之前，GTI公司是在美国股票交易所上市交易。GTI公司在受约束的情况下，仍然作为经济健全部门在追求其新的途径。这种成功的主要原因就来自于实施由Z-Score破产预测模型建议的财务战略上。

14.12 GTI公司的经历及利用Z-Score模型作为成功周转晴雨表的结论

我们相信特定的预测模型是可以作为管理工具来使用的。与这一观点一致，GTI公司对Z-Score破产预测模型的应用被描述成一个特定的例子，说明了一个普通的被动的模型如何被主动应用并取得了巨大的成功。管理者被鼓励在谨慎选择和利用的同时，寻找和回顾与其公司活动相关的预测模型。良好的商业战略可以带来良好的效果。可以想象，目前已处于危机状况中的大量的公司可以从GTI公司当中获取经验，并且可以利用GTI公司已经采用的战略使其回到恢复之路上。

除将财务模型指定性地用于周转战略以外，我们提倡可以将Z-Score模型用作各种重组的晴雨表。我们经常听到周转管理者如何利用模型来说明公司已经到达的危机程度。另一个用途就是在将公司重组付诸行动之前测试重组的可行性，它不仅对于避免第11章状况非常重要，而且能够大大减小第22章状况的可能！

第15章 估计违约债务补偿率①

在本书前面章节中，尤其是第7章和第11章，我们探讨了在信用交易中对估计相应的违约概率非常有帮助的模型和程序。与估计交易的违约损失率（LGD）具有同等重要性的是违约证券（例如债券或贷款）的预期补偿率（RR）。预期与非预期的LGD都是当巴塞尔委员会最终在2004年实施了其建议，对世界范围内银行持有的信用资产明确资本要求时提供支持的重要变量。补偿率通常被定义为刚刚违约之后证券的市场价格，它是被市场从业人员进行定价时分析的两大关键变量之一，也是非常重要的信用衍生市场上的其他变量。

补偿也是在重组，通常是第11章，期间末进行衡量的，此时的预期补偿率或金额被特指为“最终补偿率”。这一变量的重要性在标准普尔2003年年末发布的一项公告中得到了加强，这一公告指出，标准普尔将指定一种“补偿率”作为大型商业和机构担保贷款的违约后名义本金的最终补偿率估计值。②

Fitch评级公司也紧随其后，于2005年2月宣布它正在考虑引入一种涉及低级别投机等级证券的“违约评级和补偿范围”的新的评级计划。③ 这样做，两个评级机构就都能够确认市场对信用风险的两个主要要素（PD和RR）的不同信息需求。穆迪投资公司多年以来一直认为它的信用评级综合考虑了PD和RR的估计结果，因此暂时（2004年及2005年）坚持将这两大要素区分开来。但我们希望穆迪会尽快出台它自己的补偿率形式。

15.1 补偿率理论

三大主要变量会影响金融资产的信用风险，它们是：（1）违约概率（PD）；（2）违约损失率（LGD），它等于1减掉违约事件中的补偿率（RR）；（3）违约时风险（EAD）。由于信用风险文献的大部分注意力都集中在了第一个因素（PD）的估计上，因此只有很少的注意力被集中在RR的估计以及PD和RR之间的关系上。这主要是由于两种相关的因素造成的：第一，信用定价模型和风险管理应用往往趋向于将注意力集中在信用风险的系统性风险上，因为系统性风险才是吸引风险

① 作者感谢Brooks Brady（标准普尔），Andrea Resti及Andrea Sironi（都来自米兰的Luigi Bocconi大学）对本章内容的协作。章节的各个部分选自Altman，Resti和Seroni（2005a，b）。

② 标准普尔的补偿率范围涉及补偿风险的6个种类，从1+=本金全额补偿的最高期望（100%），直到5=本金的可忽略补偿（0~25%）。标准普尔将继续提供其传统的信用评级，它反映的是违约风险和优先权要素。参见Altman，Resti和Sironi（2005b）中的Chew和Kerr（2005）。

③ Fitch的最终补偿范围，如果成立的话，将把证券范围固定为R1（高补偿）到R6（低补偿），它被建议仅应用于全球范围内的B级或以下证券，包括结构化的金融工具。

溢价的主要原因；第二，传统上，信用风险模型假设 RR 是独立于个别公司特征（例如抵押或优先权）的，它们对系统性风险没有反应，是独立于 PD 的。

传统的这种聚焦于违约分析的做法随着最近研究 RR 估计值及 PD 和 RR 之间关系的研究大量增加得到了部分转变（Fridson，Garman 和 Okashima 2000；Gupton，Gates 和 Carty 2000；Jokivuolle 和 Peura 2003；Altman，Resti 和 Sironi 2001，以及和 Brady 2003；Frye 2000a，2000b，2000c；Hu 和 Perraudin 2002；Jarrow 2001）。这也是 1999 年至 2002 年间违约率升高，同时补偿率下降的部分结果。更为普遍的是，最近从很多国家取得的证据表明担保价值和补偿率可能是不稳定的（例如 Franks 和 Sussman 2005），另外当经济低迷时期违约数量上升时它们正好是趋于下降（Schleifer 和 Vishny 1992；Altman 2001；Hamilton，Gupton 和 Berthault 2001）。

本章首先详细地回顾了过去 30 多年中建立起来的信用风险模型对待补偿率的方式，尤其是它与债务人的违约概率之间的关系。这些模型可以被分为两大类：信用定价模型和投资组合信用风险价值（VaR）模型。信用定价模型依次又可以分为三种方法：（1）第一代结构形式模型；（2）第二代结构形式模型；（3）简化形式模型。我们将回顾这三种方法及其基本假设、优点、缺点和实证业绩，另外我们还将对 VaR 模型进行检验。我们还将回顾更多最近的有关建立模型并对 PD 和 RR 关系进行实证调查的研究，我们还将评估违约债券和贷款上的补偿率信息以及违约和补偿率之间的关系。

15.2 信用定价模型

15.2.1 第一代结构形式模型

第一类信用风险模型包括以 Merton（1974）利用期权定价原理（Black 和 Scholes 1973）建立起来的原始框架为基础的模型。在这一框架中，公司的违约过程是由公司的资产价值驱使的，因此公司违约的风险与公司资产价值的变动性明确相关。正如第 11 章中所介绍的，Merton 模型背后的基本原理是非常简单的：当公司资产价值（公司的市场价值）低于负债价值时，发生违约。因此，债务到期时对债务持有人支付的金额应该是以下两个数值中的较低者：债务的账面价值或公司资产的市场价值。假设公司的债务全部都是零利息债券，如果到期时公司的价值高于债券的票面价值，那么债券持有者就可以收回债券的票面价值。但是如果公司的价值低于债券的票面价值，那么股东将一无所得，债券持有者能够收回公司的市场价值。因此，到期时对债券持有者的支付就等于债券票面价值减掉公司价值的卖出期权，该期权执行价格等于债券的票面价值，到期日为债券的到期日。按照这一基本原理，Merton 推导出了一个明确的风险债券的公式，它既可以被用于估计公司的 PD，也可以用于估计风险债券和非违约债券之间的收益差别。

除 Merton 之外，第一代结构形式模型还包括 Black 和 Cox（1976），Geske（1977）以及 Vasicek（1984）。这些模型都试图通过去除 Merton 原始框架中的一个或多个不现实的假设来对其进行修正。Black 和 Cox 引入了具有次级债务的更复杂的资本结构的可能；Geske 引入了有息债务；Vasicek 引入了短期负债和长期负债的区别，而这目前代表了 KMV 模型的一个与众不同的特征。①

在这些模型中，包括违约和违约时补偿在内的所有相关的信用风险要素都是公司结构特征的函数：资产水平、资产波动性（商业风险）和杠杆（财务风险）。因此，当对债权人的支付是违约公司资产剩余价值的函数时，RR 是一个内生的变量。更确切地说，在 Merton 的理论框架中 PD 和 RR 是负相关的。例如，如果公司价值增长时，它的 PD 趋向于降低，而预期违约时 RR 则会升高（其他情况均相同的情况下）。另一方面，如果公司债务增加，那么其 PD 将会增加，而违约时预期 RR 会下降。最后，如果公司资产的波动性增加，其 PD 会增加，而违约时预期 RR 会降低，原因是资产的可能价值相对于债务水平来说可能会相当低。

尽管在 Merton 方法之后进行的研究已经证明其在阐述信用风险定价的重要定性因素方面非常有用，但在实践应用中它并不是很成功。② 这种不成功有几个原因：第一，按照 Merton 模型，公司仅在债务到期时违约，但这种情况在现实中是比较少见的；第二，对应用于资本结构中有不同等级债务（复杂资本结构）的公司债务违约风险评估模型来说，不同债务的优先权结构必须予以区分。同样，这一框架还假设由于债务是按优先权的顺序进行支付的，因此绝对优先权规则与违约存在密切关联。但是一些实证研究的结果，例如，Weiss（1990）及 Franks 和 Torous（1994）却表明，绝对优先权规则经常会被违反。另外，基本 Merton 模型中对数正态分布（而不是肥尾分布）的应用在违约情况下有高估补偿率的倾向。

15.2.2　第二代结构形式模型

为弥补这些不足，另一种方法被建立了起来。这种方法在违约程序方面仍然采用原始的 Merton 框架，但同时去除了模型的一个不现实的假设，即当公司资产不足以支付债务时仅在债务到期时才发生违约。在这种方法中它假设，违约可能在债务发行至到期期间的任何时间发生，认为违约是当公司资产的价值开始达到一个非常低的水平时引发的。③ 这些模型包括 Kim，Ramaswamy 和 Sundaresan（1993）；Hull 和 White（1995）；Nielsen，Saà – Requejo 和 Santa – Clara（1993）；Longstaff 和 Schwartz（1995）等。

按照这些模型，违约情况下的 RR 是外生因素，是独立于公司的资产价值的。

① 在第 11 章探讨的 KMV 模型中，当公司的资产价值低于一定的下限时，发生违约。该下限是全部的短期负债及一半长期负债的合计金额。

② 权威的参考文献是 Jones，Mason 和 Rosenfeld（1984），他们发现，即使对于资本结构非常简单的公司来说，在对投资等级公司债券定价方面 Merton 类型的模型还是不比假设没有违约风险的不敏感模型做得好。

③ 以这一框架为基础进行的最早研究之一是 Black 和 Cox（1976）。但在对待补偿率方面它不包括在第二代模型中。

它通常被定义为公司流通债务价值的一个固定比率，因此与 PD 是相互独立的。例如，Longstaff 和 Schwartz 在观察了可比公司不同等级债务的违约历史和补偿率后提出，我们可以建立可靠的 RR 估计值。在模型中，他们考虑了利率的随机结构，另外还考虑了违约和利率之间存在的关系。他们发现，违约风险和利率之间的关系对信用差价具有非常重大的影响。① 这种方法在两个方面简化了第一代模型，一个是在违约的情况下外在性地将现金流量列入风险债务，另一个是简化了破产过程。后者发生的条件是公司基本资产的价值达到了某一特定的外在边界。

除与 Merton 的原始框架有关的这些改进以外，第二代结构形式模型仍然面临三个主要的缺陷，这些缺陷也解释了与之相关的实证业绩较差的主要原因。② 第一，它们仍然要求公司资产价值的估计变量，而这是很难观察到的。实际上，与 Black－Scholes 权益期权定价模型的股票价格不同，公司当前的市场价值是非常难取得的。第二，结构形式模型不能与违约风险公司债务中发生非常频繁的信用评级变化结合起来。大多数的公司债券在其实际违约前就已经经历了信用降级。因此，任何信用风险模型都应该将与信用评级变化相联系的不确定性以及违约的不确定性纳入考虑范围。最后，大多数结构形式模型都假设公司的价值在时间上是连续的，因此违约的时间可以被预测为刚刚发生之前，正如 Duffie 和 Lando（2000）中指出的，这并不是“意外的惊喜”。换句话说，不用借助于所谓的跳跃传播过程就可以确切地得知公司的 PD。

15.2.3 简化形式模型

为弥补结构形式模型的上述缺陷而进行的尝试导致了简化形式模型的产生。这包括 Litterman 和 Iben（1999）；Madan 和 Unal（1995）；Jarrow 和 Turnbull（1995）；Jarrow，Lando 和 Turnbull（1997）；Lando（1998）；Duffie（1998）；Duffie 和 Singleton（1999）。与结构形式模型不同，简化形式模型不以公司价值为违约条件，与公司价值有关的参数也不需要进行估计。另外，简化形式模型引入了两个明确的独立假设，即假设 PD 和 RR 都是动态的。这些变量在建立模型时与公司的结构特征、资产波动性及杠杆水平相独立。总之，简化形式模型进行了一个外在的独立于 PD 的 RR 假设。另外，简化模型采用最原始的无违约利率的表现、违约时违约债券的 RR 以及违约强度的随机程序。在每一个瞬间，公司都会有对其债务违约的可能。这种可能和违约情况下的 RR 随时间的不同可能呈现出很大的随机性，这些随机程序决定了信用风险的价格。尽管这些程序并没有与公司资产的价值正式关联，但它们之间大概是有些联系的。因此，Duffie 和 Singleton 将这种方法描述为简化形式模型。

从根本上来说，简化形式模型与典型的结构形式模型在违约的预测程度上是不

① 利用穆迪公司债券收益数据，他们发现，信用差价与利率负相关，风险债券的持续期间取决于与利率的关系。

② 参见 Eom，Helwege 和 Huang（2001）对结构形式模型的实证分析。

同的，因为它可以预测突然发生的违约。典型的简化形式模型假设是外在的随机变量导致违约的，任何时间段内的违约可能性都不为零。在随机变量经历离散变动时违约发生。这些模型把违约看成是不可预测的泊松事件。在以可取得的信息为基础的今天，离散变动发生的时间是不可预见的。

简化形式模型在确定 RR 参数的形式上有些不同。例如，Jarrow 和 Turnbull (1995) 假设当违约时，一种债券的市场价值将等于其他类似的非违约债券外在价值的一部分。Duffie 和 Singleton（1999）随后提出了一种当违约时的市场价值（例如 RR）确实是外部指定的时考虑信用差价期间结构的封闭形式的模型。他们的模型还考虑了依靠债券违约前价值的随机的 RR。尽管这一模型假设违约时预期损失的外在程序，也就是意味着 RR 是不依靠违约请求权价值的，但它还是考虑了违约风险等级过程和 RR 之间的关系。实际上在这个模型中，PD 和 RR 的表现都被允许依赖于公司特定的或宏观经济变量，因此相互之间是有联系的。

其他模型假设相同发行者、相同优先权和面值的债券在违约时具有相同的 RR，不管它的剩余到期日还有多久。例如，Duffie（1998）假设，当违约时，特定面值的债券持有者会收到固定的支付额（它与债券等级或到期日都无关）和与其他相同优先等级债券面值相同的部分。这允许债券持有者利用以穆迪等评级机构提供的统计数据为基础的补偿参数。Jarrow，Lando 和 Turnbull（1997）同时还考虑了不同的债务优先权对特定公司不同的 RR 的影响。不论是 Lando（1998）还是 Jarrow，Lando 和 Turnbull（1997）都利用了转换矩阵（信用评级变化的历史概率）来对可违约的债券进行定价。

有关简化形式模型的实证分析是非常有限的。利用 Duffie 和 Singleton（1999）的框架，Duffee（1999）发现这些模型很难解释在不同信用风险品质的公司间可观察到的信用差价的期间结构。特别是这种模型很难做到这一点，也就是，既在公司具有低信用风险时形成相对平滑的收益差价，又在公司具有高信用风险时形成幅度较大的差价。

最近将结构形式模型的好处（违约过程背后的清晰的经济机制）与简化形式模型的好处（违约的不可预知性）结合在一起的研究尝试可以在 Zhou（2001）中取得。它是通过将公司价值的演进过程模型化为跳跃传播过程来完成的。这种模型将 RR 与违约时的公司价值联系起来，因此 RR 的变化就是外部原因产生的，并且第一次在 Gupton，Gates 和 Carty（2000）及 Altman，Resti 和 Sironi（2001）中报告的 RR 和信用评级之间的关系也得到了验证。

15.3 风险模型中的信用价值

20 世纪 90 年代后半期，银行及咨询公司开始建立一种信用风险模型，目标是在预计置信区间内，衡量一个信用风险的投资组合在特定时间长度（通常为一年）内可以承受的潜在损失。这一做法是受到了信用风险管理重要性日益加强的极大鼓励，尤其是目前已经完成的巴塞尔Ⅱ在1999年的首次提出以及5年后的最终完成（巴塞尔银行监管委员会，2004年）。这些风险价值（VaR）模型包括：J. P. Morgan的CreditMetrics（现在的RiskMetrics）（Gupton，Finger和Bhatia 1997）；Credit Suisse Financial Products的CreditRisk +（1997）；McKinsey的CreditPortfolio View（Wilson 1998）；KMV的CreditPortfolioManager；Kamakura的Risk Manager等。

信用VaR模型可以被分为两大类：（1）违约模式（DM）模型，和（2）市场记号（MTM）模型。在前者中，信用风险被确认为违约风险，采用二项式方法。因此，这类模型只考虑两种可能的情况：违约和幸存。后者包括借款人信用可靠性的所有变化，从技术上来说这叫做信用转移。在DM模型中，只有当违约发生时信用损失才会增长。相反，MTM模型是多项式的，当消极的信用转移发生时信用损失也会增长。这两种方法基本上来说其模型数据是不同的：违约模式模型的比较有限，而市场记号模型的会宽泛得多。

信用风险模型的主要成果是信用投资组合未来损失的概率密度函数（PDF）。从这种损失分布的分析来看，金融机构既可以估计其信用组合的预期损失，也可以估计其非预期损失。预期损失等于（无条件的）损失分布的平均值，它代表了投资者在一定期间内（通常是一年）期望损失的金额。另一方面，非预期损失代表了与预期损失的偏离程度，它衡量了实际的组合风险，可以用损失分布的标准离差来衡量。这种方法只在正态分布的情况下才具有相关性，因此在信用风险衡量时很难发挥作用。实际上，信用损失分布通常都是不对称的，而且都是肥尾的，这意味着大额损失的可能性比与正态分布相关联的损失要高。通常情况下，金融机构都将信用风险模型用于评价为满足与其信用组合相关联的风险所必需的经济资本。在这种框架中，信用损失储备必须能够支付预期损失，① 而经济资本被视为非预期损失的后援。实际上，在其最后（2004年6月）的重复中，巴塞尔Ⅱ区分了这两种类型的损失。

信用VaR模型在很大程度上可以被看成是简化形式模型，其RR通常情况下被视为外在的常量或者独立于PD的随机变量。这些模型当中的一些，例如CreditMetrics，将违约情况下的RR视为一个独立于PD的随机变量，其通常都是通过贝他分布来予以模型化的。其他的，例如CreditRisk +，将其视为必须被确认为每一单个信用风险输入量的常量。尽管对这些模型的综合分析超出了我们回顾的范围，② 但强调一下所有的信用VaR模型都将RR和PD视为两个独立的变量还是非常重要的。

15.4 有关PD - RR关系的最新文献

在过去的三年中建立了很多对PD和RR之间关系进行模型化和实证调查的新

① 如Jones和Mingo（1998）探讨的，储备是用来支付预期损失的。
② 对这些模型的综合分析参见Crouhy，Galai和Mark（2000）及Gordy（2000）。

方法。这些模型包括 Frye（2000a，2000b）；Jarrow（2001）；Hu 和 Perraudin（2002）；Jokivuolle 和 Peura（2003）；Carey 和 Gordy（2003）；Bakshi 等人（2001）；Altman，Resti 和 Sironi（2001 及和 Brady 2003）；Acharya，Bharath 和 Srinivasan（2003）。

由 Frye 建立的模型来自于 Finger（1999）和 Gordy（2000）建议的有条件的方法。在这些模型中，导致违约的原因是一个单一的系统性要素，经济状况，而不是大量的相关参数。这些模型基于的假设是，使违约提高的相同的经济状况可能导致 RR 的下降，也就是说，高违约期间和低违约期间的补偿率分布是不同的。在 Frye 的模型中，PD 和 RR 都取决于系统性要素的状况。因此，这两个变量之间的关系是由它们与系统性要素的相互关系得来的。

Frye 理论模型背后的原理是非常简单的：如果一家借款人在其贷款上违约，银行的补偿率将取决于贷款的担保价值。与其他资产价值一样，担保价值取决于经济状况。如果经济状况是处于衰退期，由于违约率可能会升高因此 RR 可能下降。这使违约率和 RR 之间出现负相关关系。

由于 Frye（2000a）最初建立的模型暗示了补偿率是从确定担保品的等式中取得的，Frye（2000b）直接模拟了补偿率。这允许他利用美国公司债券数据的违约和补偿数据对其模型进行实证检验。为使结果更为精确，他在实证分析中使用了 1982 年至 1997 年间穆迪违约风险服务数据库中的数据。[①] 该实证结果证明了公司债券的违约率和 RR 之间的强烈负相关关系。这一结果与最近美国债券市场上的大多数数据保持一致，它说明 1999 年至 2002 年期间违约率和 LGD 是同时增长的。[②] Frye（2000b，2000c）的实证分析使他得出这样的结论，即在严重的经济低迷时期，债券补偿率可能比其正常年份的平均水平下降 20% ~25%。贷款补偿率也会下降相同的金额，但是是从更高的水平开始下降。

Jarrow（2001）提出了一种在债务和权益定价中含蓄地估计 RR 和 PD 的新方法。在 Frye 的模型中，RR 和 PD 是相关的，它们取决于宏观经济状况。但是 Jarrow 的方法明确地在估计过程中加入了权益价格因素，允许对 RR 和 PD 进行分别的单个确认，并采用扩展的具有相关性的一系列数据。除此之外，这种方法还在估计过程中明确加入了流动性溢价因素，根据风险债务和美国国库券之间收益差价的高波动性，这一因素应该被认为是非常关键的。

利用 1970 年至 1999 年四套不同的数据资料，Carey 和 Gordy（2003）对 LGD 衡量方法和它与违约率的关系进行了分析。他们的初步结论与 Frye（2000b）的发现形成鲜明的对比：单纯的违约率 - LGD 估计接近于零。但他们发现，如果将样本期间限定在 1988 年至 1998 年，那么估计的相关性就和 Frye 的结果比较一致了

① 1970 年至 1981 年期间的数据被从样本期间中去除了，因为用于计算年度补偿率的可取得的违约价格非常少。

② Hamilton，Gupton 和 Berthault（2001）以及 Altman，Brady，Resti 和 Sironi（2003）提供了这一现象的清楚的实证证据。

(优先债务0.45，次级债务0.8)。作者们假定在这么短的期间内，相关性提高不太多不是因为在低违约期间的1993年至1996年LGD比较低，而是因为在高违约期的1990年和1991年LGD相当高。因此，他们得出结论，Frye模型的基本原理可能并没有充分地体现出违约率和LGD之间的关系。实际上，较弱的或不对称的关系暗示了违约率和LGD可能会被经济周期中不同的要素所影响。

利用样本期间为1982年至2002年的违约债券数据，这其中包括2000年至2002年违约率相当高的年份，Altman，Resti和Sironi（2001）发现了与Frye的理论保持一致的实证结果：违约率和RR之间负相关。但是他们发现，经济业绩这一单个的系统性风险因素比Frye模型中提出的预测程度要小。他们的计量经济单变量和多变量模型在违约债券（违约率）的供应中扮演了一个主要的角色，并且表明，与代表高收益债券市场规模和经济周期的变量一起，这一变量解释了所有优先权和担保水平债券综合补偿率变动的大部分原因（接近90%）。他们得出结论，以供求关系为基础的简单的微观机制比以经济周期中依靠违约和补偿为基础的宏观模型导致综合补偿率的程度更大。在高违约的年份，违约债券的供应量趋向于超过需求量，[①] 因此导致了二级市场价格下降。这又依次给RR的估计带来了负面影响，因为它通常是用违约后很短时间内的债券价格来衡量的。我们很快将在实证部分回到违约和补偿率的关系上来。

利用穆迪的债券市场的历史数据，Hu和Perraudin（2002）也检验了补偿率和违约率之间的依存关系。他们首先按标准校对季度补偿率数据，目的是将因为存在等级的借款人随时间变化而出现的补偿率的波动剥离出来。他们发现，季度补偿率和美国指定支付地点的债务人发行的债券违约率的相关性，对1982年以后数据（1983—2000）来说是0.22，1971年至2000年间是0.19。利用极端价值理论和其他非参数方法，他们还在信用VaR方法上检验了这种负相关性的影响，并且发现当置信区间超过99%时增长是非常大的。

Bakshi等人（2001）加强了前面所介绍的简化形式模型的应用，他们将无风险利率的弹性相关性、违约概率和补偿率都纳入到了考虑范围。以评级机构公开出版的一些资料为基础，他们假设补偿率与违约概率呈负相关。他们在对一组BBB级公司债券的分析中得到了对这一假设的强烈支持，更确切地说，他们的实证结果表明，平均起来，每4%的（风险不确定）风险率恶化就与1%的（风险不确定）补偿率下降有关。

Gupton和Stein（2002，2005）对1981年至2004年间1 400多家公司的超过3 000个公司债券、贷款和优先股违约进行了分析，希望确定和测试穆迪的LossCalc模型在预测违约损失率（LGD）中的作用。他们的模型估计两个时点的LGD，即时和一年后，这为分析增加了一个持续期间的因素。作者们发现，考虑了微观变量（例如债务类型、优先权）、行业和一些宏观因素（例如违约率、领先指标的变化）

① 需求大部分来自于被称为秃鹫的小型投资者，他们故意要购买违约债券。这些投资者代表了固定收益市场上相当小（大约1 000亿美元）的但专门的部分。

的多因素模型在预测 LGD 方面比传统的历史补偿平均方法要好。

一个差别很大的方法是由 Jokivuolle 和 Peura（2003）提出的。作者们展示了银行贷款的一个模型，其中担保价值与 PD 是相关的。他们利用期权定价框架为风险债务建立模型：借款公司的资产价值总额导致了违约事件的发生。但是公司的资产价值并不决定 RR。于是，担保价值被假设为决定补偿率的唯一随机因素。由于这一假设，该模型可以利用外在的 PD 来完成，因此，公司的资产价值参数不需要被估计。在这方面，该模型综合考虑了结构形式模型和简化形式模型的特征。假设公司的资产价值与担保价值之间存在正相关关系，作者们得到了与 Frye（2000b）类似的结果，即违约率和补偿率之间负相关。

利用 1982 年至 1999 年观察到的美国违约证券的价格，Acharya，Bharath 和 Srinivasan（2003）发现优先权和安全性是补偿率的重要决定因素。虽然这一结果并不令人吃惊，它与以前对补偿率实证研究的结果是一致的，但它的第二个主要结论就比较惊人了，它关系到违约年份中行业特性和宏观经济状况的影响。实际上，违约时的行业状况被认为是补偿率最充分和重要的决定因素。这一结论与 Altman 等人（2001，2003）的结论一致，因为后者认为宏观经济状况对行业状况几乎没有影响。同样得到 Altman 等人（2003）强调的是，Acharya 等人提出，债券市场综合变量和在部分债券市场由于减税而刺激生产和投资作用产生的补偿率上升之间的这种联系可能是 Shleifer 和 Vishny（1992）的行业均衡效果的显示：宏观变量和债券市场状况似乎重拾了被忽略的行业状况的影响。行业因素在确定 LGD 中的重要性在最近 Schuermann（2003）进行的学术和从业者文献调查中得到了加强。

Frye（2000a），Pykhtin（2003）及 Dullmann 和 Trapp（2004）都提出了解释系统风险补偿率依赖性的模型。他们对 Gordy（2000）提出的单因素模型进行了扩展，假设补偿率遵循 log 正态分布（Pykhtin 2003）或 logit 正态分布（Dullmann 和 Trapp 2004）的形式。后一项研究实证比较了运用三种不同的模型所取得的结果。他们采用的是从标准普尔 Credit Pro 数据库中取得的违约率和补偿率时间序列，包括 1982 年至 1999 年间债券和贷款的违约信息。他们发现，以违约时市场价格为基础估计的补偿率远远高于利用重组（通常是破产）中出现时的补偿率取得的数值。这一研究的结果与以前的结果是一致的：系统风险是影响补偿率的重要因素。作者们指出，忽略这一风险要素可能导致对经济资本估计的向下偏移。

最后，Chabane，Laurent 和 Salomon（2004）在最近提出了一个考虑补偿率和违约事件相互影响的模型。他们从纯粹的理论观点出发，研究了大型信用投资组合的损失分布，并指出，与巴塞尔Ⅱ的“平均数”方法相比，不论是信用损失和标准的风险衡量方法，如信用 VaR，还是“预期不足”都是趋向于增加的（还可以参见 Resti 和 Sironi 2005）。

15.5 补偿率和正循环

Altman 等人（2001，和 Brady 2005）同样也强调了他们的结果对信用风险模型以及资本需求量的正循环[①]问题的影响。为评估信用风险模型上的违约率和补偿率负相关的影响，他们在一套银行贷款组合的样本上运行了蒙特卡罗模拟，并比较了关键的风险衡量（预期和非预期损失）。他们指出，如果假设 RR 和 PD 是非相关的，那么不论是预期损失还是非预期损失都会造成大幅度的低估。因此，没有仔细考虑 PD 和 RR 之间负相关关系的信用模型可能会导致银行储备不足，并给金融市场带来不必要的震动。

至于正循环，Altman 等人指出，这种影响会由于 DR 和 RR 之间的相关关系而加剧：违约率较高时的低补偿率会增加循环效果，它尤其在所谓的高级 IRB 方法下更为正确，这种方法下银行可以自由评估它们自己的补偿率，因此当违约率提高、评级下降时，它们有可能进行向下的修正。Resti（2002）以一个超过 20 年期间的模拟为基础，利用银行贷款的标准组合（投资组合的构成按照标准普尔转换矩阵随时间进行调整）也对这种机制的影响进行了评估。这种模型实验产生了两个主要的结果：（1）正循环的影响更多是由评级的升高或降低而导致的，而不是由违约率，换句话说，信用供应量的调整需要与资本需求量保持一致，主要是随加权资产结构的变化做出反应，随实际信用损失做出的反应很小（除极端的高违约年份以外）。（2）当允许 RR 随违约率波动时，正循环效果大大增加。

由于这种潜在的负面作用的存在，巴塞尔委员会于 2004 年指派了一个专门分析“低迷时期补偿率”的任务小组，目的是评估经济活动减少对 LGD 的重要性。该任务小组 2005 年发布了报告及一些对银行的指南（框架文件第 468 段）（巴塞尔银行监管委员会，2005 年）。

15.6 补偿率的实证证明

这一部分主要探讨对违约补偿率进行研究的不同方法以及最近的一些实证证明。大多数信用风险模型采用历史平均实证估计，结合其对违约概率的主要说明，取得首要的违约损失率（LGD）输入量。由于几乎没有金融机构具有足够的按资产类型和担保类型划分的补偿率数据，于是对内部评级基础（IRB）模型巴塞尔Ⅱ输入量负责的模型建立者和分析者开始采用公开债券和私人银行贷款市场上的估计值。当然，一些银行会对其自身的内部数据库进行研究以确定达到高级 IRB 方法的要求。

---

① 正循环涉及制度性资本需求量对经济和金融市场循环的敏感性。由于评级和违约率会随周期的变化而有所反应，因此当经济发展缓慢时，巴塞尔委员会提出的新的内部评级基础（IRB）方法就要面临更高的资产要求和更有限的信用供应的风险（当经济增长更快时相反的情况也是存在的）。

15.6.1　早期实证证明

违约补偿率的发布数据在通常但不是全部情况下都采用二级市场的债券或银行贷款价格。估计违约补偿率的最早的实证研究（我们所知道的）是 Altman，Haldeman 和 Narayanan（1977）在其第二代信用评分模型中对最优分界值进行的 ZETA 模型的调整。有趣的是，这些银行贷款补偿率的估计并不是来自于二级贷款交易市场，它当时还不存在，而是来自于对银行测试部门经历的一项调查（1971—1975 年）。从这些部门的早期经历中得到的大体结论是逾期的无担保贷款上的补偿率仅为贷款金额加上应计利息的 30%（非折现）。由于它利用的是后违约补偿，通常是从重组期结束开始，因此我们认为它是"最终补偿率"。

在后期研究中，最终补偿率被认为是债券或贷款的名义或折现价值，它或者以重组期间末（通常是第 11 章）的证券价格为基础，或者以重组出现时现金或证券的价值为基础。例如，Altman 和 Eberhart（1994）在重组出现时观察了按优先权顺序划分的违约债券的报酬业绩以及这些数值的折现价值。他们的结论认为，资本结构中（优先担保和优先非担保）最具有优先权的债券在后违约期间表现非常好（每年报酬率的 20% ~30%），而优先权更差一些的债券（优先次级和次级）表现较差，仅在名义基础上达到保本，在折现基础上损失了资金。当 Fridson，Garman 和 Okashima（2001）对包括 1981 年至 1993 年期间的 Altman 和 Eberhart 的早期研究进行修正（1994—2000 年）时，也得到了类似的结果，但极端性降低。

其他分析银行贷款补偿率的研究有 Asarnow 和 Edwards（1995）以及 Eales 和 Bosworth（1998）。第一项研究展示了以 Citibank 编辑的 24 年的数据为基础的银行贷款违约损失的分析结果，Citibank 的数据库包括 831 家商业和行业（C&I）贷款，同时包括 89 家结构性贷款（包括很多限制性条款的高担保贷款）。研究的结果（以最终补偿率为基础）表明了 C&I 贷款的大约 35% 的 LGD（利用超过 1 000 万美元的更多贷款，其损失率结果稍微低一些，为 29%）；毋庸置疑，结构性贷款的 LGD 是更能让人接受的（13%），其原因是担保品和限制条款在早期违约察觉和补偿过程中起到了很大的支撑作用。在第二项研究中，作者们报告了位于美国的一家外国银行——Westpac Banking Corporation 的补偿率的实证研究结果。他们的研究重点是小型商业贷款和大型消费者贷款，例如家庭贷款和投资性质贷款。

更近的，Neto de Carvalho 和 Dermine（2003）利用葡萄牙最大的私人银行——Banco Comercial Porugues 提供的信用投资组合对违约损失率的决定因素进行了分析。他们的研究是以早在 1985 年 6 月至 2000 年 12 月期间就批准的，发放给中小型公司的 371 家违约贷款样本为基础的。对补偿率的估计以违约事件发生后恢复的折现现金流量为基础。作者们报告了三个主要的实证结果，它们与以前的实证证明是一致的：（1）违约损失率的贷款频率分布是双峰的，有很多情况是零补偿，另有其他情况是 100% 补偿；（2）贷款的规模对补偿率具有非常重要的负面影响；（3）从统计数据上来说，尽管担保类型在决定补偿率中非常重要，但在银行与公司关系逐渐稳定的时期，情况不是这样。

15.6.2 更近的证明

表15—1列示了以违约日以后证券平均价格为基础的银行贷款补偿率（Emery，Cantor和Avner 2004）和按优先权划分的公司债券违约率（Altman和Aguiar 2005）的实证研究结果。毫无疑问，平均补偿率的最高点是在优先担保银行贷款上（71.5%），随后是优先担保债券（55.8%）。尽管Emery等人（穆迪）与Altman和Aguiar的数据是出自不同的期间、不同的样本，但有意思的是，优先无担保债券上的补偿率（42.4%）是非常接近的，但低于优先无担保银行贷款（50.5%），其标准离差也非常接近（20%或以上）。实际上，Emery等人（2004）发现债券上的平均损失率要高于类似级别的贷款。优先次级债券和次级债券上的平均补偿率评估值实际上是相同的，都在31%至低于33%的水平。违约债券的类似补偿率在Varma等人（2003）的研究成果中也得到了验证。例如，Altman和Aguiar（2005）对将近2 000次的债券违约发行的价值加权平均补偿率是35.4%，对1 237次发行的发行者加权平均值为35.4%，而穆迪的价值加权平均值为33.8%。

表15—1　上市公司债券（1974—2004）和银行贷款（1989—2003）的违约补偿率①

贷款/债券优先权	发行次数	中位数（%）	平均值（%）	标准离差（%）
优先担保贷款	163	71.50	67.50	24.40
优先无担保贷款	32	50.50	54.60	28.40
优先担保债券	256	55.75	54.15	23.05
优先无担保债券	947	42.54	35.77	26.62
优先次级债券	399	32.79	30.17	24.97
次级债券	248	31.00	31.06	22.53
贴现债券	145	19.00	22.15	18.64
样本债券合计	1 945	40.67	34.44	24.97

① 以债券违约后当时和贷款违约后30天经销商的平均出价为基础。

资料来源：Emery，Cantor，and Avner（2004）（bank loans）and Altman and Aguiar（2005）（bonds）。

Altman和Fanjul（2004a，2004b）随后通过分析以不同优先等级债券的原始评级（坠落天使与原始评级为非投资等级"垃圾"债券）为基础的补偿率对违约后债券补偿率进行了分解。例如，在表15—2中，我们观察到，原始评级为投资等级的优先担保债券其补偿率中位数为50.5%，而当发行时被评级为低于投资等级的相同优先权债券仅为33.5%（平均补偿率分别为54.5%和36.6%）。这在统计数据上对于类似优先权的证券来说是非常引人注目的重要差异。正如表中可以看出的，平均的补偿率差异是非常大的。由于坠落天使违约最近几年在美国非常突出（例如，2001年和2002年有接近50%的违约金额是坠落天使违约），因此，这些统计数据是非常有意义的。优先无担保债券的中位数差异也是相当大的（42.7%与30.0%）。但要注意，对于优先次级债券和次级债券来说，尽管投资等级、低优先权债券的样本数量非常小，但发行时的评级是没有太大影响的。Varma 等人（2003）同样也得出结论，认为违约前评级越高，包括发行时评级，那么违约时的平均补偿率就越高。很明显，公司资产的质量以及违约公司资产负债表的结构促进了高等级原始发行债券较高补偿率的形成。

表15—2 投资等级和非投资等级（原始评级）公开债券违约时价格（1974—2003）

贷款/债券优先权	发行次数	中位数价格（%）	平均价格（%）	加权平均价格（%）	标准离差（%）
优先担保					
投资等级	89	50.50	54.50	56.39	24.42
非投资等级	283	33.50	36.63	31.91	26.04
优先非担保					
投资等级	299	42.75	46.37①	44.05①	23.57
非投资等级	598	30.00	33.41	31.83	23.65
优先次级					
投资等级	11	27.31	39.54	42.04	24.23
非投资等级	411	26.50	31.48	28.99	24.30
次级					
投资等级	12	35.69	35.64	23.55	23.83
非投资等级	238	28.00	30.91	28.66	21.98
折现					
投资等级	—	—	—	—	—
非投资等级	113	16.00	20.69	21.24	17.23
样本合计	**2 054**	**30.04**	**34.76**	**30.78**	**24.38**

① 包括 WorldCom，平均价格和加权平均价格分别为43.53%和30.45%。未被评级的发行被视为非投资等级。

资料来源：Altman and Fanjul（2004a）。

在表15—3a和表15—3b中，我们又回到了最终补偿率数据上，只是这次的结果是来自于Keisman/标准普尔（2004）对银行贷款和债券补偿率的评估。这些结果表明了1988年至2003年期间超过2 000家违约贷款和票据在重组期间结束时的名义和折现（按贷款的违约前利率）最终补偿率。有几个项目是应该让人注意的。首先，在表15—3a中，优先银行债务，主要是担保的，其补偿率非常高，名义和折现价值分别达到了87.3%和78.3%。包括贷款和债券的优先担保和优先无担保票据补偿率较低，毫无疑问，更低级的票据（几乎都是债券）补偿率更低。这里注意到，名义和折现补偿率之间的差异在较低优先权水平上减少了。

在表15—3b中，Keisman展示了名义最终补偿率与大约违约后30天交易价格之间的差异。令人非常惊讶的是，这些差异非常小，尤其是2003年违约证券报酬率较高时期以来，参见第9章。

表 15—3a 银行贷款和债券违约最终补偿率——名义和折现价值（1988—2003）

	观察数	最终名义补偿率（%）	最终折现补偿率（%）	标准离差（%）
优先银行债务	859	87.32	78.3%	29.9%
优先担保票据	283	76.03	64.9	32.9
优先无担保票据	486	59.29	42.2	34.6
优先次级票据	390	38.41	30.4	32.7
次级票据	354	34.81	29.9	34.5

资料来源：Keisman（2004），"Recovery Trends and Analysis," Standard & Poor's LossStats Database；1987 年至 2003 年期间 2 365 次违约贷款和债券发行。补偿率按每一工具违约前利率进行折现。

标准普尔（Keisman 2004）还发现，与图 15—3a 和图 15—3b 中较长的样本期间 1988 年至 2003 年相比，在最近"极其严重"的违约年份 1998 年至 2002 年中，所有优先权上的补偿率都下降。这个在我们的图中没有体现。由于 1998 年和 1999 年不是真正的高违约年份，因此标准普尔对 2000 年至 2002 年研究的结果与 Altman，Resti 和 Sironi（2001）对违约率和补偿率之间相反关系的预测是一致的。实际上，不论 2001 年还是 2002 年公司债券市场上的补偿率都相当低，只有 25%，而当时违约率都是两位数的，但 2003 年增至约 45%，2004 年至 58%，当时高收益债券违约率下降至低于年度平均水平（第 7 章）。

表 15—3b 名义最终补偿率及违约后 15 ~ 45 天交易价格补偿率（1988—2003）

	名义最终补偿率（%）	违约后交易价格补偿率（%）
银行债务	69.1	61.1
优先担保票据	58.6	55.2
无优先担保票据	41.5	34.5
优先次级票据	32.3	29.3

资料来源：Keisman（2004），"Recovery Trends and Analysis," Standard & Poor's LossStats Database；1987—2003 年间违约的 2 365 次银行贷款和债券发行中的 791 家数据。

一些补偿率研究集中进行了不同行业补偿率的研究。Altman 和 Kishore（1996）及 Verde（2003）报告了不同行业部门的相当大的差异。例如，Verde 的报告中指出，2001 年和 2002 年之间补偿率差异非常大（例如，赌博业、旅馆业和饭店业 2001 年补偿率为 16%，2002 年为 77%，零售业 2001 年补偿率为 7%，2002 年为 48%，而运输业 2001 年补偿率为 31%，2002 年为 19%），但在 2003 年恢复到了正常水平。

一些研究，尤其是标准普尔（Van de Castle 和 Keisman 1999；Keisman 2004），强调的另一个问题是，最终补偿率的一个重要决定因素是特定优先权低于其自身水平的低级负债金额；低级证券比重越大，优先部分的补偿率就越高，其原理在于，权益保护越大，绝对优先权下的资产价值越有可能首先进入清算或重组，达到更优先等级的水平。

15.7　补偿率与违约率结合

现在我们回到 Altman，Brady，Resti 和 Sironi（2003）的结果，以说明将公司债券补偿率（也就是违约时加权平均价格）与当年违约率结合后的重要关系。图 15—1 展示了样本期间为 1982 年至 2004 年间这两种关键变量间的简单线性和非线性回归关系。[①] 图 15—1 显示出了线性、log 线性、二次方程式和幂函数回归，并且证明了补偿率从 53.6%（线性）到高达 65.3%（幂函数）之间的变化仅用类似年份美国高收益（投资等级以下）债券的加权平均补偿率知识（或估计）就能够得到解释。实际上，Varma 等人（穆迪）以发行者加权的线性关系得出了类似回归的 59.6% 的解释程度（R^2）。

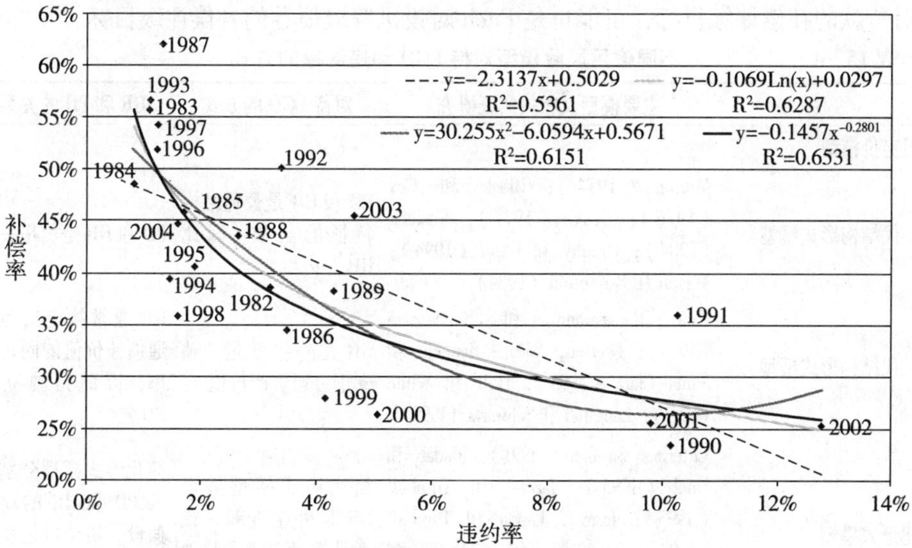

图 15—1　补偿率与违约率结合：美元加权平均补偿率与美元加权平均违约率（1982—2004）（H－1）

资料来源：Altman and Fanjul（2004b）。

加权（按发行规模）平均补偿率与加权平均违约率供求理论的显著负相关关系已经在前面第 7 章中进行了探讨。我们要明确指出的是，由于违约率同时与整体经济业绩有关，简单地对 GDP 水平或变化进行估计并不能与违约率解释程度相吻合，至少在解释债券补偿率方面是这样。

15.8　结束语

表 15—4 归纳了本章前面部分介绍的不同信用模型中处理 RR 的方式及 RR 与

① 要注意，2004 年的违约率是以第一个半年结果为基础进行推断的估计值。

PD 的关系。在原始的 Merton（1974）框架中 PD 和 RR 是存在负相关关系的，而在 20 世纪 90 年代建立起来的信用风险模型认为两种变量是独立的。目前可以应用的，并且应用范围最广的信用定价和信用 VaR 模型实际上是以这种独立性假设为基础的，认为 RR 或者是一个常量，或者是独立于 PD 的一个随机变量。后一种情况下，RR 的波动性被假定为代表了一种特殊的风险，它可以通过适当的多样化投资组合予以消除。这一假设与我们在本章以及其他实证研究（例如，Altman 等人 2001，2005a）中报告的实证结果形成了鲜明的对比，后者显示了违约率和补偿率之间的负相关关系。这些结果暗示了补偿风险是系统风险的一种组成部分，因此它应该吸引风险溢价，应该被充分地纳入到信用风险管理应用的考虑范围当中。最后，将债券或贷款个别发行者的微观/经济特性与市场整体供求状况相结合，可以最充分地解释特定违约发行的违约时补偿率。更严峻的挑战是准确估计最终补偿率。这是标准普尔对贷款的补偿评级目标，可能也是 Fitch 对投机等级债券的补偿评级目标。

表 15—4　不同信用风险模型对待 LGD 和违约率的方式

	主要模型及相关实证研究	对待 LGD 的方式	RR 和 PD 的关系
信用定价模型			
第一代结构形式模型	Merton（1974）；Black 和 Cox（1976）；Geske（1977）；Vasicek（1984）；Crouhy 和 Galai（1994）；Mason 和 Rosenfeld（1984）	PD 和 RR 是公司结构特征的函数。因此 RR 是内生变量	PD 和 RR 是负相关的
第二代结构形式模型	Kim，Ramaswamy 和 Sundaresan（1993）；Nielsen，Saà - Requejo 和 Santa Clara（1993）；Hull 和 White（1995）；Longstaff 和 Schwartz（1995）	RR 是外生变量，独立于公司资产价值	RR 通常被定义为流通债务价值的固定比率，因此是独立于 PD 的
简化形式模型	Litterman 和 Iben（1991）；Madan 和 Unal（1995）；Jarrow 和 Turnbull（1995）；Jarrow，Lando 和 Turnbull（1997）；Lando（1998）；Duffie 和 Singleton（1999）；Duffie（1998）；Duffee（1999）	简化形式模型假定 RR 是外生变量，或者是常量，或者是独立于 PD 的随机变量	简化形式模型分别引入 PD 和 RR 的动态假设，被予以模型化时独立于公司结构特征
有关 PD - RR 关系的最新文献	Frye（2000a，2000b）；Jarrow（2001）；Carey 和 Gordy（2003）；Altman，Resti 和 Sironi（2001）；Altman，Brady，Resti 和 Sironi（2005）	PD 和 RR 都是随机变量，取决于普通的系统风险要素（经济状况）	PD 和 RR 负相关。在宏观方法中，它来源于对单一系统要素的依赖性；在微观方法中，它来源于违约证券的供求关系
信用风险价值模型			
CreditMetrics	Gupton，Finger 和 Bhatia（1997）	随机变量（β 分布）	RR 独立于 PD
CreditPortfolio View	Wilson（1998）	随机变量	RR 独立于 PD
CreditRisk +	Credit Suisse Financial Products（1997）	常量	RR 独立于 PD
PortfolioManager	McQuown（1997）；Crosbie（1999）	随机变量	RR 独立于 PD

参考文献

第1章　公司危机:绪论及统计背景

Altman, E. 1993. *Corporate Financial Distress and Bankruptcy*, 2nd ed., New York: John Wiley & Sons.

Walter, J. 1957. "Determination of Technical Insolvency." *Journal of Business* (January).

第2章　破产程序在美国的发展及国际比较

Acharya, V., R. Sundaram, and K. John. 2005. "Cross-Country Variations in Capital Structures: The Role of Bankruptcy Codes." Working paper, NYU and London Business School.

Altman, E. 1971. *Corporate Bankruptcy in America*. Lexington, MA: Heath-Lexington Books.

Altman, E. 1990 and 1992. *Altman-Foothill Reports on Distressed Bond Market and Distressed Bank Loan Markets*. Los Angeles: Foothill Corp.

Altman, E. 1991. *Distressed Securities*. Chicago: Probus; reprint, Frederick, MD: Beard Books, 1999.

Betker, B. 1991. "Management Changes, Equity's Bargaining Power and Deviations from Absolute Priority in Chapter 11 Bankruptcies." Working paper, School of Business, Ohio State University (October).

Cohen, J., H. Golden, J. Kennedy, J. Spiatto, and M. Cook. 1992. "Municipal Bankruptcies." *Turnarounds & Workouts* (January 15).

Damodaran, A. 2001. *Corporate Finance: Theory and Practice*, 2nd ed. New York: John Wiley & Sons.

Davydenko, S., and J. Franks. 2004. "Do Bankruptcy Codes Matter? A Study of Defaults in France, Germany and the UK." Working paper, London Business School.

Eberhart, A., T. Moore, and R. Roenfeldt. 1990. "Security Pricing and Deviation from Absolute Priority Sale in Bankruptcy Proceedings." *Journal of Finance* (December): 1457 – 1469.

Eckbo, E., and K. Thornburn. 2004. "Bidding in Mandatory Bankruptcy Auctions: Theory and Evidence." Working paper, Dartmouth University.

Flynn, E. 1989. "Statistical Analysis of Chapter 11." Administrative Office of the United

States Courts, Washington, DC.

Fortgang, H., and T. Mayer. 1991. "Trading Claims and Taking Control of Corporations in Chapter 11." *Cardozo Law Review* 12(October): 1, 13.

Franks, J., and W. Torous. 1989. "An Empirical Investigation of U.S. Firms in Reorganization." *Journal of Finance* 44: 747.

Franks, J., and W. Torous. 1992. "How Firms Fare in Workouts and Chapter 11 Reorganizations." In E. Altman (ed.), *Bankruptcy and Distressed Restructuring.* Homewood, IL: Dow Jones – Irwin.

Gilson, S. 1990. "Bankruptcy, Boards, Banks and Blockholders." *Journal of Financial Economics*: 27.

Rosenberg, H. 1992; rev. ed. 2000. *The Vulture Investors.* New York: John Wiley & Sons.

Salerno, T. and C. Hansen. 1991. "A Prepackaged Bankruptcy Strategy." *Journal of Business Strategy.*

Tilley, Allan. 2004. *A Matrix of Bankruptcy Codes.* London: Glass & Associates.

Weiss, L. 1990. "Bankruptcy Resolution: Direct Costs and Violation of Priority Claims." *Journal of Financial Economics* (December): 285 – 314.

第3章 第11章后业绩

Alderson, Michael, and Brian L. Betker. 1999. "Assessing Postbankruptcy Performance: An Analysis of Reorganized Firms' Cash Flows." *Financial Management* 28: 68.

Betker, Brian L., Stephen P. Ferris, and Robert M. Lawless. 1999. "Warm with Sunny Skies': Disclosure Statement Forecasts." *American Bankruptcy Law Journal* 73: 809.

Dahiya, Sandeep, Kose John, Manju Puri, and Gabriel Ramírez. 2003. "Debtor-in-Possession Financing and Bankruptcy Resolution: Empirical Evidence." *Journal of Financial Economics* 69, Issue 1(July): 259 – 280.

Eberhart, Allan, Reena Aggarwal, and Edward Altman. 1999. "The Equity Performance of Firms Emerging from Bankruptcy." *Journal of Finance* 54: 1855.

Gilson, Stuart. 1997. "Transactions Costs and Capital Structure Choice: Evidence from Financially Distressed Firms." *Journal of Finance* 52: 161.

Goyal, Amit, Matthias Kahl, and Walter N. Torous. 2003. "The Long-Run Stock Performance of Financially Distressed Firms: An Empirical Investigation." Working paper, Emory University and UCLA.

Hotchkiss, Edith S. 1993. "Investment Decisions under Chapter 11 Bankruptcy." Ph. D. dissertation, New York University.

Hotchkiss, Edith S. 1995. "Postbankruptcy Performance and Management Turnover." *Journal of Finance* 50: 3.

Hotchkiss, Edith S., and Robert Mooradian. 1997. "Vulture Investors and the Market for

Control of Distressed Firms." *Journal of Financial Economics* 43:401.

Hotchkiss, Edith, and Robert Mooradian. 1998. "Acquisitions as a Means of Restructuring Firms in Chapter 11." *Journal of Financial Intermediation* 7:240.

Hotchkiss, Edith, and Robert Mooradian. 2004. "Post-Bankruptcy Performance: Evidence from 25 Years of Chapter 11." Working paper, Boston College and Northeastern University.

Lee, J. 2004. "The Chapter After Chapter 11." New York: J. P. Morgan.

LoPucki, Lynn M., and William C. Whitford. 1993. "Patterns in the Bankruptcy Reorganization of Large, Publicly Held Companies." *Cornell Law Review* 78:597.

Maksimovic, Vojislav, and Gordon Phillips. 1998. "Asset Efficiency and Reallocation Decisions of Bankrupt Firms." *Journal of Finance* 53:1495.

McHugh, Christopher, Allen Michel, and Israel Shaked. 1998. "After Bankruptcy: Can Ugly Ducklings Turn into Swans?" *Financial Analysts Journal* 54, No. 3:31.

Weiss, Lawrence A., and Karen H. Wruck. 1998. "Information Problems, Conflicts of Interest, and Asset Stripping: Chapter 11's Failure in the Case of Eastern Airlines." *Journal of Financial Economics* 48:55.

第4章 破产成本

Altman, Edward I. 1984. "A Further Empirical Investigation of the Bankruptcy Cost Question." *Journal of Finance* 39:1067.

Andrade, Gregor, and Steven Kaplan. 1998. "How Costly Is Financial (Not Economic) Distress? Evidence from Highly Leveraged Transactions That Became Distressed." *Journal of Finance* 53:1443.

Ang, James, Jess Chua, and John McConnell. 1982. "The Administrative Costs of Corporate Bankruptcy: A Note." *Journal of Finance* 34:219.

Betker, Brian. 1997. "The Administrative Costs of Debt Restructurings: Some Recent Evidence." *Financial Management* 26:56.

Bris, Arturo, Ivo Welch, and Ning Zhu. 2004. "The Costs of Bankruptcy." Yale ICF Working Paper No. 04 – 13.

Cutler, David M., and Lawrence H. Summers. 1988. "The Costs of Conflict Resolution and Financial Distress: Evidence from the Texaco-Pennzoil Litigation." *Rand Journal of Economics* 19:157.

Franks, Julian R., and Walter N. Torous. 1989. "An Empirical Investigation of U. S. Firms in Reorganization." *Journal of Finance* 44:747.

Gilson, Stuart, Kose John, and Lawrence Lang. 1990. "Troubled Debt Restructurings: An Empirical Study of Private Reorganization of Firms in Default." *Journal of Financial Economics* 27:315.

Haugen, Robert, and Lemma Senbet. 1978. "The Insignificance of Bankruptcy Costs to the Theory of Optimal Capital Structure." *Journal of Finance* 33:383.

Jensen, Michael. 1989. "Active Investors, LBOs, and the Privatization of Bankruptcy." *Journal of Applied Corporate Finance* 2:35.

Jensen, Michael C. 1991. "Corporate Control and the Politics of Finance." *Journal of Applied Corporate Finance* 4, No. 2:13.

Kaplan, Steven. 1989. "Campeau's Acquisition of Federated: Value Created or Value Destroyed?" *Journal of Financial Economics* 25:191.

Kaplan, Steven. 1994. "Campeau's Acquisition of Federated: Post-Bankruptcy Results." *Journal of Financial Economics* 35:123.

Lawless, Robert M., and Stephen P. Ferris. 1997. "Professional Fees and Other Direct Costs in Chapter 7 Bankruptcies." *Washington University Law Quarterly* 75:1207.

LoPucki, Lynn M., and Joseph W. Doherty. 2004. "The Determinants of Professional Fees in Large Bankruptcy Reorganization Cases." *Journal of Empirical Legal Studies* 1.

Lubben, Stephen J. 2000. "The Direct Costs of Corporate Reorganization: An Empirical Examination of Professional Fees in Large Chapter 11 Cases." *American Bankruptcy Law Journal* 74:509.

Maksimovic, Vojislav, and Gordon Phillips. 1998. "Asset Effciency and Reallocation Decisions of Bankrupt Firms." *Journal of Finance* 53:1495.

Opler, Tim, and Sheridan Titman. 1994. "Financial Distress and Corporate Performance." *Journal of Finance* 49:1015.

Pulvino, Todd. 1998. "Do Asset Fire-Sales Exist? An Empirical Investigation of Commercial Aircraft Transactions." *Journal of Finance* 53:939.

Pulvino, Todd. 1999. "Effects of Bankruptcy Court Protection on Asset Sales." *Journal of Financial Economics* 52:151.

Tashjian, Elizabeth, Ronald C. Lease, and John J. McConnell. 1996. "An Empirical Analysis of Prepackaged Bankruptcies." *Journal of Financial Economics* 40:135.

Warner, Jerold. 1977. "Bankruptcy Costs: Some Evidence." *Journal of Finance* 32:71.

Weiss, Lawrence A. 1990. "Bankruptcy Resolution: Direct Costs and Violation of Priority of Claims." *Journal of Financial Economics* 27:285.

第5章 危机公司价值评估

Alderson, Michael J., and Brian L. Betker. 1995. "Liquidation Costs and Capital Structure." *Journal of Financial Economics* 39:45.

Bebchuk, L. 1988. "A New Approach to Corporate Reorganizations." *Harvard Law Review* 101:775.

Bruner, Robert F. 2004. *Applied Mergers and Acquisitions*. Hoboken, NJ: John Wiley &

Sons.

Cornell, B., and K. Green. 1991. "The Investment Performance of Low-Grade Bond Funds." *Journal of Finance* 46:29.

Damodaran, Aswath. 1996. *Investment Valuation: Tools and Techniques for Determining the Value of Any Asset.* New York: John Wiley & Sons.

Damodaran, Aswath. 2002. *Investment Valuation: Tools and Techniques for Determining the Value of Any Asset.* 2nd ed. New York: John Wiley & Sons.

Fama, Eugene, and Kenneth French. 2002. "The Equity Premium." *Journal of Finance* 57: 637 – 659.

Gilson, S., E. Hotchkiss, and R. Ruback. 2000. "Valuation of Bankrupt Firms." *Review of Financial Studies* 13:43.

Hausch, D., and J. Seward. 1995. "Mitigating the Corporate Valuation Problem in Chapter 11 Reorganizations: Transferable Put Rights and Contingent Value Rights." Working paper, University of Wisconsin-Madison.

Hotchkiss, Edith S. 1995. "Postbankruptcy Performance and Management Turnover." *Journal of Finance* 50:3.

Hotchkiss, Edith S., and Robert Mooradian. 1997. "Vulture Investors and the Market for Control of Distressed Firms." *Journal of Financial Economics* 43:401.

Hotchkiss, Edith, and Robert Mooradian. 1998. "Acquisitions as a Means of Restructuring Firms in Chapter 11." *Journal of Financial Intermediation* 7:240.

Hotchkiss, E., and T. Ronen. 2002. "The Informational Effciency of the Corporate Bond Market: An Intraday Analysis." *Review of Financial Studies* 15:1325 – 1354.

Kaplan, S., and R. Ruback. 1995. "The Valuation of Cash Flow Forecasts: An Empirical Analysis." *Journal of Finance* 50:1059 – 1093.

Lehavy, R. 1998. "Reliability of Financial Statements after Adoption of Fresh Start Reporting." Working paper, University of California at Berkeley.

McKinsey & Company. 2005. *Valuation: Measuring and Managing the Value of Companies.* New York: John Wiley & Sons.

Newton, G. 1994. *Bankruptcy & Insolvency Accounting.* New York: John Wiley & Sons.

Pantaleo, Peter V., and Barry W. Ridings. 2005. "Reorganization Value." *Business Lawyer* 60:27.

Pulvino, Todd. 1999. "Effects of Bankruptcy Court Protection on Asset Salts." *Journal of Financial Economics* 52:151.

Ruback, R. 1998. "Capital Cash Flows: A Simple Approach to Valuing Risky Cash Flows." Working paper, Harvard Business School.

Scarberry, M., K. Klee, G. Newton, and S. Nickles. 1996. *Business Reorganization in Bankruptcy: Cases and Materials.* St. Paul, MN: West Publishing Co.

第6章 企业价值评估与公司杠杆重组

Altman, E. 1984. "A Further Empirical Investigation of the Bankruptcy Cost Question." *Journal of Finance* (September).

Altman, E. , and R. Smith. 1991a. "Firm Valuation and Leveraged Restructurings." In E. Altman, editor, *Corporate Bankruptcy and Distressed Restructurings*, Homewood, IL: Dow Jones-Irwin.

Altman, E. , and R. Smith. 1991b. "Highly Leveraged Restructurings: A Valid Role for Europe." *Journal of International Securities Markets* (Winter): 347 – 357.

Amihud, Y. 1989. *Leveraged Management Buyouts: Causes and Consequences*. Homewood, IL: Dow Jones-Irwin.

Andrade, G. , and S. Kaplan. 1998. "How Costly Is Financial (Not Economic) Distress: Evidence from Highly Leveraged Restructings That Become Distressed." *Journal of Finance* 21: 1721 – 1748.

Bulow, J. , and J. Shoven. 1978. "The Bankruptcy Decision." *Bell Journal of Economics* (Autumn).

Chen, Y. , J. F. Weston, and E. Altman. 1995. "Financial Distress and Restructuring Models." *Financial Management* 2 (Summer): 57 – 75.

Copeland, T. , and W. H. Lee. 1990. "Exchange Offers and Stock Swaps—New Evidence." Working paper, UCLA.

Denis, D. and D. Denis. 1995. "Causes of Financial Distress Following Leveraged Recapitalizations." *Journal of Financial Economics* 37: 129 – 158.

Durand, D. 1959. "The Cost of Capital in an Imperfect Market: A Reply to Modigliani and Miller." *American Economic Review* (June).

Jensen, M. 1989. "Eclipse of the Public Corporation." *Harvard Business Review* (September-October).

Jensen, M. , and W. Meckling. 1976. "Theory of the Firm: Managerial Behaviour, Agency Costs and Ownership Sstucture." *Journal of Financial Economics* (October): 305 – 360.

Kaplan, S. 1989. "Management Buyouts: Evidence on Taxes as a Source of Value." *Journal of Finance* (September).

Kaplan, S. , and J. Stein. 1993. "The Evolution of Buyout Pricing and Financial Structure in the 1980's. *Quarterly Journal of Economics* 108: 2, 313 – 357.

McKinsey & Company. 2005. *Valuation: Measuring and Managing the Value of Companies*. New York: John Wiley & Sons.

Miller, M. 1989. "The Modigliani-Miller Theorems after 30 Years." *Journal of Applied Corporate Finance* (Spring).

Modigliani, F. , and M. Miller. 1958. "The Cost of Capital, Corporation Finance and the

Theory of Investment. "*American Economic Review*(June).

Modigliani, F., and M. Miller. (1963). "Corporate Income Taxes and the Cost of Capital: A Correction. "*American Economic Review*(June).

Moore, H. 1990. "Trends and Characteristics of Recent LBO Experience. "Working paper, New York University(November).

Smith, R., and I. Walter. 1990. "Economic Restructuring in Europe and the Market for Corporate Control. "*Journal of International Security Markets*(Winter).

Warner, J. 1977. "Bankruptcy Costs: Some Evidence. "*Journal of Finance*(May).

Weston, J. F. 1963. "A Test of Cost of Capital Propositions. "*Southern Economic Journal* (October).

Weston, J. F. 1989. "What MM Have Wrought. "*Financial Management*(Summer).

第7章 高收益债券市场:投资者及分析师的风险与报酬

Altman, E. 1988. *Corporate Bond Mortality and Performance*. New York: Merrill Lynch.

Altman, E. 1989. "Measuring Corporate Bond Mortality and Performance. "*Journal of Finance*(September): 909-922.

Altman, E. 1993. *Corporate Financial Distress and Bankruptcy*. 2nd ed. New York: John Wiley & Sons.

Altman, E., and J. Bencivenga. 1995. "A Yield Premium Model for the High Yield Debt Market. "*Financial Analysts Journal*(September-October).

Altman, E., B. Brady, A. Resti, and A. Sironi. 2005. "The Link Between Default and Recovery Rates. "*Journal of Business*(November). Also ISDA web site, 2002.

Altman, E., A. Resti, and A. Sironi. 2005. *Recovery Risk*. London: Risk Books.

Asquith, P., D. Mullins, and E. D. Wolff. 1989. "Original Issue High Yield Bonds: Aging Analysis of Defaults, Exchanges and Calls. "*Journal of Finance*(September): 923-952.

Fons, J., and D. Lucas. 1990. *Special Report on Corporate Bond Default and Default Rates 1970-1989*. New York: Moody's. Also 2005 update by D. Hamilton and S. Oh.

Standard & Poor's 1991. "A Transition Matrix of Corporate Bond Defaults. "S&P *Credit Week*. Also 2005 update by B. Brady, S&P.

第8章 危机证券投资

Altman, E. I. 1969. "Bankruptcy Firms' Equity Securities as an Investment Alternative. " *Financial Analysts Journal*(July/August).

Altman, E. I. 1991. *Distressed Securities*. Chicago: Probus. Reprint, Frederick, MD: Beard Books, 1999.

Altman, E. I. 2002. *Bankruptcy, Credit Risk and High Yield Bonds*. Malden, MA: Blackwell Publishers.

Altman, E. I. , B. Brady, A. Resti, and A. Sironi. 2002. "The Link between Default and Recovery Rates." NYU Salomon Center, Working Paper S-02-9. *ISDA* (January); *Journal of Business* (November 2005).

Altman, E. I. , and A. Eberhart. 1994. "Do Seniority Provisions Protect Bondholders' Investments?" *Journal of Portfolio Management* (Summer).

Altman, E. I. , A. Gande, and A. Saunders. 2004. "The Informational Efficiency of Loans versus Bonds: Evidence from Secondary Market Prices." Working paper, NYU Finance Department (March).

Altman, E. I. , and R. Miranda. 2005. "The Investment Performance and Market Size of Defaulted Bonds and Bank Loans in 2004 and Market Outlook." NYU Salomon Center Special Report (February).

Altman Foothill Report. 1990. *Investing in Distressed Securities.* Los Angeles: Foothill Corporation.

Altman Foothill Report. 1992. *The Market for Distressed Securities and Bank Loans.* Los Angeles: Foothill Corporation.

Branch, B. , and H. Ray. 1992. *Bankruptcy Investing.* Chicago: Dearborn Press.

Brand, L. , and R. Behar. 2000. "Recoveries on Defaulted Bonds Tied to Security Ratings." *S&P's Credit Week* (February).

Carlson, J. , and F. Fabozzi. 1992. *The Trading and Securitization of Senior Bank Loans.* Chicago: Probus.

Eberhart, A. , R. Aggarwal, and E. I. Altman. 1999. "The Equity Performance of Firms Emerging from Chapter 11." *Journal of Finance* (October).

Jeffries & Company. 2003. "How to Perform a Post-Restructuring Equity Valuation." New York: Jeffries Recapitalization and Restructuring Group.

J. P. Morgan. 2004. *The Chapter After Chapter* 11. New York: J. P. Morgan.

Parker, V. R. , ed. 2005. *Managing Hedge Fund Risk.* London: Risk Books.

Ramaswami, M. , and S. Moeller. 1990. *Investing in Financially Distressed Firms.* New York: Quorum Books.

Rosenberg, H. 1992. *The Vulture Investors.* New York: HarperCollins. Rev. ed. , New York: John Wiley & Sons, 2000.

第 9 章 违约债券和银行贷款的风险收益业绩

Altman, E. I. , and E. Eberhart. 1994. "Do Seniority Provisions Protect Bondholders' Investments?" *Journal of Portfolio Management* (Summer).

Altman Foothill Report. 1990. *Investing in Distressed Securities.* Los Angeles: Foothill Corporation.

Altman Foothill Report. 1992. *The Market for Distressed Securities and Bank Loans.* Los

Angeles: Foothill Corporation.

Brand, L., and R. Behar. 2000. "Recoveries on Defaulted Bonds Tied to Security Rankings." *S&P's Credit Week* (February).

Eberhart, A., R. Aggarwal, and E. I. Altman. 1999. "The Equity Performance of Firms Emerging from Chapter 11." *Journal of Finance* (October).

Ramaswami, M., and S. Moeller. 1990. *Investing in Financially Distressed Firms*. New York: Quorum Books.

Rosenberg, H. 1992. *The Vulture Investors*. New York: HarperCollins. Rev. ed., New York: John Wiley & Sons, 2000.

第10章 危机企业的公司治理

Betker, Brian L. 1995. "Management's Incentives, Equity's Bargaining Power, and Deviations from Absolute Priority in Chapter 11 Bankruptcies." *Journal of Business* 68: 161.

Bradley, Michael, and Michael Rosenzweig. 1992. "The Untenable Case for Chapter 11." *Yale Law Journal* 101: 1043.

Branch, Ben. 2000. "Fiduciary Duty: Shareholders versus Creditors." *Financial Practice and Education*: 339.

Chidambaran, N. K., and Nagpurnanand R. Prabhala. 2004. "Executive Stock Option Repricing: Creating a Mountain out of a Molehill?" EFA 2003 Annual Conference Paper No. 797.

Gilson, Stuart. 1989. "Management Turnover and Financial Distress." *Journal of Financial Economics* 25: 241.

Gilson, Stuart. 1990. "Bankruptcy, Boards, Banks and Blockholders." *Journal of Financial Economics* 26: 355.

Gilson, Stuart, Edith Hotchkiss, and Richard Ruback. 2000. "Valuation of Bankrupt Firms." *Review of Financial Studies* 13: 43.

Gilson, Stuart, and Michael Vetsuypens. 1993 "CEO Compensation in Financially Distressed Firms: An Empirical Analysis." *Journal of Finance* 43: 425.

Hotchkiss, Edith S. 1995. "Postbankruptcy Performance and Management Turnover." *Journal of Finance* 50: 3.

Hotchkiss, Edith S., and Robert Mooradian. 1997. "Vulture Investors and the Market for Control of Distressed Firms." *Journal of Financial Economics* 43: 401.

Hotchkiss, Edith, and Robert Mooradian. 1998. "Acquisitions as a Means of Restructuring Firms in Chapter 11." *Journal of Financial Intermediation* 7: 240.

James, Christopher. 1995. "When Do Banks Take Equity? An Analysis of Bank Loan Restructurings and the Role of Public Debt." *Review of Financial Studies* 8: 1209.

LoPucki, Lynn M. 2004. *Courting Failure: How Competition for Big Cases Is Corrupting the Bankruptcy Courts.* Ann Arbor: University of Michigan Press.

LoPucki, Lynn M., and William C. Whitford. 1993. "Corporate Governance in the Bankruptcy Reorganization of Large, Publicly Held Companies." *University of Pennsylvania Law Review* 141:669.

Warner, Jerold B., Ross L. Watts, and Karen H. Wruck. 1988. "Stock Prices and Top Management Changes." *Journal of Financial Economics* 20:461.

Weisbach, Michael S. 1988. "Outside Directors and CEO Turnover." *Journal of Financial Economics* 20:431.

Weiss, Lawrence A., and Karen H. Wruck. 1998. "Information Problems, Conflicts of Interest, and Asset Stripping: Chapter 11's Failure in the Case of Eastern Airlines." *Journal of Financial Economics* 48:55.

第11章 公司信用评分——无力偿还风险模型

Altman, E. 1968. "Financial Ratios, Discriminant Analysis and the Prediction of Corporate Bankruptcy." *Journal of Finance* (September): 189 – 209.

Altman, E. 1984. "A Further Empirical Investigation of the Bankruptcy Cost Question." *Journal of Finance* 34, No. 4 (September): 1067 – 1089.

Altman, E. 1989. "Measuring Corporate Bond Mortality and Performance." *Journal of Finance* (September): 909 – 922.

Altman, E. 1993. *Corporate Financial Distress and Bankruptcy.* 2nd ed. New York: John Wiley & Sons.

Altman, E., P. Araman, and G. Fanjul. 2004. "Defaults and Returns in the High Yield Bond Market." *NYU Salomon Center Report and Journal of Applied Finance* (Spring-Summer): 98 – 112.

Altman, E., B. Brady, A. Resti, and A. Sironi. 2002. "The Link between Default Rates and Recovery Rates: Implications for Credit Risk Models and Procyclicality." NYU Salomon Center, Working Paper S-02-9.

Altman, E., R. Haldeman, and P. Narayanan. 1977. "ZETA Analysis: A New Model to Identify Bankruptcy Risk of Corporations." *Journal of Banking & Finance* 1, No. 1 (June): 29 – 54.

Altman, E., J. Hartzell, and M. Peck. 1995a. "Emerging Markets Corporate Bonds: A Scoring System." *The Future of Emerging Market Flows*, edited by R. Levich. Kluwer, Holland: J. P. Mei, 1997.

Altman, E., J. Hartzell, and M. Peck. 1995b. "A Scoring System for Emerging Market Corporate Bonds." Salomon Brothers (May).

Altman, E., G. Marco, and F. Varetto. 1994. "Corporate Distress Diagnosis: Comparisons

Using Linear Discriminant Analysis and Neural Networks (the Italian Experience)." *Journal of Banking & Finance* 18, No. 3:505 – 529.

Altman, E., A. Resti, and A. Sironi. 2002. "Analyzing and Explaining Default Recovery Rates." *ISDA* (January); and *Journal of Business* (November 2005).

Altman, E., A. Resti, and A. Sironi. 2005a. "Default Recovery Rates in Credit Risk Modeling: A Review of the Literature and Recent Evidence." *Journal of Financial Literature* 1 (Winter):21 – 45.

Altman, E., A. Resti, and A. Sironi. 2005b. *Recovery Risk: The Next Challenge in Credit Risk Management.* London: Risk Books.

Altman, E., and H. Rijken. 2004. "How Rating Agencies Achieve Rating Stability." *Journal of Banking & Finance* 28:2679 – 2714.

Basel Commission on Banking Supervision. 1999. "Credit Risk Modeling: Current Practices and Applications." *BIS* (June).

Basel Commission on Banking Supervision. 2001. "The Basel Capital Accord." Basel, Switzerland: Bank for International Settlements (January).

Basel Commission on Banking Supervision. 2004. "International Convergence of Capital Measurement and Capital Standards: A Revised Framework." Basel, Switzerland: Bank for International Settlements (June).

Beaver, W. 1966. "Financial Ratios as Predictors of Failures." In *Empirical Research in Accounting: Selected Studies.* Journal of Accounting Research 71 – 111.

Beaver, W. 1968. "Alternative Accounting Measures as Predictors of Failure." *Accounting Review* (January):46 – 53.

Caouette, J., E. Altman, and P. Narayanan. 1998. *Managing Credit Risk.* New York: John Wiley & Sons.

Fitch. 2001. "Bank Loan and Bond Recovery Study: 1997 – 2001." New York: Fitch (March 19).

Frydman, H., E. Altman, and D. L. Kao. 1985. "Introducing Recursive Partitioning Analysis for Financial Classification." *Journal of Finance* 50, No. 1:269 – 291.

Frye, J. 2000. "Collateral Damage." *Risk* (April).

Gupton, G., C. Gates, and L. Carty. 2000. "Bank Loan Loss Given Default." *Moody's* (November).

Hillegeist, S., D. Cram, E. Keating, and K. Lundstedt. 2003. "Assessing the Probability of Bankruptcy." Northwestern University, Kellogg School working paper (September).

Hu, Y. T., and W. Perraudin. 2002. "The Dependency of Recovery Rates of Corporate Bond Issues." Birkbeck College, Mimeo (February).

Kealhofer, S. 2000. "The Quantification of Credit Risk." San Francisco: KMV Corporation (January) (unpublished).

KMV. 2000. "The KMV EDF Credit Measure and Probabilities of Default." San Francisco: KMV Corporation.

McKee, T., and T. Lensbergn. 2002. "Genetic Programming and Roughsets: A Hybrid Approach to Bankruptcy Classification." *European Journal of Operations Research* 128, No. 2 (April): 436–451.

McQuown, J. A. 1993. "A Comment on Market vs. Accounting Based Measures of Default Risk." San Francisco: KMV Corporation.

Merton, R. C. 1974. "On the Pricing of Corporate Debt: The Risk Structure of Interest Rates." *Journal of Finance* (June): 449–470.

Moody's. Annually. "Corporate Bond Defaults and Default Rates." Special Report, *Moody's Investors Service* (January).

Moody's. 1996. "Defaulted Bank Loan Recoveries," Special Report, *Moody's Investors Service* (November; also June 1998 update).

Mossman, C. E., G. Bell, L. M. Swartz, and H. Turtle. 1998. "An Empirical Comparison of Bankruptcy Models." *Financial Review* 33, No. 2 (May): 35–54.

Ohlson, J. 1980. "Financial Ratios and the Probability Prediction of Bankruptcy." *Journal of Accounting Research* 18: 1.

Saunders, A., and L. Allen. 2002. *Credit Risk Measurement*, 2nd ed. New York: John Wiley & Sons.

Scott, J. 1981. "The Probability of Bankruptcy: A Comparison of Empirical Predictions and Theoretical Models." *Journal of Banking & Finance* (September): 317–344.

Shumway, T. 2002. "Forecasting Bankruptcy More Accurately: A Simple Hazard Model." TMA Advanced Education Workshop, Boston College, MA (June 21) from University of Michigan working paper, 1999.

Standard & Poor's. Annually. "Rating Performance: Stability and Transition." Special Report, updated annually. New York: S&P Corporation.

Trippi, R., and E. Turban, eds. 1996. *Neural Networks in Finance and Investing*. Chicago: Probus.

Zavgren, C. V. 1985. "Assessing the Vulnerability of Failure of American Industrial Firms: A Logistic Analysis." *Journal of Business, Finance and Accounting* 12, No. 1: 19–45.

Zmijewski, M. E. 1984. "Methodological Issues Related to the Estimation of Financial Distress Prediction Models." *Journal of Accounting Research* 22 (suppl.): 59–82.

第 12 章 一种新兴市场公司信用评分系统

Altman, E. J. Hartzell, and M. Peck. 1995. *Emerging Market Corporate Bonds: A Scoring System*. New York: Salomon Brothers.

第 13 章 危机预测模型应用

Altman, Edward. 1983. *Corporate Financial Distress*. New York: John Wiley & Sons.

Altman, Edward, and Laurie Goodman. 1980. "An Economic and Statistical Analysis of the Failing Company Doctrine." NYU School of Business working paper. Reprinted in E. Altman. *Bankruptcy, Credit Risk and High Yield Bonds*. Malden, MA: Blackwell Publishers, 2002.

Altman, Edward, and Thomas McGough. 1974. "Evaluation of a Company as a Going Concern." *Journal of Accountancy* (December).

Altman, Edward, and Herbert Rijken. 2004. "How Rating Agencies Achieve Stability." *Journal of Banking & Finance* 28: 2679 – 2714.

Altman, Edward, and Herbert Rijken. 2005. "The Effect of Rating through the Cycle on Rating Stability, Rating Timeliness and Default Prediction Performance." *Financial Analysts Journal*, forthcoming in 2006.

Appenzeller, P., and R. Parker. 2005. "Deepening Insolvency Is a Liability Trap for the Unwary." *Journal of Corporate Renewal* (July).

Eberhart, Allan, Edward Altman, and Reena Aggarwal. 1999. "The Equity Performance of Firms Emerging from Chapter 11." *Journal of Finance* 54 (October): 1855 – 1868.

Gilson, Stuart. 1997. "Transaction Costs and Capital Structure Choice: Evidence from Financially Distressed Firms." *Journal of Finance* 52: 161 – 197.

Gilson, Stuart, Kose John, and Larry Lang. 1993. "Troubled Debt Restructuring: An Empirical Study of Private Reorganization of Firms and Default." In E. Altman, editor, *Bankruptcy and Distressed Restructurings*. Homewood, IL: Business One Irwin: 77 – 124.

Hotchkiss, Edith. 1995. "The Post-Emergence Performance of Firms Emerging from Chapter 11." *Journal of Finance* 50: 3 – 21.

J. P. Morgan. 2004. "The Chapter After Chapter 11." New York (January).

Kurth, Mette. 2005. "List of Defendants Grows in Deepening Insolvency Cases." *Corporate Renewal* (January): 4 – 7.

Loeffler, G. 2002. "Avoiding the Rating Bounce: Why Agencies Are Slow to React to New Information." Working paper.

Loeffler, G. 2004. "An Anatomy of Rating through the Cycle." *Journal of Banking & Finance* 28: 695 – 720.

第 15 章 估计违约债务补偿率

Acharya, Viral V., Sreedar T. Bharath, and Anand Srinivasan. 2003. "Understanding the Recovery Rates on Defaulted Securities." Working paper, London Business School.

Altman, Edward I. 2001. "Altman High Yield Bond and Default Study." Salomon Smith

Barney, U. S. Fixed Income High Yield Report (July).

Altman, Edward I., and Juan Martin Aguiar. 2005. "Defaults and Returns in the High Yield Bond Market: 2004 in Review and Outlook." NYU Salomon Center Special Report (February).

Altman, Edward I., Brooks Brady, Andrea Resti, and Andrea Sironi. 2003. "The Link between Default and Recovery Rates: Theory, Empirical Evidence and Implications." NYU Salomon Center, Working Paper S-03-4; *Journal of Business* (November 2005).

Altman, E., and A. Eberhart. 1994. "Do Seniority Provisions Protect Bondholders' Investments?" *Journal of Portfolio Management* (Summer): 67 – 75.

Altman, E., and G. Fanjul. 2004a and 2004b. "Defaults and Returns in the High Yield Bond Market: Analysis Through 2003 and 2004." NYU Salomon Center Special Reports (January).

Altman, E., R. Haldeman, and P. Narayanan. 1977. "ZETA Analysis: A New Model to Identify Bankruptcy Risk of Corporations." *Journal of Banking & Finance* 1, No. 1 (July): 29 – 54.

Altman, Edward I., and Vellore M. Kishore. 1996. "Almost Everything You Wanted to Know About Recoveries on Defaulted Bonds." *Financial Analysts Journal* (November/December).

Altman, Edward I., Andrea Resti, and Andrea Sironi. 2001. *Analyzing and Explaining Default Recovery Rates.* ISDA Research Report, London (December).

Altman, Edward I., Andrea Resti, and Andrea Sironi. 2005a. "Default Recovery Rates in Credit Risk Modeling: A Review of the Literature and Recent Evidence." *Journal of Finance Literature* 1, No. 1.

Altman, Edward I., Andrea Resti, and Andrea Sironi. 2005b. *Recovery Risk: The Challenge in Credit Risk Management.* London: Risk Books.

"Altman High Yield Bond Default and Return Report: 2004." Citigroup (2005).

Asarnow, Elliot, and David Edwards. 1995. "Measuring Loss on Defaulted Bank Loans: A 24 Year Study." *Journal of Commercial Bank Lending* 77, No. 7: 11 – 23.

Bakshi, G., Dilip Madan, and Frank Zhang. 2001. "Understanding the Role of Recovery in Default Risk Models: Empirical Comparisons and Implied Recovery Rates." Finance and Economics Discussion Series, 2001-37, Federal Reserve Board of Governors, Washington, D. C.

Basel Commission on Banking Supervision. 2004. "International Convergence of Capital Measurement and Capital Standards—A Revised Framework." Basel, Switzerland: Bank for International Settlements (June).

Basel Commission on Banking Supervision. 2005. "Guidance on Paragraph 468 of the Framework Document." Basel, Switzerland: Bank for International Settlements (July).

Black, Fischer, and John C. Cox. 1976. "Valuing Corporate Securities: Some Effects of Bond Indenture Provisions." *Journal of Finance* 31:351 – 367.

Black, Fischer, and Myron Scholes. 1973. "The Pricing of Options and Corporate Liabilities." *Journal of Political Economics* (May):637 – 659.

Carey, Mark, and Michael Gordy. 2003. "Systematic Risk in Recoveries on Defaulted Debt." Mimeo, Federal Reserve Board, Washington, D. C.

Chabane, Ali, Jean-Paul Laurent, and Julien Salomon. 2004. "Double Impact: Credit Risk Assessment and Collateral Value." Mimeo.

Chew, William, and Steven Kerr. 2005. "Recovery Ratings: A New Window on Secured Loans." In E. Altman, A. Resti, and A. Sironi. *Recovery Risk: The Next Challenge in Credit Risk Management.* London: Risk Books.

Credit Suisse Financial Products. 1997. *CreditRisk +: A Credit Risk Management Framework.* Technical document.

Crosbie, Peter J. 1999. "Modeling Default Risk." Mimeo. San Francisco: KMV Corporation.

Crouhy, Michel, Dan Galai, and Robert Mark. 2000. "A Comparative Analysis of Current Credit Risk Models." *Journal of Banking & Finance* 24:59 – 117.

Duffee, Gregory R. 1999. "Estimating the Price of Default Risk." *Review of Financial Studies* 12, No. 1 (Spring):197 – 225.

Duffie, Darrell. 1998. "Defaultable Term Structure Models with Fractional Recovery of Par." Graduate School of Business, Stanford University.

Duffie, Darrell, and David Lando. 2000. "Term Structure of Credit Spreads with Incomplete Accounting Information." *Econometrica.*

Duffie, Darrell, and Kenneth J. Singleton. 1999. "Modeling the Term Structures of Defaultable Bonds." *Review of Financial Studies* 12:687 – 720.

Dullmann, Klaus, and Monika Trapp. 2004. "Systematic Risk in Recovery Rates—An Empirical Analysis of U. S. Corporate Credit Exposures." Mimeo, University of Mannheim; updated in Altman, Resti, and Sironi (2005b).

Eales, Robert, and Edmund Bosworth. 1998. "Severity of Loss in the Event of Default in Small Business and Large Consumer Loans." *Journal of Lending and Credit Risk Management* (May):58 – 65.

Emery, K., R. Cantor, and R. Avner. 2004. "Recovery Rates on North American Syndicated Bank Loans, 1989 – 2003." Moody's Investors Service (March).

Emery, Kenneth, R. Cantor, S. Oh, R. Solmon, and P. Stumpp. 2004. "Credit Loss Rates on Similarly Rated Loans and Bonds." *Moody's Special Comment* (December).

Eom, Young Ho, Jean Helwege, and Jing-zhi Huang. 2001. "Structural Models of Corporate Bond Pricing: An Empirical Analysis." Mimeo.

Finger, Chris. 1999. "Conditional Approaches for CreditMetrics Portfolio Distributions." *CreditMetrics Monitor*(April).

Franks, Julian, and O. Sussman. 2005. "Do Bankruptcy Codes Matter? A Study of Defaults in France, Germany and the U. K." Working paper, London Business School.

Franks, Julian, and Walter Torous. 1994. "A Comparison of Financial Recontracting in Distressed Exchanges and Chapter 11 Reorganizations." *Journal of Financial Economics* 35:349 – 370.

Fridson, Martin S., Christopher M. Garman, and Kathryn Okashima. 2001. "Recovery Rates: The Search for Meaning." Merrill Lynch & Co., High Yield Strategy.

Frye, John. 2000a. "Collateral Damage." *Risk*(April):91 – 94.

Frye, John. 2000b. "Collateral Damage Detected." Federal Reserve Bank of Chicago, working paper, Emerging Issues Series(October):1 – 14.

Frye, John. 2000c. "Depressing Recoveries." *Risk*(November).

Geske, Robert. 1977. "The Valuation of Corporate Liabilities as Compound Options." *Journal of Financial and Quantitative Analysis* 12:541 – 552.

Gordy, Michael. 2000. "A Comparative Anatomy of Credit Risk Models." *Journal of Banking and Finance*(January):119 – 149.

Gupton, Gregory, Christopher Finger, and Mickey Bhatia. 1997. *CreditMetrics—Technical Document.* New York: J. P. Morgan & Co.

Gupton, Greg M., Daniel Gates, and Lea V. Carty. 2000. "Bank Loan Loss Given Default." Moody's Investors Service, Global Credit Research(November).

Gupton, Greg M., and Roger M. Stein. 2002. "LossCalc: Moody's Model for Predicting Loss Given Default (LGD)." Moody's/KMV, New York: Updated in 2005, "LossCalc V2, Dynamic Prediction of LGD." Moody's/KMV(January).

Hamilton, David T., Greg M. Gupton, and Alexandra Berthault. 2001. "Default and Recovery Rates of Corporate Bond Issuers: 2000." Moody's Investors Service(February).

Hu, Yen-Ting, and William Perraudin. 2002. "The Dependence of Recovery Rates and Defaults." Mimeo, Birkbeck College(February).

Hull, John, and Alan White. 1995. "The Impact of Default Risk on the Prices of Options and Other Derivative Securities." *Journal of Banking and Finance* 19:299 – 322.

Jarrow, Robert A. 2001. "Default Parameter Estimation Using Market Prices." *Financial Analysts Journal* 57, No. 5:75 – 92.

Jarrow, Robert A., David Lando, and Stuart M. Turnbull. 1997. "A Markov Model for the Term Structure of Credit Risk Spreads." *Review of Financial Studies* 10:481 – 523.

Jarrow, Robert A., and Stuart M. Turnbull. 1995. "Pricing Derivatives on Financial Securities Subject to Credit Risk." *Journal of Finance* 50:53 – 86.

Jones D., and J. Ming. 1998. "Bank Reserves and Expected Losses." Washington, D. C.:

Federal Reserve Board.

Jones, E., S. Mason, and E. Rosenfeld. 1984. "Contingent Claims Analysis of Corporate Capital Structures: An Empirical Investigation." *Journal of Finance* 39:611-627.

Jokivuolle, Esa, and Samu Peura. 2003. "A Model for Estimating Recovery Rates and Collateral Haircuts for Bank Loans." *European Financial Management* (Fall).

Keisman, D. 2004. "Recovery Trends and Analysis." Standard & Poor's, *Loss Stats Database*, New York.

Keisman, D. 2004. "Ultimate Recovery Rates on Bank Loan and Bond Defaults." S&P *Loss Stats*, New York.

Kim, I. J., K. Ramaswamy, and S. Sundaresan. 1993. "Does Default Risk in Coupons Affect the Valuation of Corporate Bonds? A Contingent Claims Model." *Financial Management* 22, No. 3:117-131.

Lando, David. 1998. "On Cox Processes and Credit Risky Securities." *Review of Derivatives Research* 2:99-120.

Litterman, Robert, and T. Iben. 1991. "Corporate Bond Valuation and the Term Structure of Credit Spreads." *Financial Analysts Journal* (Spring):52-64.

Longstaff, Francis A., and Eduardo S. Schwartz. 1995. "A Simple Approach to Valuing Risky Fixed and Floating Rate Debt." *Journal of Finance* 50:789-819.

Madan, Dileep, and Haluk Unal. 1995. "Pricing the Risks of Default." University of Maryland working paper.

Merton, Robert C. 1974. "On the Pricing of Corporate Debt: The Risk Structure of Interest Rates." *Journal of Finance* 2:449-471.

Neto de Carvalho, A., and Jean Dermine. 2003. "Bank Loan Losses-Given-Default—Empirical Evidence." Working paper, INSEAD.

Nielsen, Lars T., Jesus Saà-Requejo, and Pedro Santa-Clara. 1993. "Default Risk and Interest Rate Risk: The Term Structure of Default Spreads." Working paper, INSEAD.

Pykhtin, M. 2003. "Unexpected Recovery Risk." *Risk* 16:74-78.

Resti, Andrea. 2002. *The New Basel Capital Accord: Structure, Possible Changes, Micro-and Macroeconomic Effects*. Brussels: Centre for European Policy Studies.

Resti, Andrea, and Andrea Sironi. 2005. "Loss Given Default and Recovery Risk under Basel Ⅱ." In E. Altman et al. *Recovery Risk*. London: Risk Books, 2005.

Schleifer, A., and R. Vishny. 1992. "Liquidation Values and Debt Capacity: A Marker Equilibrium Approach." *Journal of Finance* 47:1343-1366.

Schuermann, Til. 2004. "What Do We Know about Loss Given Default?" Working paper, Federal Reserve Bank of New York. Forthcoming in D. Shimko (ed.), *Credit Risk Models and Management*, 2nd ed. London: Risk Books.

Van de Castle, Karen, and David Keisman. 1999. "Suddenly Structure Mattered: Insights into Recoveries of Defaulted. "S&P *Corporate Ratings*(May 24).

Varma, P., R. Cantor, and D. Hamilton. 2003. "Recovery Rates on Defaulted Corporate Bonds and Preferred Stocks. "*Moody's Investors Service*(December).

Vasicek, Oldrich A. 1984. *Credit Valuation.* San Francisco: KMV Corporation.

Verde, Mariarosa. 2003. "Recovery Rates Return to Historic Norms." *Fitch Ratings* (September).

Weiss, Lawrence1990. "Bankruptcy Resolution: Direct Costs and Violation of Absolute Priority. "*Journal of Financial Economics* 27:419 - 446.

Wilson, Thomas C. 1998. "Portfolio Credit Risk. "Federal Reserve Board of New York, *Economic Policy Review*(October):71 - 82.

Zhou, Chunsheng. 2001. "The Term Structure of Credit Spreads with Jump Risk. "*Journal of Banking & Finance* 25:2015 - 2040.